Gambia

Über die Autoren

Rosel Jahn geb. Sylla, 1942 in Ostpreußen geboren, 1964–67 Studium an den Pädagogischen Hochschulen Oldenburg, Göttingen und Kiel mit Schwerpunkt Kunsterziehung. Anschließend mehrere Jahre Lehrtätigkeit an verschiedenen Schulen. Seit 1980 freie Schriftstellerin und Fotografin.

Dr. rer. nat. Wolfgang Jahn, geb. 1942 in Einbeck/Niedersachsen, 1965–72 Studium der Biologie, Chemie, Philosophie und Pädagogik an den Universitäten Göttingen und Kiel. 25 Jahre Lehrtätigkeit am Gymnasium in Schramberg und an der Deutschen Evangelischen Oberschule in Kairo/Ägypten. Mitarbeit im nationalen und internationalen Naturschutz. Zahlreiche Artikel-, Bild- und Buchveröffentlichungen in den Themenbereichen Reise, Umweltschutz, Biologie.
Zwölf gemeinsame Studienreisen nach Gambia.

Für freundliche Unterstützung und Auskünfte danken die Autoren besonders Condor Flugdienst GmbH und vor allem Herrn Dirk Dathe und seiner Frau Barbara vom Senegambia Beach Hotel.

Herausgeber

Ingo und † Marie-Luise Schmidt di Simoni

Verlag und Verfasser sind für Verbesserungsvorschläge und ergänzende Anregungen jederzeit dankbar.

Gambia

Reiseführer mit Landeskunde
von Rosel Jahn
unter Mitarbeit von Wolfgang Jahn

mit 239 Fotos und Textillustrationen
sowie 14 Karten und Plänen
und einem Reiseatlas

Konzeption, Gliederung und Layout wurden individuell
für die Reihe »Mai's Weltführer« entwickelt.
Sie sind urheberrechtlich geschützt.

Die Deutsche Bibliothek – CIP-Einheitsaufnahme

Jahn, Rosel:
Gambia : Reiseführer mit Landeskunde ; mit einem Reiseatlas /
von Rosel Jahn. Unter Mitarb. von Wolfgang Jahn. – 1. Auflage –
Dreieich : Mai, 1997
(Mai's Weltführer ; Nr. 29)
ISBN 3-87936-239-4
NE: GT

1. Auflage 1997

© Mai Verlag GmbH & Co. Reiseführer KG 1997
Anschrift: Mai Verlag,
Quellenweg 10, D-63303 Dreieich
Tel. 0 61 03/6 29 33, Fax 6 48 85
Umschlaggestaltung, Typographie
und Layout: Gunter Czerny
Satz und Lithografie: PME, Gesellschaft
für Print- und Medienentwicklung mbH,
Kist bei Würzburg
Karten und Pläne: © Haupka & Co.,
Kartographisches Institut, Druckerei und Verlag,
Bad Soden
Druck und Verarbeitung: Haupka & Co.,
Kartographisches Institut, Druckerei und Verlag,
Bad Soden
Redaktion: Christa Meyer, Rodgau
Printed in Germany

ISBN 3-87936-239-4

Das Farbleitsystem

Teil 1: Landeskunde

Informationsteil

Karten und Pläne

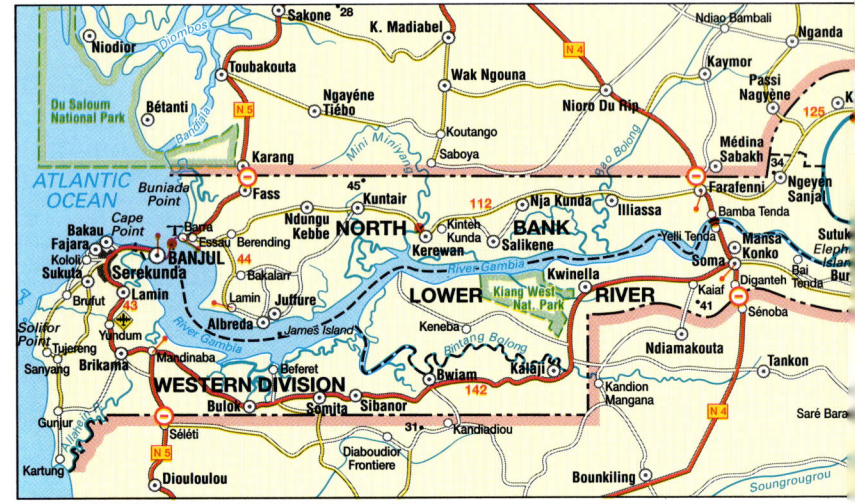

Vorwort

Seit einem halben Jahrtausend zieht der legendäre westafrikanische Gambia-Strom die Europäer in seinen Bann. Waren es zunächst Abenteurer, Eroberer, Händler und später Sklavenjäger, die vom Atlantik her den einst so gefahrvollen Weg in den afrikanischen Kontinent wagten, so sind es heute mehr und mehr Urlauber, denen die Errungenschaften der modernen Technik den Zugang zu Schwarzafrika inzwischen leicht machen. Längst zählt Gambia nicht mehr zu den »Fernreise-Zielen«. Dieser kleinste afrikanische Staat gehört zu den liebenswürdigsten und interessantesten Ländern des großen Kontinents und ist heute problemlos zu bereisen. Durch das angenehme Klima und die kilometerlangen Naturstrände ist Gambia für Erholungssuchende, insbesondere während des europäischen Winters, ein ideales Urlaubsziel; die Wassertemperaturen des Atlantiks erlauben eine ganzjährige Badesaison.

Gambia hat aber noch mehr zu bieten: Traditionelles afrikanisches Landleben; Städte, Märkte und Handelsplätze sind für den Besucher ebenso leicht zugänglich wie die abwechslungsreiche Fluß- und Savannenlandschaft mit ihrer faszinierenden Pflanzen- und Tierwelt. In der 1965 unabhängig gewordenen ehemaligen britischen Kolonie begegnen dem Besucher auf engem Raum zahlreiche Völker Westafrikas mit ihren verschiedenen Traditionen und Kulturen, und sie alle bestechen durch ihre Herzlichkeit, Offenheit und Fremdenfreundlichkeit, durch ihren Stolz und ihre Würde, und nicht zuletzt durch ihre attraktive Erscheinung.

Eine der großen Attraktionen Gambias ist seine Vogelwelt. Die einst auch für Westafrika typischen Großwildarten sind in diesem Gebiet zwar seit der Jahrhundertwende weitgehend ausgerottet. Doch die immer noch stattlichen Reste einer reichhaltigen Flora und Fauna, vor allem eines Paradieses für Ornithologen mit weit über vierhundert Vogel-

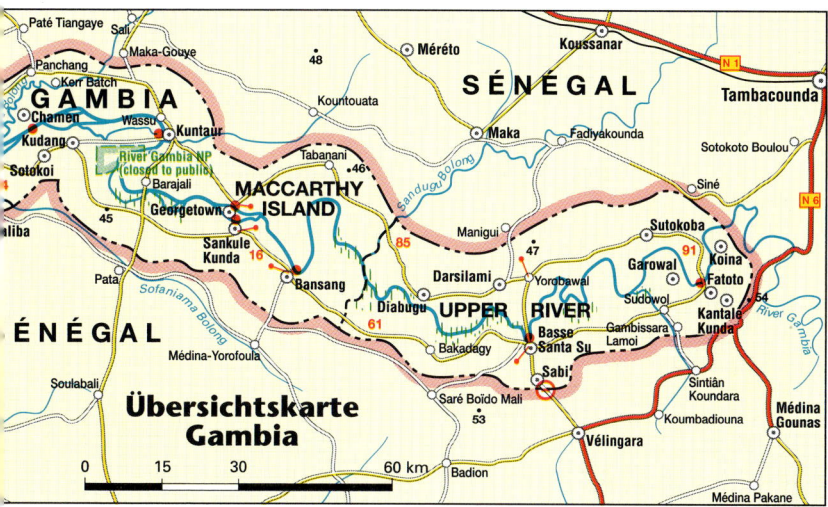

Übersichtskarte Gambia

0   15   30   60 km

arten, werden heute durch vorbildliche Naturschutzarbeit nicht nur erhalten, sondern gleichzeitig auch der Öffentlichkeit – vor allem im Abuko Nature Reserve – zugänglich gemacht.

Als wir im Frühjahr 1978 Gambia zum erstenmal besuchten, ahnten wir noch nicht, daß wir dort fast so etwas wie eine zweite Heimat finden würden. Inzwischen liegen zwölf Reisen hinter uns, und wenn wir jetzt nach Gambia kommen, so werden wir dort nicht nur mit landesüblicher Freundlichkeit als Gäste begrüßt, sondern es warten Freunde auf uns. Wir empfinden es allerdings als schmerzlich, daß wir unsere mit 37 Jahren allzufrüh verstorbene Freundin Ndeye Manneh nicht mehr wiedersehen können. Im Kreise ihrer Familie mit ihren acht Kindern haben wir den vielleicht tiefsten Einblick in afrikanisches Leben, in das Denken und Fühlen, in die Mentalität und in die gambischen Traditionen bekommen.

Unser Dank gilt – neben vielen Freunden und Bekannten in Gambia, die uns bei unseren Recherchen behilflich waren – vor allem Mr. B. K. Sidibe von der Oral History and Antiquities Division, der uns entscheidende Informationen über Kultur, Soziologie und Geschichte Gambias zur Verfügung stellte. Besonderen Dank schulden wir außerdem Barbara und Dirk Dathe vom Senegambia Beach Hotel für ihre freundliche Unterstützung und Betreuung bei der Überarbeitung dieser Auflage. Unseren innigsten Dank möchten wir unserem Freund Eddie Brewer, dem ehemaligen Direktor der gambischen Naturschutzabteilung, aussprechen. Wir erhielten durch ihn nicht nur eine fachkundige und humorvolle Einführung in Gambias Natur, sondern wir durften zusammen mit unseren Kindern als seine Gäste für viele Wochen im Urwald von Abuko und auf den Baboon Islands leben. Seine Tochter Stella gestattete uns die Mitarbeit im Schimpansen-Auswilderungs-Projekt. Sie ermöglichte damit unserer Familie entscheidende Einblicke in die Verhaltensbiologie und unvergeßliche gemeinsame Erlebnisse. In der Erinnerung an diese Reisen widmen wir unseren Kindern Kirsten und Andreas dieses Buch.

Landesnatur und Bevölkerung

Lage und Größe

Gambia – so heißt der große westafrikanische Strom, einer der bedeutendsten Wasserwege und historische Eingangspforte zum Schwarzen Kontinent. Gambia – das ist aber auch der kleinste Staat in Afrika, dem der Fluß in seiner bewegten Kolonialgeschichte nicht nur seinen Namen gegeben, sondern auch seine Form aufgezwungen hat. Gleich einem winzigen Zeigefinger, der mitten in die große westliche Ausbuchtung des Kontinents weist, erstreckt sich das Land zwischen 13° 09′ und 13° 33′ nördlicher Breite und 13°

47′ und 16° 48′ westlicher Länge. Den Windungen des Gambia-Flusses folgend, zieht sich der Zwergstaat von der Atlantikküste rund 500 km in östliche Richtung und wird im Norden, Osten und Süden vom großen Nachbarn Senegal umschlossen. Geht man dagegen von der Luftlinie aus, so kommt man auf nur 324 km. Gambia ist mit 11 295 km² nur halb so groß wie Hessen, wobei allein 948 km² auf die Flußgebiete entfallen. An seiner schmalsten Stelle im Landesinneren ist Gambia nur 24 km, in Küstennähe maximal 65 km breit.

Als Land wurde Gambia erst im Zuge der Kolonisierung geschaffen. Da die Eroberer aber ausschließlich Interesse am Fluß hatten, brauchten sie als Protektorat nur einen Uferstreifen in einer Breite, die von ihren Kanonenbooten aus verteidigt werden konnte. Auf diese Weise wurde dem Land seine ungewöhnliche Gestalt aufgezwungen. Vor etwas mehr als hundert Jahren handelten die Briten und Franzosen die heutige Grenze miteinander

*Anlegestelle am
Unterlauf des Gambia*

aus; sie durchschneidet ziemlich will-
kürlich traditionelle Stammes- und Familienverbindungen. Daß die vorkolo-
nialen Grenzführungen der am Gambia liegenden Territorien nahezu die
doppelte Fläche umfaßten, veran-
schaulicht die Karte der Mandingo-Königreiche Seite 61.

Landschaft

Gambias Landschaft wird durch den
Fluß geprägt. In früheren Zeiten vom
Volk als Fruchtbarkeitssymbol verehrt,
ist er bis heute die Lebensader des Landes geblieben. Mehr noch, seine
Feuchtgebiete machen Gambia zu einem wichtigen Frontstaat gegen die
zunehmende Ausdehnung der Wüste
in der Sahelzone.

Wie auch die Flüsse Senegal, Casamance und Niger entspringt der Gambia im Hochland von Guinea und
mündet in den Atlantik. Von seiner
Quelle in Futa Jallon fließt er zunächst

auf der Hälfte seiner Gesamtlänge von
rund 1100 km in nordwestliche Richtung, durchquert das Bergland von
Guinea und die Urwälder Südost-Sene-
gals. Bei den Barrakunda-Fällen passiert er die gambische Staatsgrenze und
fließt von nun an in ständigen Windungen nach Westen, bis er den Atlantik in einer weiten, nach Nordwesten
geöffneten Mündung erreicht. Aus den
trockeneren Gebieten Nord-Senegals
führen ihm kleine Nebenflüsse, sog.
bolongs, nur relativ unbedeutende
Wassermengen – hauptsächlich in der
Regenzeit – zu; vom Süden aus der nie-
derschlagsreichen Casamance kommt
sein wasserreichster Nebenfluß, der
Bintang Bolong.

Das leicht hügelige Land fällt in den
flachen Ausläufern des senegalesischen Ferlo-Plateaus terrassenförmig
zur Küstenebene ab. Es besteht im wesentlichen aus tertiärem Sandstein (vor
70 Mill. bis 1 Mill. Jahren). Der größte
Teil des Landes ist jedoch mit rötli-
chem, unfruchtbarem Laterit bedeckt.
Durch Regenfälle sind aus diesem Bo-

Der Gambia-Strom
bei den Baboon Islands

den wertvolle Mineralien, wie Silizium und Kalk, ausgespült worden; zurückgeblieben sind hauptsächlich die rötlichen Eisenoxide. In der Sandsteinzone treten aber auch fruchtbarere Sandböden auf, die größtenteils für den Erdnußanbau genutzt werden. Vorwiegend in der Gegend von Basse findet man Ton (Kaolin), der in den Töpfereien des Landes verwendet wird. Überwiegend im Osten des Landes sind an einigen Stellen über den Sandstein bis zu 200 m hohe rötlichbraune Gneissockel gelagert. Sie stehen einige Kilometer vom Ufer entfernt und sind Relikte aus einer Zeit, als der Strom noch ein breiteres Flußbett einnahm. An seinem Oberlauf hat sich der Gambia tief in das Sandsteinplateau gegraben und dabei Engpässe mit bis zu 12 m hohen Steilufern wie z. B. bei Fatoto gebildet. Etwas außerhalb der Landesgrenze bei Barrakunda verengt sich der Fluß auf nur 6 m. Der etwa 28 m breite Kanal bei den Buruku-Felsen wirkt wie eine natürliche Schleuse, die die Strömungsgeschwindigkeit vergrößert und große Mengen von Sand und Schlick flußabwärts schwemmt. Im Laufe der Zeit hat sich daraus im mäandrierenden Flußbett eine Anzahl von Inseln gebildet, die sich flußabwärts aneinanderreihen. Die erste ist MacCarthy Island (292 km von der Hauptstadt Banjul entfernt). Ihr folgen flußabwärts Baboon Islands, Bird Island, Deer Island sowie noch weitere und als vorläufig letzte die Insel Elephant Island. Danach wird der Fluß etwa 1,6 km breit und weitet sich bis zu seiner Mündung ständig aus.

Etwa 30 km vor der Hauptstadt entstanden ebenfalls aus Schwemmland James Island und weiter flußabwärts am Nordufer – bei Ebbe zu Fuß erreichbar – Dog Island. Auch die Hauptstadt Banjul am Südufer ist auf einer ehemaligen Schwemmlandinsel erbaut worden, die heute als Halbinsel das Gam-

bia-Delta auf nur 4,8 km verengt. Die eigentliche Mündung, ungefähr zwischen Cape St. Mary und dem Jinnak Creek (schon etwas außerhalb der nördlichen Landesgrenze), ist ca. 20 km breit. Fast das ganze Küstengebiet ist angeschwemmtes Land, ebenso die der Stadt Banjul südwestlich vorgelagerten Bijol-Inselchen. Steine sind hier rar und müssen als Baumaterial zum großen Teil eingeführt werden.

Sowohl das Flußbett des Gambia als auch das seiner Nebenflüsse ist mit angeschwemmtem Schlick und Schlamm angefüllt. Zwischen den steilen Laterit-Uferböschungen und dem Flußbett am Oberlauf ist der Schwemmsandstreifen

Mangrovenlandschaft im Mündungsdelta des Gambia

Trockenzeit bis über 240 km landeinwärts und reicht in besonders niederschlagsarmen Jahren sogar noch weiter; in der Regenzeit geht sie um etwa 50 km zurück, etwa bis Elephant Island. Es wird befürchtet, daß sich die Brackwassergrenze durch die steigende Wasserentnahme für die Reisfelder allmählich immer weiter flußaufwärts verschieben wird.

Die Gezeiten des Ozeans wirken sich bis an die Ostgrenze des Landes aus. Bei Koina, wo der Fluß nur noch etwa 100 m breit ist, macht sich der Tidenhub noch mit einer Differenz bis zu 60 cm bemerkbar, bei der Mündung schwankt die Gesamttiefe zwischen 7 und 8 Metern.

Bis zu 248 km landeinwärts (bis Kuntaur) kann der Gambia von seegängigen Schiffen befahren werden, von kleineren Schiffen sogar noch weitere 229 km (bis Fatoto). Der Gambia gehört damit zu den wenigen Strömen Afrikas, die fast 500 km ins Landesinnere hinein schiffbar sind. Als Achse des schmalen, langgestreckten Landes, das seinen Namen trägt, ist er der naturgegebene Handelsweg vom Atlantik bis zur Ostgrenze.

Klima

Am Rande der Tropen liegt Gambia auf der Grenze zwischen zwei Klimazonen: zwischen dem Sudanklima mit großen Schwankungen von Temperatur und Luftfeuchtigkeit und dem Guineaklima mit relativ hoher Luftfeuchtigkeit und gleichbleibend hohen Temperaturen.

Wenn Gambia das angenehmste Klima Westafrikas nachgesagt wird, so trifft dieses im wesentlichen für die Kü-

nur schmal und wird flußabwärts schnell breiter. Als Schilf- und Grasgürtel, der nur vereinzelt mit Raphia-Palmen bewachsen ist, liegt er in der Trockenzeit frei und wird in den Regenmonaten überschwemmt. Diese fruchtbaren Ebenen werden heute mehr und mehr für den Reisanbau genutzt.

Am Unterlauf des Gambia, etwa von Kaur flußabwärts, breiten sich an den Ufern salzwasserliebende Mangrovensümpfe aus, die sich im Mündungsgebiet über weite Flächen ausdehnen – immergrüne Matten, durchzogen von einem gewundenen Labyrinth unzähliger feinster Wasserläufe. Die Brackwassergrenze des Gambia liegt in der

stenregion zu. Hier sind die Durchschnittstemperaturen das ganze Jahr über niedriger und die täglichen Temperaturschwankungen nicht so extrem wie im Inland. Bei der 330 km langen West-Ost-Ausdehnung des Landes muß man zwischen dem ozeanischen Klima in Küstennähe und dem Kontinentalklima im Landesinneren unterscheiden.

Maßgebend ist auch die Jahreszeit: In der Trockenzeit ist das Klima gesünder als in der Regenperiode. Beeinflußt werden die Klimazeiten durch den jeweiligen Zenitstand der Sonne und die dadurch ausgelösten Winde. In der Trockenperiode, etwa von Mitte Oktober bis Mai, wehen die NO-Passatwinde; sie werden vom niedrigen Luftdruckgebiet des äquatorialen Kalmengürtels angesogen und kommen aus den nördlichen Bereichen des Azorenhochs. Sie wurden Trade winds genannt, weil sie die europäischen Segelschiffe an die westafrikanische Küste brachten.

In der ersten Hälfte der Trockenzeit, etwa von Dezember bis Mitte Februar, ist die sog. »kalte Jahreszeit« in Gambia, wobei die niedrigsten Temperaturen im Inland schon Mitte Dezember und in Banjul erst Mitte Januar auftreten. Mit sommerlichen Tagestemperaturen zwischen 21 °C und 27 °C, oft wolkenfreiem Himmel und einer relativen Luftfeuchtigkeit von 30–60 % ist diese Jahreszeit die angenehmste Reisezeit und besonders für Fahrten flußaufwärts gut geeignet.

Etwa ab Mitte Februar, wenn sich in der gegenüber Westafrika abgekühlten Sahara hoher Luftdruck gebildet hat, kann sich als trockener Wüstenwind der Harmattan zum NO-Passat gesellen. Er führt manchmal große Mengen Sand mit sich, der die Luft zu dieser Zeit oft diesig macht. Die Temperaturen im Landesinneren können dann bis über 40 °C ansteigen; sie sind bei Sonnenaufgang am niedrigsten und erreichen am mittleren und späten Nachmittag ihr Maximum. Vor allem

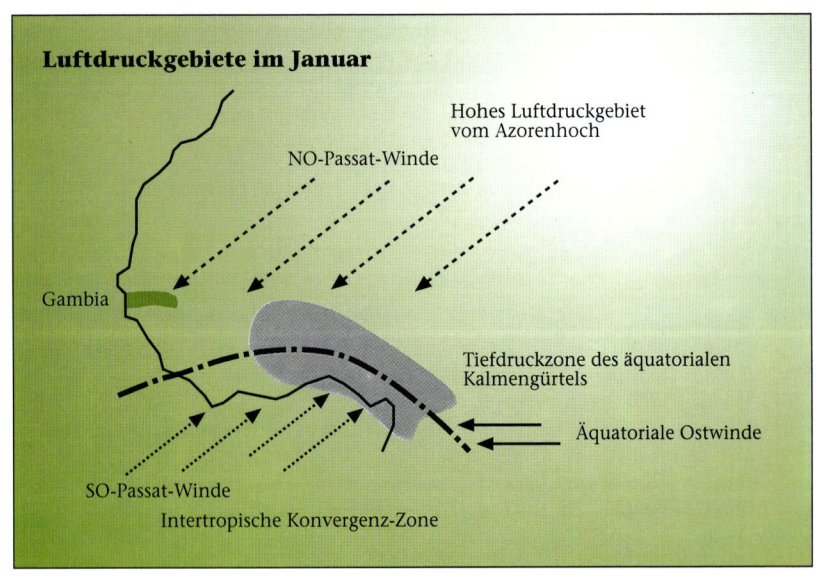

Luftdruckgebiete im Januar

Hohes Luftdruckgebiet vom Azorenhoch

NO-Passat-Winde

Gambia

Tiefdruckzone des äquatorialen Kalmengürtels

Äquatoriale Ostwinde

SO-Passat-Winde

Intertropische Konvergenz-Zone

im Osten ist die staubige Hitze tagsüber fast unerträglich. Im Kontrast dazu kühlen die Nächte empfindlich ab. Auch die Vegetation leidet unter Staub, Trockenheit, Hitze und den Temperaturschwankungen zwischen Tag und Nacht. Viele Pflanzen werfen ihre Blätter ab, um die Verdunstung zu reduzieren, und die Landschaft wirkt verdorrt. In der Küstenregion mit ihren kühlenden Meeresbrisen kann sich dieses heiße Klima nur abgeschwächt auswirken. Der heißeste Monat in Banjul ist gewöhnlich der März.

Im Mai/Juni ändern sich die Luftdruckverhältnisse in Westafrika; es bilden sich Tiefdruckgebiete mit feuchten Luftströmungen aus Südwest: Die Regenzeit beginnt. Im östlichen Landesteil hat sich die Landmasse stärker aufgeheizt als die See, und die Monsunwinde dringen hier zuerst ein. Zur Küste gelangt der Regen später, ist hier aber heftiger und hält länger an als im Inland, in manchen Jahren bis Oktober oder sogar November. Die durchschnittlichen Niederschlagsmengen verteilen sich ungefähr folgendermaßen im Jahr: Banjul ca. 1100 mm, Georgetown ca. 1050 mm, Basse ca. 950 mm.

Da die Niederschläge in Gambia schon seit 1886 systematisch aufgezeichnet werden, weiß man, daß die Regenmengen damals relativ hoch waren und sich zwischen 1875 und 1977 im Durchschnitt um fast 30 % verringerten.

Eingeleitet wird die Regenzeit durch orkanartige Stürme und Tornados, denen bald kurze erfrischende Schauer folgen. Meist von Juni an entladen sich starke Tropengewitter mit heftigen Regengüssen; dann steht das Wasser in wenigen Minuten zentimeterhoch. Die Monsunregen bringen für kurze Zeit Temperaturstürze und eine ungewöhnlich klare Luft. Die Abkühlung weicht aber bald wieder dem aufsteigenden warmen Dampf. Im August, dem niederschlagsreichsten Monat, liegt die Luftfeuchtigkeit höher als

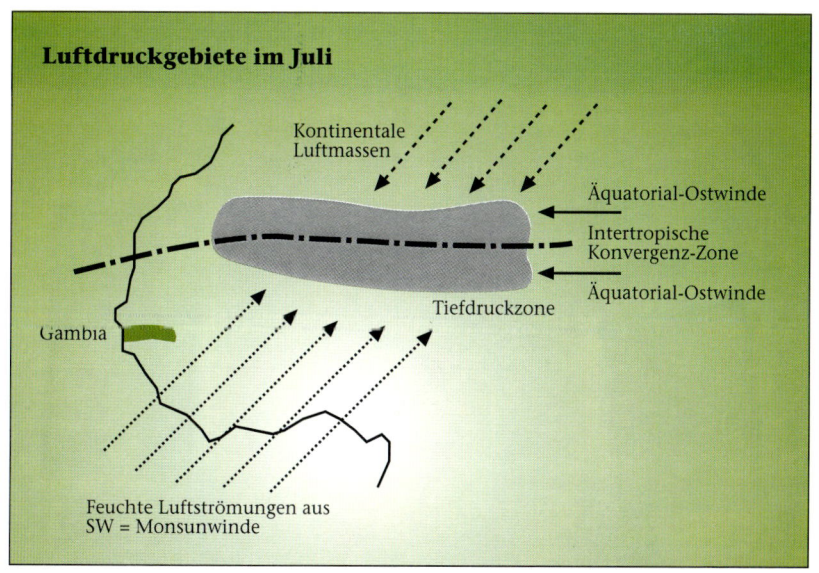

Luftdruckgebiete im Juli

Kontinentale Luftmassen

Äquatorial-Ostwinde

Intertropische Konvergenz-Zone

Äquatorial-Ostwinde

Tiefdruckzone

Gambia

Feuchte Luftströmungen aus SW = Monsunwinde

Klimatabelle mit Durchschnittswerten für den Küstenbereich

	Jan.	Feb.	Mrz.	Apr.	Mai	Juni	Juli	Aug.	Sep.	Okt.	Nov.	Dez.
Tagestemperaturen in °C	25	25	25	25	25	27	29	30	30	30	29	27
Nachttemperaturen in °C	18	17	17	18	20	23	24	25	24	24	23	20
Wassertemperaturen in °C	22	22	22	22	23	25	27	27	27	27	27	24
Sonnenscheinstunden (pro Tag)	9	9	10	10	10	8	7	6	8	8	9	8

Monsunwolken über dem Kotu-Flüßchen

80%. Bei Tagestemperaturen von ca. 27–35°C kann dieses feuchtheiße Wetter den menschlichen Organismus belasten, doch bleibt der Aufenthalt am Meer auch in dieser Jahreszeit für den Europäer durchaus angenehm. Die Regenfälle gehen sehr unregelmäßig und vielfach nachts nieder, selten dauern sie tagelang an, sie werden immer wieder durch sonniges Wetter abgelöst, das mehrere Tage, manchmal sogar Wochen anhalten kann. Zu dieser Zeit ist das Land durch seine üppige grüne und farbenprächtige Vegetation besonders reizvoll; und wer sich nicht vor feuchtheißem Klima fürchtet, dem sind die Regenmonate als Reisezeit durchaus zu empfehlen. Anfang und Ende der Regenzeit variieren von Jahr zu Jahr; sie kann schon im Mai, aber auch erst im Juli beginnen und im frühen September oder erst im November

abgeschlossen sein. Einzelne Regenschauer sind aber auch später noch möglich.

Bemerkenswert sind die täglichen Schwankungen der relativen Luftfeuchtigkeit, die zu allen Jahreszeiten im ganzen Land auftreten. Am Nachmittag, während der höchsten Tagestemperaturen, ist sie am geringsten und bei Sonnenaufgang, in der kühlsten Tageszeit, am höchsten. In den Morgenstunden kann es, besonders in Küstennähe, bis zu 100%iger Luftfeuchtigkeit und Taufall kommen.

Gambias Atlantikküste hat das ganze Jahr über angenehme Wassertemperaturen, sie schwanken etwa zwischen 22/24 °C (Dezember – Mai) und ca. 25/30 °C (Juni – November), sinken also selbst in der kühlen Jahreszeit kaum unter 22 °C. Gerade während des europäischen Winters bietet daher Gambia mit mindestens acht Stunden Sonnenschein täglich gute Voraussetzungen für einen erholsamen Badeurlaub.

Flora und Fauna

Vorbemerkung

Die Reichhaltigkeit der gambischen Tier- und Pflanzenwelt ist auch heute noch bemerkenswert, obwohl Kolonialherren und Wilderer bereits um die Jahrhundertwende die auch für Westafrika einst typischen Großwildarten nahezu ausgerottet haben. Auf den Anblick von Elefanten, Löwen, Giraffen, Elenantilopen werden wir also in freier Wildbahn verzichten müssen, jedoch bleiben die große Artenzahl von mittleren und kleineren Tieren sowie die erhaltenen Reste der reichhaltigen Pflanzenwelt immer noch beeindruckend genug. Gambia ist vor allem aber ein Vogelparadies, und dem wollen wir in einem eigenen Kapitel »Vogelkundliche Exkursionen« Rechnung tragen (S. 236).

Die relativ große Vielfalt der gambischen Tier- und Pflanzenwelt erklärt sich in erster Linie daraus, daß Gambia – bedingt durch seine geographische Lage – auf engem Raum eine große Anzahl von recht verschiedenartigen Lebensräumen bietet. Als grundlegender ökologischer Faktor wirkt sich zunächst einmal die Grenze zwischen tropischem und subtropischem Klima aus, die in Gambia zwei charakteristische afrikanische Vegetationszonen aufeinandertreffen läßt. Im größeren südlichen Teil des Landes finden wir die relativ feuchte und ursprünglich dicht bewachsene Südguinea-Waldsavanne, die den Gambia-Fluß nach Norden überschreitet, dann aber im Nordostteil des Landes ziemlich schnell in die trockene offene Sudan-Savanne übergeht.

Doch auch die Lage des Landes an der Atlantikküste und der das Land von Ost nach West durchziehende Gambia-Strom schaffen eine Reihe von interessanten Lebensräumen im und am Wasser, wie z. B. Meeresküsten, Brack- und Süßwassergebiete, Mangrovensümpfe und Galeriewälder mit ihren charakteristischen Pflanzen- und Tiergesellschaften.

Gartenanlagen

Für viele Besucher findet der erste intensive Kontakt mit Gambias Flora und Fauna in den Hotel- oder Privatgärten statt. Und man sollte die günstigen Bedingungen zur Naturbeobachtung, die diese Anlagen bieten, wie beispielsweise der Botanische Garten vom Senegambia Beach Hotel, nicht unterschätzen! Bäume, Sträucher und Blütenstauden sind meist mit Namensschildern versehen, nicht nur in Englisch, sondern auch in afrikanischen Sprachen. Viele Tiere haben hier eine ungewöhnlich geringe Fluchtdistanz, weil sie sich an den Menschen gewöhnt haben; in freier Wildbahn wird man wohl kaum die Möglichkeit haben, Vögel oder Reptilien aus dieser Nähe zu betrachten, zu fotografieren und zu filmen.

Die meisten dieser Gärten vermitteln den Eindruck von einem tropischen Blütenmeer. Viele der in leuchtenden Farben üppig blühenden Pflanzen sind allerdings ursprünglich weder in Gambia noch in Westafrika beheimatet, sondern stammen aus den verschiedensten tropischen Gebieten der Erde und sind erst durch den Menschen im gesamten Tropengürtel verbreitet worden. Aus der Formenfülle nennen wir folgende Arten stellvertretend für viele:

Die aus Madagaskar stammende Feuerakazie (auch Flamboyant, Delo-nix regia) ist ein bis zu 18 m hoher Baum aus der Familie der Leguminosae mit doppelt gefiederten Blättern und scharlach-orangeroten Blüten in vielzähligen Blütenständen. Ihre Hauptblütezeit fällt in die Monate April bis Juni; deshalb heißt es in Gambia: Die Flamboyant-Blüten kündigen die Regenzeit an. Der Palisander oder Jacaranda (Jacaranda acutifolia) ist ein hoher Baum aus der Familie der Bignoniaceae mit ebenfalls doppelt gefiederten Blättern. Die aufrechten Blütenstände mit blauen trompetenförmigen Einzelblüten entfalten sich von März bis Mai. Die Pfauenblume (Poinciana pulcherrima), ein bis zu 3 m hoher stachliger Busch, der wie eine kleine Feuerakazie wirkt und ebenfalls zu der Familie der

Baobab, der imposante, legendenumwobene Charakterbaum Gambias

The Gambia
Past ماضى
Present حاضر
Future? ؟مستقبل

Gambia: gestern – heute – morgen?

Leguminosae gehört, hat lockere oran-
gerote Blütenstände mit langen gebogenen Staubgefäßen in den gelbgeran-
deten Einzelblüten und doppelt gefie-
derte Blätter. Wo wir auch hinsehen,
entdecken wir neue Blüten, z. B. den in
zahlreichen Farbvarianten blühenden
Hibiskus, die Bougainvillea oder Dril-
lingsblume, die je nach Farbzüchtung
lachsfarbene bis violette Kaskaden-
wände bildet; man findet Oleander,
den Pagodenbaum, die weiße Fadenli-
lie, den herrlich rot blühenden Glok-
kenblütenbaum, den schlafenden Hi-

biskus oder Rankpflanzen wie die
großblumige Thunbergia, die auf den
ersten Blick an Orchideen erinnernde
Pfeifenblume, die tiefblau mit gelben
Marken blühende Schmetterlingserb-
se, die blaue Trichterwinde oder die
gelb, orange oder rot blühende, zer-
brechlich wirkende Tigerklaue. Diese
Reihe der prächtig blühenden Garten-
pflanzen ließe sich fast beliebig verlän-
gern.
  Tiere treten demgegenüber – mit
Ausnahme der Vögel – auf den ersten
Blick zurück; bei etwas genauerem

Blühender Tulpenbaum von Gabun

Pagodenbäume sind im tropischen Gebiet weit verbreitet

Hinschauen lassen sich dann aber doch eine Reihe von recht interessanten Insekten, Reptilien oder Säugetieren beobachten.

Passend zu der Blütenpracht sind vor allem die Schmetterlinge. Zur Familie der Segelfalter (Papilionidae) gehört der Papilio demoleus, ein sehr häufiger, an unseren Schwalbenschwanz erinnernder Falter mit schwarzer und gelber Flügelzeichnung, zur Familie der Weißlinge (Pieridae) Catopsilia florella, ein weißlicher oder gelber Schmetterling, sowie Tereas he-

cabe, ein ziemlich kleiner gelber Schmetterling mit braunschwarzen Flügelrändern. Aus der Familie der Danaidae ist Danaus crysippus zu erwähnen, der sehr leicht mit dem Weibchen von Hypolimnas misippus zu verwechseln ist. Es handelt sich um einen Fall von Mimikry, bei dem das Hypolimnas-Weibchen den für Vögel ungenießbaren Danaus nachahmt. Beide haben braune Vorderflügel mit schwarzen Spitzen, in denen sich weiße Flecken zeigen. Die helleren Hinterflügel sind dunkel gerandet mit eben-

Eine prachtvoll gefärbte Lederwanze

Balzendes Agamenmännchen

falls dunklen Flecken. Ein leicht erkennbarer Schmetterling ist Precis oenone aus der Familie der Edelfalter (Nymphalidae), zu der auch der zuvor genannte Hypolimnas misippus gehört; der schwarze Falter ist durch zwei ziemlich große und fast runde, leuchtend blaue Flecken auf den Hinterflügeln und mehrere weiße Flecken auf den Vorderflügeln schnell identifiziert.

Andere Insektengruppen sind mit Käfern, oft farbenprächtigen Baumwanzen, Libellen, Gottesanbeterinnen und vielen weiteren Formen zahlreich vertreten. Zwei unangenehme Mitbewohner sind die großen braunen Küchenschaben, die als Vorratsschädlinge in allen warmen Gebieten der Erde verbreitet sind, und die lästigen Mükken als Blutsauger, unter denen sich auch die als Malaria-Übertrager bekannten Anophelesarten befinden.

Von den Kriechtieren oder Reptilien fällt die Agama lizzard überall auf. Auf den ersten Blick erinnert sie an eine sehr große Eidechse. Interessant zu beobachten ist die Revierverteidigung der Männchen, die durch ihre Färbung – gelber Kopf, blaugrauer Rumpf, gelber Schwanz mit blauschwarzer Schwanzspitze – und ihren Zackenkamm im Nacken schnell zu erkennen sind. Die Tiere sind außerordentlich flink und klettern vorzüglich an Baumstämmen und Mauern. Durch die gleichen Eigenschaften haben Geckos schon so manchem Hotelgast einen Schrecken eingejagt, wenn diese kleinen eidechsenartigen Tiere mit dem etwas abgeplatteten Körper über Wände oder Zimmerdecken huschten. Doch keine Angst, Geckos sind nur auf der Jagd nach Moskitos und anderen lästigen Insekten.

Gambia ist das Land der Vögel, und schon in den Ortschaften und Gärten ist ihre Zahl und Farbenpracht auffällig groß. So sind beispielsweise allein im bereits erwähnten Botanischen Garten vom Senegambia Beach Hotel bislang 59 Vogelarten registriert worden, die sich dort ständig aufhalten. Zu den kleinsten Vogelarten gehört der leicht zu beobachtende Senegalamarant (Lagonosticta senegala), ein kaum zaunköniggroßer leuchtendroter Vogel mit dunklen Flügeln und dunklem Schwanz. Die Weibchen sind mehr bräunlich gefärbt. In ihren kleinen Trupps fliegt oft auch der Schmetterlingsastrild (Estrilda bengala) mit, kaum größer als der Senegalamarant, aber himmelblau gefärbt mit roten Wangenflecken und brauner Rückenseite. Aus der artenreichen Gruppe der Webervögel stammt der Rote Bischof oder Oryxweber (Euplectes orix). Die Männchen sind in der Brutperiode während der Regenzeit prachtvoll feuerrot und schwarz gefärbt, haben braune Flügel und können mit dem ähnlich gefärbten Flammenweber (Euplectes hordaeceus) verwechselt werden; außerhalb der Brutzeit sehen diese und andere Weberarten aber fast wie unsere Spatzen aus und sind in der Freilandbeobachtung nicht zu identifizieren.

Die leicht erkennbare Senegalparadieswitwe (Vidua orientalis) läßt an die bekannten Paradiesvögel denken, gehört aber in die Gruppe der Witwenvögel. Besonders auffällig sind ihre überlangen schwarzen Schwanzfedern, die gut doppelt so lang sind wie der Körper des Vogels; schwarzer Kopf, Schnabel und Hals, braune Brust und gelber Bauch sind weitere Kennzeichen. Auch hier sind jedoch nur die Männchen so charakteristisch gefiedert, und außerhalb der Brutperiode sehen beide Geschlechter unscheinbar und grau wie Spatzen aus. Der an einen Kolibri erinnernde Prachtnektarvogel (Nectarinia superba) hat einen langen gebogenen Schnabel. Seine stark schillernde grüne und blaue Färbung ist typisch für die Männchen. Weibchen sind bei den

Nektarvögeln allgemein stumpfer und mehr grünbraun gefärbt. Es gibt mehrere ähnliche Arten. Leicht erkennbar sind der etwa amselgroße, rot und schwarz gefärbte Scharlachwürger (Laniarius barbarus) mit seiner gelben Kopfoberseite, ebenso der knapp taubengroße Senegalracke (Coracias abyssinica) mit hellblauem Kopf und Rumpf, rotbraunem Rücken und teilweise violettblauen Flügeln und als Vertreter der Papageien z. B. der Kappapagei (Poicephalus robustus) mit seinem auffällig kräftigen Schnabel, einem rötlich gesprenkelten grauen Kopf und einem im wesentlichen grünlichen Rumpf. Zwei größere und sehr häufige Vogelarten sind auch der krähengroße schwarze Schildrabe

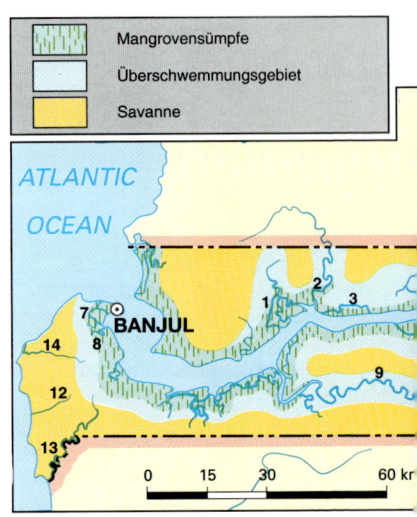

Mangrovensümpfe	
Überschwemmungsgebiet	
Savanne	

ATLANTIC
OCEAN

BANJUL

0   15   30   60 kr

Der Schmetterlings-astrild gehört zu den kleinsten Vogelarten in Westafrika

(Corvus albus) mit weißer Brust und weißem Kragen und der im Flug an einen Adler erinnernde dunkelbraune Kappengeier (Neophron monachus).

Viele der hier genannten Arten und zahlreiche weitere Vögel lassen sich, wie bereits erwähnt, regelmäßig in den meisten Hotelgärten oder auf dem Golfplatz hinter dem Fajara-Hotel beobachten.

Gegenüber der großen Anzahl von Vögeln fallen die freilebenden Säugetiere in Gärten, Anlagen und Ortschaften fast überhaupt nicht ins Gewicht.

Der einzige, einigermaßen regelmäßig sichtbare Vertreter dieser Gruppe ist das Gambische Sonnenhörnchen oder Graufußhörnchen (Heliosciurus gambianus), ein wenig auffälliges Baumhörnchen mit kurzen, am Kopf anliegenden Ohren und blaßgrauer Ober- und weißer Unterseite.

Meeresküste

Wenn man in der Regel Gambias Strände auch nicht zu naturkundlichen Beobachtungen besucht, entdeckt man doch meistens zwangsläufig

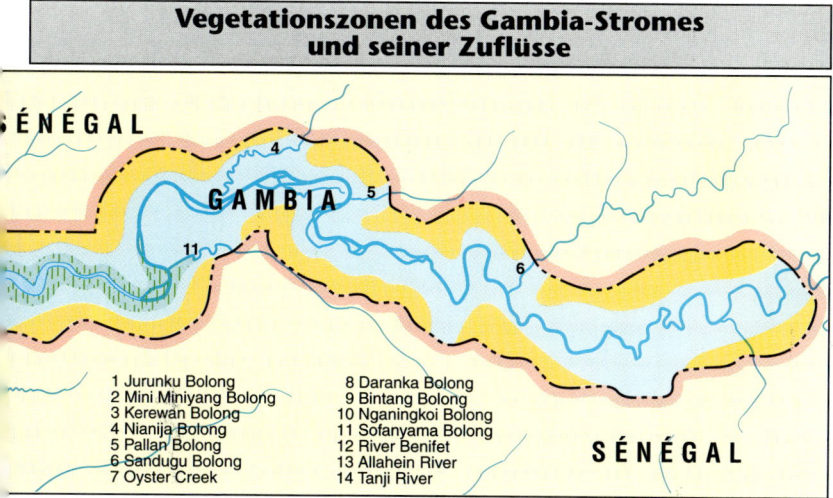

Vegetationszonen des Gambia-Stromes und seiner Zuflüsse

SÉNÉGAL

GAMBIA

SÉNÉGAL

1 Jurunku Bolong
2 Mini Miniyang Bolong
3 Kerewan Bolong
4 Nianija Bolong
5 Pallan Bolong
6 Sandugu Bolong
7 Oyster Creek
8 Daranka Bolong
9 Bintang Bolong
10 Nganingkoi Bolong
11 Sofanyama Bolong
12 River Benifet
13 Allahein River
14 Tanji River

Männchen des Dorfwebers oder Textors im Brutkleid

die dort vorkommenden Tierarten. Nicht zu übersehen ist die Renn- oder Reiterkrabbe aus der Krebsgattung Ocypoda, ein 5 cm großes, sandfarbenes Geschöpf mit markanten Stielaugen. Diese Krabben sind in großen Mengen am Strand anzutreffen; sie leben in selbstgegrabenen Löchern, in die sie bei Gefahr blitzschnell verschwinden können. Die Weißflügel-Seeschwalbe (Sterna leucoptera) und die Zwergseeschwalbe (Sterna albifrons), beides Wintergäste aus Europa, die Graukopfmöwe (Larus cirrhocephalus) und die Heringsmöwe (Larus fuscus), die auch an unseren Küsten vorkommt, trifft man häufig am Strand. Außerdem begegnet man bei Strandwanderungen immer wieder den meist schwerer bestimmbaren Strandläufer- und Regenpfeiferarten.

Mit etwas Glück kann man im Meer oder in der Gambia-Mündung Delphine sehen; und es ist ein besonderes Erlebnis, wenn teilweise dicht vor der Küste die Köpfe von großen Suppenschildkröten wie Teleskope aus dem Wasser auftauchen. Selbstverständlich findet man am Strand auch die Schalen zahlreicher Schnecken- und Muschelarten sowie von Tintenfischen. Die Schalen von Herzmuscheln (Cardium costatum) sind an verschiedenen Stellen so zahlreich, daß man sie beim Straßenbau anstelle von Kies in das Bitumen mischt.

Mangrovensümpfe

Mangroven, diese wandernden Wälder im Salzwasser, die sich selbst pflanzen, können an allen tropischen und subtropischen Meeresküsten und Flußläufen auftreten, wenn diese nur flach und schlickreich sind. Es handelt sich um eine eigenständige Wald- und Buschformation, in der die pflanzlichen und viele tierische Bewohner eine Reihe von Anpassungen an sehr schwierige Lebensverhältnisse aufwei-

Im Mangrovenwald

*Ein Palmgeier lauert
auf Beute*

*Ein Malachiteisvogel
beobachtet die
Wasseroberfläche*

Krokodile finden in den Mangroven Schutz vor Verfolgung

sen müssen, wenn sie an diesem Standort überleben wollen. So müssen die Mangroven beispielsweise mit der für die meisten Landpflanzen giftigen Salzkonzentration des Meerwassers fertig werden und haben dafür an Wurzeln und Blättern spezielle Mechanismen zur Salzausscheidung entwickelt. Im Schlick gibt es fast keinen Sauerstoff für die Wurzeln, und außerdem werden sie regelmäßig überflutet, also haben die Mangroven Luftwurzeln gebildet, mit denen sie Sauerstoff aufnehmen, um ihn dann an die Wurzeln im Schlick zu verteilen. Weil Samen von Ebbe und Flut ständig fortgespült werden könnten, sind einige Mangrovenarten lebendgebärend geworden, d. h., der keulenförmige Keimling wächst noch an der Mutterpflanze soweit aus, daß er sich nach dem Herabfallen im Schlick schnell festwurzeln kann. Mangrovenwälder wandern, weil sich in vorderster Linie diejenigen

Arten immer weiter zum Meer hin fortpflanzen, die sich an regelmäßige Überflutung angepaßt haben. Ihnen folgen Arten, die nur bei besonders hohem Wasserstand überflutet werden, und wenn schließlich zum Ufer hin und in die Flußmündungen hinein der Schlick salzarm und trocken wird, folgen echte Landpflanzen. Auf diese Weise schaffen Mangroven neues Land. – Im Vergleich zu ostafrikanischen und asiatischen Mangrovengebieten sind die westafrikanischen zwar verhältnismäßig artenarm, bleiben biologisch aber immer noch interessant genug und spielen in Gambia zudem flächenmäßig eine bedeutende Rolle, da sie ca. 200 km (bis Kaur) den Gambia-Fluß säumen; bis dorthin wirkt sich der Salzgehalt des Meeres aus.

Unter den gambischen Mangroven sind die wurzeltragende Arten (Rhizophora) eindeutig vorherrschend. Man erkennt sie an ihren stelzenartigen, gebogenen Luftwurzeln, auf denen sie

Nilwarane sind große Echsen, die sehr schnell laufen, gut klettern und ausgezeichnet schwimmen können

Schlammspringer sind Fische, die an Land gehen und sogar auf Mangrovenwurzeln klettern können

Eine Winkerkrabbe im Mangrovensumpf

sich als Büsche oder bis zu 20 m hohe Bäume über dem Schlickgrund erheben. Auf trockenerem Schlick findet man daneben Avicennia-Arten, kenntlich an kurzen Luftwurzeln, die wie Spargel aus dem Schlamm ragen.

Die bei weitem augenfälligste Tiergruppe in Gambias Mangroven sind die Vögel. Schon auf den Uferbänken des Hauptstromes kann man den Heiligen Ibis (Threskiornis aethiopica), Silber- und Seidenreiher (Egretta alba und Egretta garzetta), kleine Trupps von Rötelpelikanen (Pelecanus rufescens) oder den Nimmersatt (Ibis ibis) sehen. In den Bolongs finden wir 12–13 verschiedene Reiherarten, von denen besonders der rotbraune bis graue Goliathreiher (Ardea goliath) mit einer Standhöhe von 1,50 m außerordentlich beeindruckend ist.

Aus der fast unerschöpflichen Artenzahl der Vögel sind der Afrikanische Schlangenhalsvogel (Anhinga rufa), der dunkelbraune Hammerkopf oder Schattenvogel (Scopus umbretta)

oder als Wintergast aus Europa der große Brachvogel (Numenius arquata) interessant. Wie schillernde Juwelen schwirren die in Gambia mit 8–10 Arten vorkommenden blau, weiß und rot gefärbten Eisvögel über das Wasser. An den großen weiß-, schwarz- und rotbraungefiederten Schreiseeadler (Haliaetus vocifer) kann man meist ganz dicht heranfahren; und hoch oben in den Mangrovenbäumen lärmt in kleinen Trupps der grüne langgeschwänzte Halsbandsittich (Psittacula krameri). Auf Schlammbänken am Ufer und zwischen den Mangrovenwurzeln leben die Vertreter zweier weiterer Tiergruppen, die für diesen Lebensraum besonders typisch sind. An sonnenbeschienenen Stellen liegen im Schlick nahe am Wasser unzählige Exemplare des ca. 3–10 cm langen graugefärbten und glotzäugigen Schlammspringers aus der Fischgattung Periophthalmus, der auf seinen umgewandelten Brustflossen am Ufer umherhüpfen und auf Mangrovenwurzeln klettern kann. Zum Atmen muß er jedoch Wasser im Maul mitnehmen, da er als Atmungsorgane noch Kiemen hat.

Auf dem evolutionären Wege vom Wasser- zum Landtier sind auch zahlreiche Arten von Winker- und anderen Mangrovenkrabben, die z. T. in riesigen Scharen Uferbänke und Man-

grovenwälder besiedeln. Besonderes Merkmal der Winkerkrabbe ist die im Verhältnis zur Körpergröße gewaltig vergrößerte linke Schere des Männchens, mit der dieses durch rhythmisches Winken das Weibchen zur Paarung anlockt. Die teilweise buntgefärbten großen Krabben der Mangroven kann man häufig bei Kämpfen zur Revierverteidigung beobachten.

Für die Ernährung vieler Gambier spielen die massenhaft an den Mangrovenwurzeln wachsenden Austern eine beträchtliche Rolle. Bei Ebbe kann man den dichten Austernbewuchs sehen und Fischer beobachten, die in ihren Einbäumen mit Austern besetzte abgeschlagene Mangrovenwurzeln zu ihren Dörfern transportieren. Hier türmen sich schon Berge von Austern-

Auf Bootstour in einem Nebenarm des Gambia

schalen, welche noch in pulverisierter Form zum Wändetünchen und als gebrannter Kalk beim Hausbau Verwendung finden.

Der Gambia galt einst als krokodilreichster Fluß Westafrikas. Heute gehört es zu den großen Ausnahmen, wenn man in freier Wildbahn ein Nilkrokodil (Crocodylus niloticus) oder ein nur ca. 1–1,50 m großes Zwergkrokodil (Osteolaemus tetrapsis) zu sehen bekommt; diese beobachtet man am besten in den heiligen Krokodil-Bekken, z. B. in Bakau. Erwähnenswert und interessant ist, daß beim Ausbrüten der Eier die Temperatur darüber entscheidet, ob sich ein männliches oder weibliches Tier entwickelt.

In den Uferzonen ist häufig der Nilwaran (Varanus niloticus) anzutreffen,

eine über 1 m lang werdende graugrüne, sehr lebhafte Echse mit gelblichem Ringmuster, die eine gute Schwimmerin ist. Mit viel Glück kann man einen Weißwangenotter (Aonyx capensis) für einen kurzen Augenblick beim Auftauchen sehen. Bemerkenswert ist der Fischreichtum, der sich aus Meeresfischen, Brackwasser- und Süßwasserarten zusammensetzt.

Flußlandschaft

Mit abnehmendem Salzgehalt werden die Mangroven als Ufervegetation verdrängt und durch Formen der Waldsavanne ersetzt, die stellenweise den Charakter eines Galeriewaldes annehmen, wie z. B. bei den Baboon Islands.

Auch hier müssen die Vögel an erster Stelle erwähnt werden. Ein beson-

Galerie-Urwald am Mittellauf des Gambia

deres Erlebnis ist sicher die Beobachtung einer Schar von Kronenkranichen (Balearica pavonina), großer schwarzer Vögel, die an ihrer gelben Federkrone, ihrem Flug mit gestrecktem Hals und ihren überwiegend weißen Schwingen erkennbar sind. Ein anderer Wasservogel ist die Sporengans (Plectropterus gambiensis), ein dunkler graugrüner Gänsevogel mit rotem Gesicht, der sich durch seine Größe von anderen Gänsen unterscheidet.

Zu den herausragenden Erlebnissen zählt ganz sicher die Begegnung mit einem der letzten echten Großwildtiere Gambias, dem Nilpferd (Hippopotamus amphibius), kurz Hippo genannt. Sein Gewicht bis zu 2600 kg und seine große Vorliebe, Boote umzukippen, sind sehr beachtenswerte Eigenschaften, die zur Vorsicht bei Bootsfahrten in nilpferdverdächtigen Gebieten zwingen. Leider sind diese Tiere auch in Gambia durch rücksichtslose Bejagung bereits an den Rand des Aussterbens gebracht worden.

Savanne

Savannenlandschaften sind die charakteristischen Großlebensräume in Gambia. Jährliche Regenmenge und -dauer sind die ausschlaggebenden Faktoren für den Übergang von der Südguinea-Waldsavanne im Süden und Westen zur Sudan-Savanne im Nordosten Gambias. Ausdehnung und Erscheinungsform dieser beiden Zonen werden jedoch heute in entscheidendem Maße durch menschlichen Einfluß bestimmt, so daß viele Baumarten das Landschaftsbild prägen, die ursprünglich keine dominierende Rolle in diesen Gegenden spielten. Die

Südguinea-Waldsavanne ist ein offenes Waldland mit einzelnen oder in Gruppen stehenden, z. T. sehr hohen Bäumen und einem dichten Unterwuchs aus Büschen und hohen Gräsern (Andropognon- und Cymbopognon-Arten), die beim Zaunbau Verwendung finden. Die Sudan-Savanne ist ein offenes Grasland mit niedrigen, verstreut stehenden kleineren Gräsern und vereinzelten niedrigen Büschen sowie maximal 15 m hohen Bäumen.

Affenbrotbäume, die eindrucksvollsten Bäume Gambias, zeigen deutlich den Übergang zu den nördlichen Trockenzonen Afrikas an. Die Ölpalme (Elaeis guineensis) ist ein Musterbeispiel für einen Baum der Südguinea-Savanne, der jedoch seine heutige Verbreitung dem Menschen verdankt. Palmöl, Palmwein und das Holz der bis zu 30 m hohen Bäume mit den kräftigen geraden Stämmen sind die nutzbaren Produkte. In der Sudan-Savanne kommt der Winterdorn (Acacia albida) vor, eine Akazie aus der Familie der Mimosaceae. Der Winterdorn fällt besonders in der Regenzeit auf, weil er im Gegensatz zu allen anderen Baumarten dann ohne Blätter steht und vertrocknet wirkt, Blätter und Blüten erscheinen erst im Oktober. Akazien sind bezeichnende Bäume der Trockensavanne. Andere leicht erkennbare Baumarten der Savanne sind die Borassus-Palme (Borassus aethiopium), eine ca. 30 m hohe Palme mit fächerartigen Palmwedeln und einer auffälligen Anschwellung in der oberen Hälfte des Stammes. Der Weiße Kapokwollbaum (Ceiba pentandra) ist mit 60 m, vielleicht sogar 70 m, einer der höchsten Bäume in Afrika. Er hat brettartige Wurzeln mit tiefen Nischen, ein großes schattenspendendes Blätterdach und wird deshalb gerne als Versammlungsplatz von den Männern genutzt. Die etwa bananenförmigen Fruchtkapseln enthalten Samen in wollartigen Haarbüscheln (Kapok). Seine »Wolle« ist sehr gut als Polstermaterial geeignet.

An Tierarten kann man in der Savanne die folgenden beobachten: Guinea-Paviane (Papio papio) sind relativ kleine, kräftige, braune Paviane, die in großen Trupps durch die Savanne ziehen und oft beachtliche Schäden anrichten, wenn sie in die Felder einfallen. Der Husarenaffe (Erythrocebus patas), ein schlanker, hochbeiniger, rötlich gefärbter, ziemlich großer Affe (Kopf-Rumpf-Länge 50–60 cm), klettert gut, lebt aber bevorzugt auf dem Boden und läuft dort sehr schnell. Das Warzenschwein (Phacochoerus aethiopicus) hat einen langen, wenig behaarten Körper, einen großen Kopf mit auf-

Der Baobab

Wie kaum ein anderer Baum ist der Baobab (Adansonia digitata) oder Affenbrotbaum eingebunden in das tägliche Leben und die Mythologie der Westafrikaner. Einer seiner zahlreichen Namen »Upside-Down-Tree« charakterisiert vielleicht am besten sein eigenwilliges Erscheinungsbild, insbesondere wenn von Dezember bis Mai seine Äste blätterlos sind und wie herausgerissene Wurzeln in den Himmel ragen. Viele Märchen und Legenden winden sich um ihn. So soll ihn beispielsweise einst Gott aus Verärgerung über die Beschwerden über seinen Standort entwurzelt und mit der Krone nach unten in den Boden gerammt haben. Woanders heißt er Teufelsbaum, weil die gleiche Tat dem Teufel zugesprochen wird.

Er kann oft bis zu einer Höhe von 20 m heranwachsen. Imposant sind aber die mächtigen Stämme, die einen Durchmesser von 9 m erreichen können, in einigen Quellen werden sogar 15 m angegeben. Mit ihren massigen Stämmen haben die Baobabs die Möglichkeit, auch noch aus trocknem Boden Wasser und Nährstoffe herauszuziehen und immense Wassermengen zu speichern. Beachtlich und fast unglaublich ist das Alter. Einige dieser Giganten sollen nach Schätzungen bis zu 1000 oder gar bis zu 3000 Jahre alt sein. Das erklärt wohl, warum viele alte Baobabs heilige Bäume sind und sich bis heute der Glaube an in ihnen wohnende Geister erhalten hat. In den hohlen Stämmen alter Affenbrotbäume bestattete man früher die Griots.

So ungewöhnlich wie der ganze Baum sind seine Blüten, die Ende der Trocken-

Eine imposante Baumgestalt – der Affenbrotbaum oder Baobab

zeit an bis zu 1 m langen, herunterhängenden Stielen zu blühen beginnen. Die länglichen, herunterbaumelnden Fruchtkugeln haben eine harte, anfangs gelblich-grüne, später bräunliche Schale und sind mit einem Flaum unangenehm reizender Härchen überzogen. In den wie ausgedorrt wirkenden Zweigen fallen sie während der Trockenzeit besonders ins Auge. Das gelblich-weiße, säuerliche Fruchtfleisch wird getrocknet; eingeweicht, gekocht und gesiebt ergibt es einen wohlschmeckenden Saft, der nicht nur getrun-

fällig gebogenen Eckzähnen und zwei große Warzen zwischen Augen und Schnauze; es kniet beim Fressen auf den Vorderläufen; beim Laufen wird der dünne Schwanz steil aufgestellt. Das Buschschwein (Potamochoerus porcus) ist kleiner als das Warzenschwein, im Aussehen unserem Hausschwein ähnlich, mit langem borstigem Fell; es richtet, da es meist in Rudeln auftritt, landwirtschaftliche Schäden an.

Eine größere Anzahl von bekannten Säugetieren wird man selten oder nie zu Gesicht bekommen, weil die Tiere entweder unauffällig, scheu, nachtaktiv oder sehr selten sind. Hierzu gehören beispielsweise Füchse, Schakale, Hyänen, Erdferkel, Stachelschweine, Buschbabys, Honigdachse, Zorillas (eine afrikan. Marderart) oder Antilopenarten. Hin und wieder wird man vielleicht noch einmal eine Manguste oder ein Ichneumon, beides Verwand-

Blüte eines Baobabs

Marabustorch am Nest auf einem fruchtenden Baobab

ken, sondern auch zu Eiscreme gefroren wird.

Dem aus dem Fruchtfleisch gewonnenen Saft wird heilende Wirkung, beispielsweise bei Windpocken und Fieber, zugesprochen. Aber auch nahezu alle anderen Teile des Baobabs finden schon seit Jahrhunderten medizinische Anwendung, wie z. B. die getrockneten, pulverisierten Blätter bei Rheuma und Entzündungen. In der Küche wird dieses Pulver u. a. an Couscous gemischt, um die Feuchtigkeit zu binden. Baobab-Blätter können als Gemüse zubereitet

werden. Die Rinde wird schon seit alters geschält und zu sehr festen Seilen verarbeitet, wobei zunächst ganz dünne Faserbündel gedreht und diese nach und nach miteinander zusammengerollt werden. Überall im Land sieht man Baobabs, deren Rinde in breiten Streifen rundum abgelöst ist, was die Bäume jedoch nicht absterben läßt. Die Reihe der Nutzung ließe sich beliebig fortsetzen. Weil der Baobab zu den nützlichsten Bäumen in Westafrika gehört, wird er gerne in der Nähe von Dörfern angepflanzt.

Blüten des Roten Kapokbaumes

Paviane am Gambia-Ufer

te des bekannten Mungos, über den Weg huschen sehen. Wem es gelingt, einen Leoparden zu beobachten, darf sich äußerst glücklich schätzen, und die gelegentlichen Berichte über Löwen und Geparden gehören wohl in den Bereich der nicht nachprüfbaren Gerüchte.

Unverwechselbare Vögel der Savanne sind der sehr große Ohrengeier (Ae-gypius tracheliotus) und der wie ein griesgrämiger großer Storch aussehende Marabu (Leptoptilos crumeniferus), der gern in der Nähe von Ortschaften in Affenbrotbäumen nistet, sowie der Sudanhornrabe (Bucorvus abyssinicus), ein massiv wirkender, truthahngroßer schwarzer Bodenvogel mit kräftigem schwarzem und gehörntem Schnabel und federlosem Kehlsack, der

Aus den Früchten des Kapokwollbaumes quellen watteähnliche Samenhaare

Termiten mit pilzförmigen Bauten fressen Grassamen

Holzfressende Termiten bauen hohe, spitz zulaufende Erdhügel

beim Männchen rot, beim Weibchen blau gefärbt ist; beim schwerfälligen Auffliegen werden weiße Handschwingen sichtbar.

Im offenen Landschaftsbild der Savanne fallen immer wieder Termitenhügel ins Auge. An ihrer Bauweise sind die grasfressenden Termiten, die kleine pilzähnliche Bauten erschaffen, von den holzfressenden, die bis zu 3 m hohe, oft spitz zulaufende Hügel errichten, zu unterscheiden.

Der heutige Zustand der Savannenlandschaft wird maßgeblich von der Landwirtschaft, in der immer noch die Erdnußmonokultur dominiert, und ihren Anbaumethoden bestimmt. Eine auf die Dauer unheilvolle Rolle für die Bodenfruchtbarkeit und die Vegetation der Busch- und Waldlandschaften

Rote Colobusaffen in den Baumkronen im Abuko Nature Reserve

Die Savannenland-schaft wird heute von der Landwirt-schaft geprägt

spielt die Methode der Brandro-dung, die großflächig in kurzen Ab-ständen die schützende Pflanzendecke vernichtet und zahlreiche Tiere tötet. Zurück bleiben ein artenarmer Busch aus wenigen feuerresistenten Strauch- und Baumarten und ein ausgelaug-ter, unfruchtbarer Boden auf dem all-mählichen Übergang in Trockenstep-pe. Die Regierung bemüht sich ver-stärkt darum, diese äußerst schädli-chen Praktiken durch staatliche Kon-trollen und sehr harte Strafen einzu-dämmen.

Abuko Nature Reserve

Die Erhaltung dieses Stückchens ur-sprünglicher Waldsavanne ist ein Glücksfall für Gambia. Zufälligerweise wurde dieses Gebiet schon 1916 als Trinkwassergewinnungszone gesperrt und entging so der Abholzung und Überweidung. Einem weiteren Zufall ist es zu verdanken, daß Abuko 1968 zum Naturschutzgebiet erklärt wurde. Ein Jahr zuvor war nämlich der Forst-beamte und spätere Naturschutzdirek-tor Eddie Brewer von Farmern geholt

Gambias erster Naturschutzdirektor Eddie Brewer demonstriert an konfiszierten Taschen die schlecht präparierten Felle

worden, um einen Leoparden abzu-schießen, der unter dem Kleinvieh der Anwohner erheblichen Schaden angerichtet hatte. Einer der Farmer führte Eddie Brewer durch ein Loch im Zaun der Wasserschutzzone in den Galeriewald, und das war die Stunde, in der Abuko als Naturreservat entdeckt wurde.

In vieler Hinsicht ist das Abuko Nature Reserve ein hervorragender Ort, um sich einen Überblick über Gambias Tier- und Pflanzenwelt zu verschaffen. Trotz der geringen Fläche von etwas

Feuerlilien auf einer kleinen Urwald- lichtung

Der Blütenstand der Feuerlilie kommt ohne Blätter aus dem Boden

über 100 ha ist allein die Zahl der verschiedenen Lebensräume kaum zu überblicken. Kernstück ist ein Galeriewald an den Ufern des Flüßchens Lamin, der bis vor wenigen Jahren mit gewaltigen Baumriesen herrlich urwaldartig ausgebildet war. Leider gehört das inzwischen teilweise der Vergangenheit an, denn eine langjährige Trockenheit infolge zu starker Wasserentnahme hat den Urwald im wahrsten Sinne des Wortes zusammenbrechen lassen. Über die toten Bäume und umgestürzten Urwaldriesen hat sich als dichter grüner Teppich die Liane Saba senegalensis ausgebreitet, deren eßbare Früchte bei den Mandingo beliebt sind. Trotz dieser Einschränkungen ist Abuko ein Erlebnis und deshalb mehr als einen Besuch wert. Erweitert wurde

Blütenstand der Liane Saba senegalensis, von den Mandingo »Kaba« genannt

Der Kronenducker gehört zu den kleinsten Gazellenarten

Precis oenone zählt zu den auffälligen Schmetterlingsarten der Waldsavanne

Grüne Meerkatze im Abuko Nature Reserve

Schirrantilopen sind typisch für die Waldsavanne

Ginsterkatzen sind äußerst scheu und nachtaktiv

der Park durch einen neu erworbenen Landschaftsteil, der die Züge der Sudan-Savanne trägt und besonders zur Vogelbeobachtung zu empfehlen ist.

Ein beachtlicher Teil von Gambias Pflanzen- und Tierarten befindet sich in Abuko. Allein 50 verschiedene Baumarten beschreibt eine am Parkeingang erhältliche Informationsschrift. Noch vor wenigen Jahren wurde die Zahl der Vogelarten mit 160 angegeben, heute enthält die Liste der sicher bestimmten Vögel über 200 Arten. Das Heer der Insekten ist unübersehbar. Artenreich sind auch die Säugetiere mit allein sechs Antilopenarten, darunter die sehr scheue Sitatunga- oder die kleinere Schirrantilope. Drei Affenarten sind regelmäßig zu sehen: Husarenaffen, Grüne Meerkatzen und Rote Colobusaffen. Raubkatzen sind z. B. durch Ginsterkatze und Serval vertreten; 1970 gab es noch einen Leoparden. Abuko ist berühmt wegen seiner Schlangenpopulation, unter der sich so spektakuläre Giftschlangen wie die Grüne Mamba, die Speikobra und die Puffotter befinden. Ein Vertreter der Riesenschlangen ist der bis zu 6 m lang werdende Felsenpython. Angst vor diesen Tieren ist aber unbegründet, solange man den ausgeschilderten Pfad nicht verläßt. Die meisten Besucher werden ohnehin nie eine Schlange zu Gesicht bekommen, weil diese bei jeder menschlichen Annäherung unbemerkt flüchtet. In den fast 30 Jahren seit der Eröffnung ist in Abuko noch kein Unfall mit Schlangen bekannt geworden.

Der Naturschutzdirektor Eddie Brewer hat sich bis zu seiner Pensionierung Ende 1992 größte Verdienste um die Erhaltung der Natur in Gamibia erworben. Er hat als erster in Gambia die Einhaltung des Washingtoner Artenschutzabkommens konsequent durchgesetzt, ist für die Einrichtung der Na-tionalparks verantwortlich und hat vor allem mit seiner Tochter Stella das bekannte und wichtige Projekt der Schimpansenauswilderung (S. 194) begründet und betreut. Die Regierung hat, schon unter dem ehemaligen Präsidenten Jawara, den Naturschutz zu einem Schwerpunktthema für das Land gemacht. Heute steht Abuko unter der Leitung des Gambiers Dr. Camara.

Bevölkerung und Besiedlung

Gambia zählt zu den am dichtesten besiedelten Staaten Afrikas. Auf 1 km^2 leben durchschnittlich 92 Einwohner (1993); im Senegal kommen z. B. auf die gleiche Fläche nur 40 Einwohner. (Ein Vergleich mit der Bevölkerungsdichte der Bundesrepublik Deutschland mit 228 Einwohnern pro km^2 ist wegen der sehr viel besseren Boden-, Klima- und Wirtschaftsverhältnisse nicht sinnvoll.) Die letzte Volkszählung war 1983 und ergab eine Einwohnerzahl in Gambia von 687 817. Für das Jahr 1992 wurde geschätzt, daß 909 000 Menschen in dem kleinen Staat wohnten. Im April 1993 soll das Land nach einer vorläufigen Volkszählung 1 025 867 Einwohner gehabt haben. Voraussichtlich wird sich die Bevölkerungszahl im Jahr 2010 auf etwa 1,4 Mill. erhöht haben. Die jährliche Wachstumsrate, die 1963 bei 1,9 % und 1973 noch bei 2 % lag, stieg 1983 rasch auf 3,5 % an und in den darauffolgenden 10 Jahren bis 1993 durchschnittlich sogar auf 3,9 %. Bei einer Geburtenrate von 47,4 auf 1000 Einwohner und einer Sterberate von 21,4 (Zeitraum 1985–90) ist Gambia eine Nation von überwiegend jungen Menschen: Mitte 1990 waren 44,1 % der Einwohner jünger als 15 Jahre und nur 2,9 % älter als 65 Jahre. Die durchschnittliche Lebenserwartung beträgt

Dorffest in einem Mandingo-Dorf nördlich von Basse Santa Su

bei Frauen 44,6 Jahre, bei Männern 41,4 Jahre (1985–90); die Säuglingssterblichkeit im ersten Lebensjahr ging in den letzten 20 Jahren auf 143 Kinder je 1000 Lebendgeborene zurück; 1965–70 waren es noch 193 Todesfälle pro 1000 Kinder.

Alle Landesteile Gambias waren einst relativ gleichmäßig besiedelt. Ca. 85 % der Bevölkerung lebten 1973 auf dem Lande. In Banjul mit knapp 40 000 Einwohnern waren damals etwa 9 % der Gesamtbevölkerung angesiedelt. Durch die zunehmende Landflucht stieg die Einwohnerzahl im Jahr 1989 bereits auf rund 150 000 an, knapp ein Fünftel der Gesamtbevölkerung. Weil sich Banjul wegen seiner Insellage nicht mehr ausdehnen kann, wuchsen die Städte Serekunda und Brikama in den letzten Jahren schnell heran. Serekunda, das 1986 noch 102 600 Einwohner zählte, hat heute Banjul längst überholt und sich zur größten Stadt Gambias entwickelt.

Gambias Bevölkerung setzt sich aus drei großen Volksgruppen zusammen, den Mandingo, Fulbe und Wolof; hinzu kommen noch etwa zehn andere Ethnien, alle mit eigenen Sprachen. Die ethnischen Gruppen haben folgenden Anteil an der Gesamtbevölkerung: Mandingo 43,3 %, Fulbe 18,3 %, Wolof 13 %, Jola 7 %, Serahuli 7 %, Tukolor 1,5 %, Serer 1,3 %, Aku 0,9 %. Die restlichen 7,7 % verteilen sich auf Manjago, Bijogo, Pepel, Bainounka, Mauretanier, Marokkaner, Libanesen, Syrer, Chinesen, Europäer und andere. In Gambia leben außerdem noch 20 000–30 000 Gastarbeiter (strange farmers) aus den umliegenden Staaten und eine größere Anzahl von politischen Flüchtlingen aus anderen westafrikanischen Ländern und Gebieten, z. B. aus der Casamance.

Die heterogen zusammengesetzte Bevölkerung ist zum größten Teil ein Ergebnis der westafrikanischen Völkerwanderungen. Etwa vom Jahre 1000 n. Chr. an gab es im Gebiet der heutigen Staaten Senegal und Gambia eini-

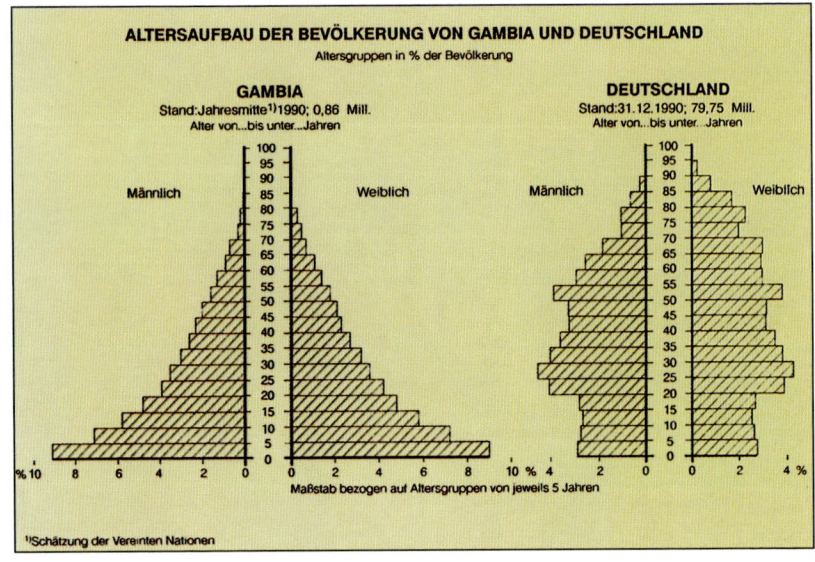

ge Jahrhunderte lang massive Völkerbewegungen: Serer, Wolof und Fulbe drangen vom Senegal-Tal südwärts vor, und Mandingo wanderten vom oberen Niger westwärts. Diese Völker fanden in der Savanne ertragreiches Acker- und Weideland und in Küsten- und Flußnähe reichhaltige Fischgründe, Muschelvorkommen und florierende Handelsplätze.

Neueste Ausgrabungen belegen, daß das Land zwischen dem Senegal- und Casamance-Fluß schon seit etwa 2000 v. Chr. besiedelt ist. Über die frühesten Einwohner (Früchtesammler, Jäger und Fischer) ist nur wenig bekannt.

Bainounka

Das älteste Volk, das wir heute in Gambia antreffen, sind die Bainounka. Sie haben sich mit den Jola und Mandingo assimiliert und leben versprengt unter ihnen, hauptsächlich in den Distrikten Kombo und Fogni. Nur in der senegalesischen Casamance halten sie noch an ihrer traditionellen Kultur und Sprache fest.

Jola

Wie die Bainounka gehören auch die Jola (Djola, Dyola, Diola, Djolla) zu den frühesten Siedlern im Gambia-Tal. Zusammen mit den Bainounka waren sie wahrscheinlich aus östlichen Gebieten eingewandert und hatten sich als Bauern am unteren Gambia niedergelassen. Dem Druck der Völkerwanderungen wichen sie dann mehr und mehr in das Küstengebiet aus. Heute finden wir nur noch kleine Gruppen als Reis- und Erdnußbauern in Gambia, vorwiegend im Gebiet südlich von Banjul. Der größte Teil der Jola hat sich in die West-Casamance und nach Guinea-Bissau zurückgezogen; dort leben heute die noch am stärksten der Tradition verbundenen Jola, die auch ihre afrikanische Naturreligion beibehalten haben. In Gambia sind zwar die meisten Jola Muslime, einige auch Christen geworden, jedoch gibt es weiterhin Anhänger des Animismus.

Die Jola bestimmten zu keiner Zeit die Geschichte des Landes. Unabhän-

Peter Jatta Joof ist ein Jola. Unter Vogelkundlern ist er als ausgezeichneter Führer bekannt

gig voneinander lebten sie in isolierten Dörfern, die von einem Ältestenrat und religiösen Oberhäuptern regiert wurden. Einen gemeinsamen Herrscher kannten sie nicht. Nur gegen Feinde und zum Handel schlossen sie sich vorübergehend zusammen. Bei den europäischen Händlern waren sie als Bienenzüchter wegen ihres guten Honigs, vor allem aber wegen der hervorragenden Qualität ihres Wachses sehr geschätzt. Man sagt den Jola nach, sie seien meist introvertierte Menschen, gingen nach Möglichkeit jedem Fremdeinfluß aus dem Wege und hielten an ihren alten Traditionen fest; auch wür-

den sie ein beachtliches Unabhängigkeitsstreben zeigen. Mit den berechtigten Abstrichen bei Verallgemeinerungen kann man die Jola als intelligentes, ehrliches und fleißiges Volk charakterisieren. Diese meist sehr dunkelhäutigen Afrikaner sind von kräftigem Körperbau und mittlerer Größe.

Serer

Unter den frühen Bewohnern des senegambischen Gebietes waren auch die Serer. Ihr Ursprung ist nicht geklärt. Im 10. und 11. Jh. lebten sie am Senegal in der Futa-Toro-Region. Unter dem ständigen Druck der Berber-Hirten an der nördlichen Grenze wichen sie nach Süden aus und besiedeln seit Ende des 13. Jh. die Sine-Saloum-Gebiete im Senegal und die Küste nördlich der Gambia-Mündung.

Die Serer sollen sich zum Teil mit den später eingewanderten Fulbe vermischt haben; aus ihren gemeinsamen Nachkommen entstanden vermutlich die Tukolor.

Wolof

Das einflußreiche Volk der Wolof (Wolog, Wolloff, Jollof, Djollof) lebte ursprünglich nördlich vom Senegal und ist vermutlich aus der Vermischung von Arabern und Mali-Afrikanern hervorgegangen. Von den Berber-Stämmen Nordafrikas verdrängt, gründeten die Wolof zwischen dem Senegal- und dem Gambia-Fluß ein mächtiges Staaten-Reich.

In alten Zeiten waren sie mutterrechtlich orientiert; Frauen spielen auch heute noch eine bedeutende politische und gesellschaftliche Rolle. Ein festgefügtes Kastensystem schuf eine straffe Gesellschaftsordnung. Viele Wolof-Herrscher, sog. *burs*, traten zum Islam über, um ihre Untertanen gegen die Jihads (heilige Kriege) ihrer maurischen Nachbarn zu schützen. Wie auch die Mandingo-Könige hielten sich die Wolof maurische Marabuts als Sekretäre, Dolmetscher und Gesandte zu den Herrschern Nordafrikas und des Nahen Ostens. Diese Marabuts genossen großes Ansehen; ihnen wurden auch übernatürliche Kräfte zugesprochen, die sie u.a. befähigten, Amulette zum Schutz gegen böse Einflüsse anzufertigen, sog. *gris-gris* oder *ju-jus*. Die Wolof übernahmen von den Mauren auch Kleidung und Manieren und erwarben arabische Pferde. Sie waren ein ausgesprochen kriegerisches Volk, und die Machtstellung des *bur* war fast ausschließlich von seinem militärischen Erfolg abhängig.

Die größte Einwanderung der Wolof nach Gambia fand erst in der letzten Hälfte des 19. Jh. während der Religionskriege statt. Sie ließen sich nördlich und südlich der Gambia-Mündung, vor allem aber in der Hauptstadt nieder. Etwa 40 % der Einwohner Banjuls sind Wolof; ihr Einfluß nimmt seit einigen Jahren durch verstärkte Zuwanderung aus Nord-Senegal zu. Bei dem Versuch einer Charakterisierung wird man von hochgewachsenen, schlanken Afrikanern mit einer länglichen Schädelform und einer weniger flachen Nase als andere afrikanische Völker sprechen. Die Anmut der stolzen Wolof-Frauen ist legendär; großen Wert legen sie auf ihre äußere Erscheinung, auf schöne Kleidung und kunstvolle Haartracht. Die Wolof der Hauptstadt sind wohlhabende und einflußreiche Händler, aber auch Staatsangestellte.

Mandingo

Die Mandingo (Mandinka, Malinke) bilden den größten Volksstamm Gambias und nehmen schon seit sechs Jahrhunderten eine mehr oder weniger stark dominierende Stellung in der gambischen Politik und Gesellschaft ein. Ihr ursprüngliches Heimatland war das Königreich Mandinkaba am oberen Niger, das sich im 13. Jh. zum großen Mali-Reich ausweitete. Die erste Einwanderungswelle der Mandingo lag noch vor der Konsolidierung des Mali-Reiches: Jäger, Händler und Bauern hatten sich im spärlich besiedelten, kühleren und fruchtbaren Land am Gambia niedergelassen. Die zweite, weitaus größere West-Wanderung der Mandingo wurde durch Krieger des Mali-Herrschers ausgelöst; diese eroberten nach und nach nahezu alle Territorien am Gambia-Strom und machten sie zu Trabantenstaaten des Kaiserreichs Mali.

Im Gambia-Tal konnten die Mandingo bald ihre Vormacht über die

Unsere Freundin, die Mandingo-Händlerin Ndye Manneh

anderen Völker ausbauen, und zwar weniger durch ihre massive Einwanderung als durch ihren starken ethnischen Einfluß. Obwohl sie in-zwischen viel von ihrer früheren Macht verloren haben, ist Gambia ein typischer Mandingo-Staat geblieben.

Staatsoberhaupt der historischen Mandingo-Reiche war der *mansa,* der jedoch kein absoluter Regent war und die Gesetze des Volkes zu respektieren hatte. Die eigentliche Regierung oblag den lokalen Herrschern, den zum Adel gehörenden *alkalolu.* Von der Weisheit und Kompetenz dieser Dorf- oder Stadtältesten hing der Erfolg und Reichtum eines Mandingo-Staates ab. Wenngleich von seinem Volk geehrt und geachtet, war der *mansa* ohne die Unterstützung der *alkalolu* nahezu machtlos. Der Thronfolger wurde aus den Alkalolu der Städte gewählt.

Heute finden wir Mandingo in allen Teilen des gambischen Staates; sie stellen 25 % der Bewohner Banjuls. Die Mandingo, meist athletische Menschen mittlerer Körpergröße, sind für

In einem Rundhaus der Fulbe

ihr freundliches, aufgeschlossenes Wesen bekannt, das sich in ihren Gesichtszügen widerspiegelt.

Fulbe

Die Fulbe (auch Fula oder Peul genannt) bilden viele größere und kleinere ethnische Gruppen, die verschiedene Ursprungsländer und Bräuche haben. Sie gelten als Nachkommen der Berber und waren nomadische rinderzüchtende Hirten, die mit ihrem Vieh durch das Grasland des West-Sudans wanderten. Im 11. Jh. hatten sie am unteren Senegal ein eigenes Reich geschaffen. Eine große Anzahl Fulbe zog den Senegal flußaufwärts in die Gebiete der heutigen Staaten Mali, Burkina Faso (Obervolta), Nigeria bis nach Kamerun. Aus einigen dieser Territorien, wie z. B. von Futa Jallon (Guinea) und dem damaligen Fulbe-Staat Massina (Mali), drangen wiederum viele Fulbe-Familien in die Gebiete der Flüsse Casamance, Gambia und Senegal ein. Nur wenige wurden hier zu seßhaften Bauern, der größte Teil blieb ein nomadisches Hirtenvolk, das erst vor einiger Zeit begonnen hat, sich fest anzusiedeln.

Die Fulbe hatten eine straffe soziale Organisation. Vorsteher kleinerer Gemeinschaften war der *ardos*, größerer Gemeinschaften die *lamibe,* über denen kein gemeinsamer Herrscher stand. Gemeinsam mit den Tukolor haben die Fulbe eine alte islamische Tradition. Durch diese beiden Stämme erreichte der Islam die Völker am Gambia-Fluß und anderer westafrikanischer Waldregionen. Im 18. Jh. waren die Fulbe so mächtig, daß sie viele nichtislamische Völker unterwarfen und eigene Staaten gründeten, sog. Imamate (z. B. Futa Jallon, Futa Toro, Bondou), deren politisches und militärisches Oberhaupt jeweils der Imam war. In der 2. Hälfte des 19. Jh. fielen aus diesen Imamaten Fulbe-Krieger in die Gebiete am Gambia und an der Casamance ein und eroberten neues Weideland; sie gründeten den Staat Fuladu. Noch heute leben die meisten gambischen Fulbe am mittleren und oberen Flußlauf; sie haben relativ enge Beziehungen zu den Fulani Nord-Nigerias. Auch jetzt noch gelten die Fulbe

Serahuli-Töpferin

als ausgezeichnete Hirten und Vieh-
züchter. Für den traditionsgebunde-
nen Fulbe bestimmt der Reichtum an
Vieh seine Position in der Gesellschaft.
Die Fulbe haben meist eine hohe Sta-
tur, ovale Gesichter, relativ schmale
Lippen, lange Nasen und verhältnismäßig glattes Haar. Ihre Haut ist weniger stark pigmentiert als die der anderen gambischen Völker.

Tukolor

Die Tukolor werden meistens als Un-
tergruppe der Fulbe klassifiziert. Sie
haben die älteste islamische Tradition in Gambia. Schon im 10. Jh. übernahmen sie von den Berbern und Mauren den islamischen Glauben und wurden zu Missionaren bei den Wolof und
anderen Völkern im West-Sudan. Unter der Führung dieses kleinen, aber
einflußreichen Volkes entstand im
18. Jh. der islamische Staat Futa Toro,
der sich bis zum mittleren Niger ausweitete. Tukolor siedeln in Gambia an
den Grenzen zur Casamance und vereinzelt unter anderen Völkern am
Nordufer.

Serahuli

In Gambia sind heute die Serahuli, auch Sarakole oder Soninke genannt, nur noch mit kleinen Gruppen überwiegend im östlichen Gebiet vertreten. Anzumerken ist hier, daß die Bezeichnung »Soninke« für die Vorfahren der Serahuli nichts mit den Soninke der Soninke-Marabut-Kriege zu tun hat, die zum Volk der Mandingos gehörten. Der Ursprung der Serahuli ist nicht geklärt; vielleicht gehören sie zu den ältesten Völkern Westafrikas. Einige Geschichtsforscher vertreten die Meinung, daß sie ursprünglich aus dem alten Songhai-Reich kamen. Sie werden als Nachfahren der Soninke angesehen, die das alte Ghana-Reich von etwa 777 bis 1076 n. Chr. regierten. Das legendäre Goldland Ghana, das den sehr einträglichen Handel durch die Sahara kontrollierte, wurde durch eine allmähliche Austrocknung des Landes und außerdem durch die Angiffe der Almoraviden (islam. Glaubensgemeinschaft) geschwächt. Als Folge davon fand eine große Emigration der Einwohner statt, die sich nach der Besiegung des Ghana-Reiches durch den Mandingo-Führer Sunjata Keita weiter fortsetzte. Die ausgewanderten Serahuli wurden bald zu Mittelsmännern des Trans-Sahara-Handels und konnten eigene Dörfer und kleine Staaten gründen. Einer der Serahuli-Anführer war der Marabut Momodou Lamin Drammeh, der im Zuge seines Heiligen Krieges gegen alle Nicht-Muslime viele kleine Serahuli- und Tukolor-Staaten zu einem Reich zusammenfassen konnte, u.a. auch am oberen Gambia. Später standen diese Gebiete unter britischer Verwaltung.

Noch heute pflegen viele Serahuli in Gambia enge Kontakte zu ihren Verwandten in Ost-Senegal. Als ehemalige Hochlandfarmer bauen sie Hirse, Erdnüsse und Baumwolle an. Berühmt sind die Qualität ihrer Baumwolle und ihre schönen Webarbeiten sowie ihre Töpfereien in der Gegend von Basse. Die Serahuli sind traditionell tüchtige Geschäftsleute, die einst am oberen Senegal mit seinen Eisenvorkommen gewinnbringend am innerafrikanischen Handel teilhatten.

Mulatten

Die Mulatten sind die Nachkommen europäischer – portugiesischer, britischer oder französischer – Kaufleute und afrikanischer Frauen.

Die portugiesischen Mulatten stammen aus dem 15. und 16. Jh., als sich portugiesische Händler an den Ufern des Gambia-Stroms niederließen und mit Mandingo-Frauen liiert hatten. Diese Mulatten fühlten sich als »Weiße«, gehörten dem römisch-katholischen Glauben an und lebten in separaten Gemeinschaften. Großes Ansehen genossen vor allem die sehr einflußreichen Mulatten-Frauen, die Señoras genannt wurden. Da die Mulatten wichtige Mittelsmänner und Agenten im afro-europäischen Handel waren, diente ihre Sprache, ein portugiesisches Kreolisch, zur Kommunikation. Die Geschäfte der portugiesischen Mulatten florierten besonders zur Zeit des Sklavenhandels und gingen mit dessen Ende zugrunde.

Die britischen Mulatten wuchsen vom 17. Jh. an in der Nachbarschaft von James Island auf. Auch diese englisch sprechenden Mulatten gelangten durch ihre Beteiligung am Sklavenhandel zu Wohlstand.

Französische Mulatten: Anfang des 19. Jh. kamen von Nord-Senegal britische und französische Kaufleute mit ihren Mulatten-Frauen nach Bathurst (heute Banjul). Obgleich diese Señoras einige Manieren der Europäer übernahmen, legten sie doch die Sitten, die Sprache und den Glauben ihrer afrikanischen Vorfahren, die meistens Wolof

Bei einem mauretanischer Kaufmann

waren, nie gänzlich ab. Sie bildeten in Bathurst eine neue Elite und spielten eine bedeutende Rolle in der Gesellschaft Senegambias. Von europäischen Besuchern wurde ihre attraktive, graziöse und anmutige Erscheinung bewundert. Sie waren elegant gekleidet, trugen modische Schuhe aus Paris und wertvolle Geschmeide. Den Schmuck, den sie beim Promenieren selbst nicht mehr anlegen konnten, ließen sie von ihren Sklavenmädchen neben sich hertragen. Berühmt war ihre Haartracht, *n'dioumbeul* genannt, eine mit Hilfe zahlreicher bunter indischer Taschentücher aufgetürmte Pyramide.

Die Mulatten sind inzwischen in den afrikanischen Völkern Gambias weitgehend integriert, nur die Familiennamen zeugen oft noch von ihren europäischen Vorfahren.

Aku

Als Aku werden die Nachkommen der im letzten Jahrhundert befreiten Sklaven, der Liberated Africans, bezeichnet. Im Zuge der britischen Kampagne gegen den Sklavenhandel waren sie von Übersee und von den westafrikanischen Häfen nach Freetown gebracht worden. Aus Platzmangel schickte der britische Gouverneur von Sierra Leone 1832–38 eine große Anzahl von ihnen in das damals unterbevölkerte Bathurst und nach MacCarthy Island. Es waren Frauen, Männer und Kinder der verschiedensten westafrikanischen Volksgruppen aus dem heutigen Kongo, Kamerun, Nigeria, Benin, Ghana etc., unter ihnen auch Yoruba sprechende Völker, die als Aku bekannt sind. Viele der Ankömmlinge starben bald an Schwäche und Seuchen. Soziale Hilfe wurde den ehemaligen Sklaven vor allem von der Wesleyan Mission, von den Señoras und den christlichen Wolof von Bathurst zuteil. Mitte des 19. Jh. schlossen sich die Aku und andere befreite Völker zu Stammesorganisationen zusammen. Von der britischen Kolonialregierung erhielten sie nach einer hervorragenden

Schulbildung Posten im Repräsentantenhaus. Heute sind die Aku eines der kleinsten, aber einflußreichsten Elemente des gambischen Volkes und Teil der örtlichen Elite. Die meisten leben in der Hauptstadt; 9 % der Einwohner Banjuls sind Aku. Wie die Kreolen in Sierra Leone, zu denen Familienverbindungen bestehen, und die Afro-Amerikaner in Liberia fühlen sie sich zur europäischen Zivilisation hingezogen; sie sprechen Englisch und sind überwiegend Christen. Zu den Bewohnern Senegals haben die Aku – im Gegensatz zu fast allen anderen Völkern Gambias – keine verwandtschaftlichen Beziehungen, was sich durch ihre unterschiedliche koloniale Geschichte erklärt.

Mauretanier

Die mauretanischen Araber in Gambia leben ohne Bindung zu den afrikanischen ethnischen Gruppen. Ihre Vorfahren kamen zur Zeit des Sklavenhandels an die Gambia-Mündung, um sich an den einträglichen Geschäften zu beteiligen. Heute haben sie sich als Inhaber kleiner Geschäfte und als Viehhändler etabliert. Nach dem Krieg mit Marokko hat die Zuwanderung von Mauretaniern nach Gambia wieder zugenommen.

Libanesen und Inder

Eine bedeutende, wenn auch zahlenmäßig kleine Siedlergruppe der Nichtafrikaner in Gambia sind Libanesen und Inder. Viele von ihnen nehmen als tüchtige und reiche Geschäftsleute eine Schlüsselstellung zwischen den gambischen Kleinhändlern und den internationalen Import- und Exportfirmen ein.

Europäer, Amerikaner, Asiaten

Die relativ wenigen Europäer in Gambia leben meist in abgeschlossenen Kreisen ohne engeren Kontakt zu den Gambiern. Bemerkenswert ist jedoch das starke persönliche Engagement einiger dieser Europäer für das Wohlergehen des Landes und seines Volkes. Als Beispiel hierfür sei der inzwischen pensionierte britische Naturschutzdirektor Edward Brewer genannt. Entwicklungshelfer sind überall im Land mit den unterschiedlichsten Projekten befaßt. Der Anteil der Amerikaner in Gambia hat in den letzten Jahren zugenommen. Chinesen beschäftigten sich zunächst mit der Verbesserung des Reisanbaus, dann mit der Errichtung von Stadien und anderen Sportstätten.

Gastarbeiter

Für einige Monate im Jahr kommen in (einer Art Familiengewohnheitsrecht) aus Senegal, Mali, Guinea und Guinea-Bissau Saisonarbeiter, sog. strange farmers, nach Gambia, z. B. zur Erdnußernte oder als Palmweinzapfer. Diese Tatsache darf aber nicht darüber hinwegtäuschen, daß in Gambia allgemein Unterbeschäftigung herrscht.

*Jaggér,
ein Tanzlehrer aus
Guinea*

Geschichte

Gambia vor der Ankunft der Europäer

Die historischen Schriften über die Gebiete am Gambia-Fluß und andere westafrikanische Länder erfaßten jahrhundertelang nur die Kolonialzeit und betrachteten diese Territorien auch nur als Objekt in der Geschichte der europäischen Eroberer. Die Afrikaner haben jedoch ein eigenes starkes Geschichtsbewußtsein, das auf einer ausgeprägten mündlichen Tradition basiert. Auf die Quellen dieser von Generation zu Generation mündlich weitergegebenen Geschichte greifen inzwischen auch zeitgenössische Historiker zurück. Deshalb ist eine der gängigen Redewendungen der Geschichtsschreiber »according to tradition« (nach mündlicher Überlieferung).

Vor rund 2800 Jahren, als die damals üppig grüne Landschaft an Senegal und Gambia noch reich an afrikanischem Großwild war, besiedelten Nomadenvölker diese Gebiete. Aus Jägern und Sammlern wurden seßhafte Bauern und Fischer. Von den frühesten Siedlern am Gambia zeugen Funde paläolithischer Werkzeuge. Schriftliche Überlieferungen über Westafrika reichen bis in die vorchristliche Zeit zurück. Die älteste, wenn auch wenig informative Aufzeichnung über das Gambia-Gebiet stammt vom karthagischen Admiral Hanno aus dem Jahre 470 v.Chr. Und der griechische Geschichtsschreiber Herodot (490 bis ca. 425 v.Chr.) stellte während seines Aufenthaltes in Ägypten Berichte von nordafrikanischen Reisenden zusammen, die durch den Trans-Sahara-Handel schon seit etwa 1000 v.Chr. mit den Westafrikanern in Kontakt standen. Auf das 4.Jh. n. Chr. datiert man

Die kreisförmig aufgestellten Megalithen sind präkoloniale Königs- und Häuptlingsgräber

Gambia zur Zeit der Mandingo-Königreiche

große Müllhalden von Muscheln nördlich und südlich der Gambia-Mündung, die man einer Bevölkerung zuordnet, der diese Weichtiere als Nahrung dienten.

Etwa im 10. und 11. Jh. gehörte der größte Teil Gambias zum Ghana-Reich, das vermutlich von hellhäutigen Berbervölkern gegründet worden war. Von seinem Zentrum im jetzigen Mauretanien breitete es sich bis zum heutigen Staat Ghana aus. Die Macht dieses Serahuli-Reiches basierte auf dem Handel mit Marokko. Ghanas

Die Wagadu Ta'rikh

Die Wagadu Ta'rikh ist eine Legende aus dem alten Ghana-Reich, aufgezeichnet in dem historischen Buch von Mbalefele Janneh aus Bakau, das im Museum von Banjul ausgestellt ist.

»Einst schloß der König Magha Diabe von Wagadu, im Herzen des alten Ghana-Reiches gelegen, einen Pakt mit der heiligen Schlange Bida. Die Schlange sicherte dem Serahuli-Volk Regen, Fruchtbarkeit und Gold zu, verlangte aber dafür jährlich als Opfer eine Jungfrau aus dem königlichen Hause. Als einmal die Reihe an ein Mädchen kam, das ein Jungkrieger sehr liebte, beschloß dieser, die Schlange zu töten, um die Opferung des Mädchens zu verhindern. Die sterbende Schlange weissagte eine große Dürre als Bestrafung für diese Untat. Das Land verwandelte sich darauf-

hin bald in eine Wüste, die Einwohner verstreuten sich in viele andere Gebiete, und das einst so blühende Reich zerfiel.«

Vormachtstellung wurde vom Songhai-Reich abgelöst, dessen Zentrum am mittleren Niger lag und zu dem vorübergehend auch einige Territorien des senegambischen Gebietes gehörten.

Anfang des 13. Jh. konnten die Mandingo vom Königreich Mandinkaba am oberen Niger die Kontrolle über den lukrativen Trans-Sahara-Handel gewinnen. Unter der Führung von Sunjata *(jato = Löwe)* Keita (gest. 1255) wurde im Jahre 1235 das Mali-Reich gegründet, das bald seine politische und ökonomische Hegemonie über die ganze Mandingo-Bevölkerung ausweitete und noch größer wurde als das alte Ghana. Noch unter Sunjata Keita wurde das Reich durch seine Feldherren bis in das Gambia-Tal erweitert. Die Eroberung dieser Gebiete zog eine intensive Besiedlung durch Mandingo-Familien nach sich. Alle neuentstandenen Trabantenstaaten ließ der Mali-Kaiser durch örtliche Mandingo-Führer kontrollieren, die sich ihre eigenen – oft nur winzigen – Königtümer innerhalb des Mali-Reiches schufen.

Während Mali seine Macht verlor, konnte im Trabantenstaat Kabu der animistische Mandingo-Clan der Nyancho seinen politischen Einfluß ausbauen. Kabu wuchs zu einem bedeutenden Großreich im Westen heran, das die Gebiete der heutigen Casamance, von Guinea-Bissau und Guinea umfaßte. Im 16. Jh. standen außerdem fast alle Staaten am Gambia-Südufer unter der zentralen Regierung des Nyancho-Herrschers. Zur Ausweitung des Kabu-Reiches trug auch die Besiedlung der nördlich gelegenen Territorien durch eine größere Anzahl von Nyancho-Familien bei. Durch Wechselheirat mit den dort ansässigen Völkern (Wolof, Serer, Bainounka u. a.) entstanden im Gambia-Tal die Staaten Niumi, Baddibu, Wuropana, Kombo, Fogni und Kiang.

Drei große Mandingo-Familien spielten zu dieser Zeit eine entscheidende Rolle – die Jammeh, Manneh und Sonko. Der Jammeh-Clan war aus der Verbindung der Nyancho-Familien mit den Serern des Saloum-Gebietes hervorgegangen. Er besiedelte Baddibu und gründete im frühen 15. Jh. den Staat Niumi (Niumi = Seeküste; von den Portugiesen Barra genannt). In Fogni und Kombo gewann der ebenfalls von den Nyancho aus Kabu abstammende Manneh-Clan an politischer Autorität. Diese beiden Clans vereinten in Niumi ihre Macht, zusammen mit dem großen Sonko-Clan, der vorher in Wuropana gesiedelt hatte. Durch die günstige geographische Lage Niumis an der Gambia-Mündung konnten diese Mandingo vom lukrativen Binnenland- und Flußhandel profitieren. Und als sich durch die Ankunft der Europäer der Handel mehr und mehr zum Atlantik ausrichtete, stabilisierten sie als Nutznießer des afro-europäischen Handels ihre Position, während die großen alten Reiche, deren Wohlstand einst durch den Trans-Sahara-Handel gesichert worden war, ihren Einfluß einbüßten. Bis zum Ende des 19. Jh. war Niumi eine politische Einheit und konnte seine Überlegenheit und Vorherrschaft über die anderen Mandingo-Staaten während des größten Teils seiner Geschichte behaupten. Erst in den Religionskriegen wurden die Mandingo-Dynastien durch die islamischen Fulbe abgelöst. Neben der Herrschaft der Mandingo spielte im Gambia-Tal noch der politische Einfluß der Wolof eine historisch bedeutende Rolle. Während des 16. Jh. standen der Staat Saloum und die meisten Königreiche am Gambia-Nordufer (mit Ausnahme der Mandingo-Staaten Niumi und Baddibu) unter der Lehnsherrschaft des Wolof-Herrschers. Herz dieses Reiches, das sich zwischen dem Senegal- und dem Gambia-Fluß aus-

Der Gambia ist seit Urzeiten ein wichtiger Wasserweg

breitete, war der Inlandstaat Jolof, von dem aus alle anderen Wolof-Staaten zentralistisch regiert wurden, bis er sich in einzelne unabhängige Staaten auflöste.

Portugiesen am Gambia River

Mitte des 15. Jh., noch bevor Kolumbus Amerika entdeckt hatte, gelangten die ersten Europäer an den Gambia. Arabische Geographen und Kartographen hatten den Europäern von einem legendären Priesterkönig Johannes und von den unermeßlichen Reichtümern in Afrika berichtet. Der portugiesische Infant Heinrich der Seefahrer sandte Expeditionen in die unerforschten Gebiete aus. Der erste Europäer, der die Gambia-Mündung erreichte, war 1447 der Portugiese Nuño Tristao. Die Afrikaner fürchteten die unbekannten hellhäutigen Menschen als Menschenfresser, so daß diese ersten Europäer, die in die Gambia-Mündung segelten, von den ansässigen Völkern angegriffen und getötet wurden. Doch Gerüchte über ein immenses Goldvorkommen am Gambia, dem Rio dourado,

lockten immer neue Abenteurer an die afrikanische Westküste. Im Jahre 1455 erreichte, ebenfalls im Auftrage des portugiesischen Prinzen Heinrich, der Venezianer Luiz de Cadamosto diese Küste. Aber erst auf seiner zweiten Expedition, ein Jahr darauf, gelang es ihm, mit den einheimischen Königen Kontakt aufzunehmen; er schloß einen Freundschaftsvertrag mit Batti Mansa, dem Mandingo-König von Baddibu, und traf auch Niumis König Nomi Mansa. Diego Gómez, der 1458 zum Gambia gesandt wurde, segelte sogar bis nach Kantora an die heutige Ostgrenze des Staates. Hier erfuhr er Einzelheiten über die gigantischen Goldminen des Mali-Kaisers, die sich überwiegend im Futa Jallon-Plateau befanden. Gómez tauschte Gastgeschenke aus und brachte u. a. schwarze Sklaven mit nach Europa. (Sklaven gehörten zu dieser Zeit einer angesehenen traditionellen Kaste in Westafrika an.)

Auf Wunsch Nomi Mansas ließen sich in der Folgezeit portugiesische Priester am Fluß nieder. Da jedoch der islamische Glaube zu jener Zeit in Gambia schon Fuß gefaßt hatte, konnten sich christliche Missionare in diesem Gebiet niemals erfolgreich durchsetzen. Weitere portugiesische Expedi-

Die Rulehutumba-Bootsprozession geht auf einen Brauch der christlichen Portugiesen zurück

tionen stellten freundschaftliche Kontakte und sichere Handelsbeziehungen zu den Völkern am Gambia-Fluß her. Darauf ließ sich eine Anzahl von portugiesischen Siedlern an den Ufern des Gambia nieder und baute Handelskontore auf. Obwohl sie nie sehr zahlreich waren und durch Mischheirat mit afrikanischen Frauen von der ansässigen Bevölkerung allmählich absorbiert wurden, haben diese frühen Portugiesen einen bleibenden Einfluß auf die gambische Bevölkerung ausgeübt. Als Angehörige der damals führenden Seemacht beteiligten sie sich entscheidend an der Verbesserung des lokalen Bootsbauhandwerks und der Fischerei; sie verhalfen den Mandingo zu einem stattlicheren Hausbaustil und importierten viele Nutzpflanzen, wie z. B. Orange, Banane, Papaya, Kassava, Guava, Mais und Erdnuß. Ihre Spuren hinterließen sie ebenso in der Mandinka-Sprache, in die sich seitdem eine Anzahl von portugiesischen Vokabeln

eingeschlichen hat, wie auch in dem Jargon, der als Trade oder Pidgin English bekannt ist.

Erste britische Handelsniederlassung

Durch territoriale Machtverschiebungen in Europa erhielt 1588 Königin Elizabeth I. vom geflohenen portugiesischen Thronfolger die Handelsprivilegien am Gambia und an der Goldküste, und 1618 verlieh James I. einer britischen Gesellschaft die exklusiven Handelsrechte. Um den Handel entlang der westafrikanischen Küste zu erschließen und gegen holländische und französische Einflüsse zu sichern, wurde die Guinea Company ins Leben gerufen. Eine der vielen ergebnislosen Expeditionen zu den sagenhaften Goldländern im Inneren Afrikas leitete Richard Jobson; er brachte genaue Beschreibungen über das Leben der Völker am Gambia mit.

Etwa von 1652 an exportierten die Engländer neben Fellen, Elfenbein, Wachs und geringen Mengen Gold mehr und mehr Sklaven, da die erfolgreiche Einführung des Zuckerrohrs in ihren Kolonien auf den Antillen nach billigen Arbeitskräften verlangte. Begünstigt wurden diese Sklaventransporte durch die Kombination der Meeresströmungen und Winde. Kanaren-Strom und Passat-Winde brachten die Segelschiffe von England direkt bis vor die Gambia-Mündung. Der Nord-Äquatorial-Strom driftete die Sklavenschiffe gegen die Westindischen Inseln. Die Einträglichkeit des Sklavengeschäftes hatte die jahrhundertelangen Rivalitätskämpfe zwischen den europäischen Mächten um die Handelsrechte am Gambia und an der ganzen Westküste hervorgerufen. Allein zwischen Januar und Juni 1698 transportierten englische private Händler 3600 Sklaven vom Gambia-Strom nach Amerika, und die Zahl stieg in den Jahren danach weiter an. Auch Afrikaner und Araber beteiligten sich an diesem gewinnbringenden Menschenhandel.

Deutsch-baltische Siedlungen

Als Mitte des 17. Jh. vorübergehend weder England noch andere Nationen an Gambia Interesse zeigten, beschloß Herzog Jakob von Kurland, ein Schwager des Großen Kurfürsten, ein Engagement im westafrikanischen Handel den Wohlstand seines kleinen deutsch-baltischen Landes zu heben; er benötigte vor allem für seine Kolonialinsel Tobago Sklaven als Arbeitskräfte. 1651 erwarb er vom König von Niumi die Insel James Island, außerdem ein kleines Stück Land bei Juffure am Nordufer. Vom König von Kombo pachtete er die Insel Banjol (heute Banjul) in der Gambia-Mündung. Der kurländische Major Fock erbaute das erste Fort auf James Island und ein kleineres auf Banjol. Wegen der strategisch wichtigen Schlüsselstellung der winzigen Insel James Island hinter der Gambia-Mündung wurde bald darauf zwei Jahrhunderte hindurch von den europäischen Nationen, von Piraten und privaten Kaufleuten Krieg um diese Festung geführt. Da die Wasser- und Holzversorgung des Forts von James Island vom Festland abhängig war, griffen auch die Könige von Niumi immer wieder mit wechselnder Parteinahme in die Auseinandersetzungen ein.

Die deutsch-baltischen Siedler lebten unter ihrem Gouverneur Otto Stiel im besten Einvernehmen mit den Bewohnern am Flußufer. Sie waren von Herzog Jakob angehalten, die Sprache der Einheimischen zu erlernen, Toleranz gegenüber ihren Sitten und ihrem Glauben zu zeigen und ihnen mit Freundlichkeit und Milde zu begegnen. Die Könige der gambischen Staaten behandelte der kurländische Herzog als gleichgestellte Herrscher; so erhielt der König von Niumi 1652 von ihm eine goldene Robe als Geschenk und der König von Kombo einen in lateinischer Sprache abgefaßten Kondolenzbrief. Die afrikanischen Herrscher, die selbst auch eine Gesandtschaft ins kurländische Mitau schickten, dankten es ihm durch tatkräftige Unterstützung bei der Verteidigung des kurländischen Forts gegen holländische Eindringlinge.

Britisch-französische Rivalität

Der Handel Englands mit Westafrika wurde jedoch bald durch die Gründung einer neuen Handelsgesellschaft wiederbelebt. Dieses Patent Charles II. räumte der englischen Krone dort alle territorialen und kommerziellen Rechte ein, ungeachtet der Einwilligung der örtlichen Herrscher oder der Rechte, die anderen Nationen bereits von diesen Königen zugesprochen worden waren. 1661 raubte Major Robert Holms den politisch geschwächten Kurländern James Island, errichtete ein neues Fort und belegte es mit einer Garnison, um dieses erste britische Handelskontor zu sichern. Die Insel erhielt damals nach James II. den Namen James Island, den sie bis heute trägt. 1672 wurde die Royal African Company gegründet, die für nahezu hundert Jahre von James Island aus mit mehr oder minder großem Erfolg Handel trieb.

Am Unterlauf des Senegal konnten sich inzwischen die Franzosen durchsetzen. Die französische Sénégal Compagnie sicherte sich durch Verträge mit den einheimischen Herrschern die Lehnsherrschaft über das Gebiet zwischen Cap Vert und dem Gambia-Fluß. 1681 errichtete sie ein Handelskontor in Albreda, in unmittelbarer Nachbarschaft von Fort James und der britischen Handelsniederlassung in Juffure. Dieses Nebeneinander von britischen und französischen Handelsagenturen führte zu ständigen kriegerischen Auseinandersetzungen, in die die Einheimischen oft miteinbezogen wurden. Erst 1857 gaben die Franzosen Albreda endgültig auf.

1765 unterstellte das britische Parlament die britischen Besitztümer in Senegal und Gambia der Krone und vereinte sie zu Senegambia, der ersten britischen Kolonie in Afrika, mit Hauptquartier in St. Louis am Senegal. Während des amerikanischen Unabhängigkeitskrieges 1778 blieben die britischen Kolonien in Westafrika verteidigungslos, so daß es 1779 den Franzosen gelang, Fort James einzunehmen und bis auf die Grundmauern zu zerstören. Von diesem Zeitpunkt an spielte James Island keine bedeutende Rolle mehr in der gambischen Geschichte.

In Versailles wurde 1783 ein Vertrag geschlossen, der Großbritannien das Besitzrecht auf den Gambia zuerkannte und den Franzosen wiederum die Handelsniederlassung in Albreda. Da der größte Teil Senegambias an Frankreich fiel, wurde die Kronkolonie Senegambia aufgelöst, und die Handelsrechte am Gambia gingen wieder auf eine britische Handelsgesellschaft über.

Erneut erwachte bei den Briten der Wunsch, die Handelsmöglichkeiten mit den Völkern am oberen Niger zu erforschen. Inzwischen war bekannt, daß der Gambia nicht – wie irrtümlich lange Zeit vermutet – der direkte Wasserweg nach Timbuktu war. Deshalb beschloß der schottische Arzt und Afrikareisende Mungo Park, den Landweg dorthin zu suchen. Nachdem er die Mandinka-Sprache erlernt und Informationen über seine Reiseroute gesammelt hatte, verließ er am 2. Dezember 1795 den Ort Karantaba am oberen Gambia (ein Obelisk erinnert heute an diese historische Begebenheit), erreichte den Niger bei Segu und kehrte nach eineinhalb Jahren zurück. Er hatte den bisher unbekannten Verlauf des Niger erkundet und konnte über die möglichen Handelswege berichten. Von seiner zweiten Expedition zum Niger, 1805, ist Park nicht mehr zurückgekehrt.

Nachdem die Briten ihre amerikanischen Kolonien verloren hatten und keine Sklaven mehr benötigten, erließen sie 1807 und 1811 Gesetze, die den Sklavenhandel untersagten. Damit waren die Sklavengeschäfte aber noch nicht beendet. Am Gambia tauchten nun zahlreiche amerikanische Sklavenschiffe auf, und die Franzosen führten ihre Sklavenkarawanen zur Insel Gorée, wobei die Methoden der Sklavenbeschaffung zunehmend brutaler wurden. Die Einführung einer wirksamen Kontrolle über die Abschaffung des Sklavenhandels am Gambia ist das Verdienst von Sir Charles MacCarthy und Kapitän Alexander Grant. Als militärischen Stützpunkt gegen die Sklavenpiraterie erwarb Grant 1816 vom König Tomany Bojang von Kombo die Insel Banjol, die die Briten St. Mary's Island nannten. Um die neu errichtete Garnison entstand die Siedlung Bathurst, nach dem damaligen Kolonialminister benannt. Grant hat nicht nur die heutige Hauptstadt gegründet, sondern er kann als Begründer der modernen Kolonie Gambia angesehen werden; außerdem kamen auf sein Drängen auch die ersten christlichen Missionen nach Bathurst.

1821 wurden alle britischen Siedlungen in Gambia der zentralen Kolonialregierung in Sierra Leone unterstellt. Bis auf eine Unterbrechung (1843–66) unterstand Gambia nun bis 1888 dem Gouverneur in Freetown, der als dritte Kolonie auch noch die Goldküste zu verwalten hatte.

Als wichtigen Außenposten am Gambia-Oberlauf erwarb Grant 1823 die Insel Janjang Bureh, die bis heute MacCarthy Island genannt wird, erbaute das kleine Fort George (heute Georgetown) und stationierte dort eine Garnison.

Aus Sierra Leone wurde 1832–38 eine große Anzahl befreiter Sklaven nach Gambia gebracht und in Bathurst sowie auf MacCarthy Island angesiedelt.

Nach Beendigung des Sklavenhandels machte Bienenwachs zunächst neun Zehntel des gambischen Exports aus, dann nahm der Handel mit Fellen und Nutzholz (Mahagoni) zu, und um 1830 begann man mit dem Erdnußexport. Knapp zwanzig Jahre später, als Erdnußöl in Europa zur Seifenherstellung in großem Umfang benötigt wurde, bestanden zwei Drittel des gambischen Exports aus Erdnüssen.

Die Soninke-Marabut-Kriege

Mitte des 19. Jh. erreichte die panislamische Bewegung von den Mittelmeerküsten aus auch Senegal und Gambia; der religiöse Fanatismus, der sich gegen alle nichtislamischen Gemeinschaften richtete, führte in Gambia zu brutalen Religionskriegen, den sogenannten Soninke-Marabut-Kriegen (1850–87). Diese bürgerkriegsähnlichen Auseinandersetzungen fanden zwischen den animistischen Mandingo (Soninke) und den Muslimen (hierunter befanden sich gleichfalls Mandingo) unter der Führung von Marabuts statt.

Die extrem konservativen Soninke, als alte Herrscherdynastien tief in den afrikanischen Traditionen und Religionen verwurzelt, waren die Lehnsherren der maurischen Marabuts, die lange Zeit friedfertig, in einer losen Konföderation zusammengeschlossen, unter den Mandingo gelebt hatten und durch ihren Einfluß inzwischen viele Mandingo zum Islam bekehrten. Als sich Anfang des 19. Jh. das Gebiet am Gambia-Oberlauf durch Vormachtkämpfe rivalisierender Häuptlinge in einem Zustand der allgemeinen Gesetzlosigkeit befand, fielen islamische Fulbe von ihren Imamaten (Fulbe-Staaten) aus in das Land ein. Ma Bah, in Baddibu 1809 als Sohn eines Marabut geboren, wurde zum Anführer. Er nutzte die Auseinandersetzungen zwischen den Briten und dem Soninke-König in Baddibu und proklamierte den Heiligen Krieg in Gambia gegen alle Soninke. Auch in Niumi fiel er mit militärischem Gefolge ein; ein Ort nach dem anderen wurde von den fanatischen Muslimen niedergebrannt. Die fliehenden Einwohner suchten bei den Briten in Bathurst Zuflucht. Nur wenige Staaten blieben verschont, wie z. B. Wuli, wo Soninke und Muslime weiterhin in Frieden miteinander lebten. Bei einem Überfall auf das Sine Saloum-Gebiet fand Ma Bah 1867 den Tod, doch seine Erfolge in Baddibu und Niumi gaben allen Marabuts am Fluß das Signal, sich gegen die Soninke-Lehnsherren zu erheben. Unterstützung erhielten sie von französischen Verbündeten. Vom Imamat Futa Jallon drang 1875 Musa Molloh nach Tomani, Jimara und Eropina ein und gründete daraus den Fulbe-Staat Fuladu.

Ma Bahs kurze Machtperiode hatte einen nachhaltigen politischen und sozialen Effekt auf Gambia: die Soninke-Vorherrschaft – eine jahrhundertealte Mandingo-Tradition – war gebrochen. Berühmte Nachfolger Ma Bahs waren Foday Sillah und Foday Kabba Dumbaya. Der letztere gründete eine Marabut-Konföderation, die ihren Einfluß auf Fogni, Kiang, Jarra und Niamina ausübte. Den Briten gelang es schließlich, beide Marabuts zu besiegen und zu töten.

Während der Soninke-Marabut-Kriege hatten sich die bedrängten Soninke immer wieder unter britischen Schutz gestellt. Ein großer Teil des späteren Kolonialgebietes fiel den Briten damals durch Verträge mit den örtlichen Herrschern zu.

Gambia unter britischer Verwaltung

In den 70er Jahren des 19. Jh. scheiterten Verhandlungen, die britischen Niederlassungen am Gambia gegen französische Territorien in Westafrika einzutauschen, am Widerstand britischer Kaufleute und Politiker in Gambia sowie der Gambier selbst. 1889 wurden in britisch-französischen Grenzverhandlungen die heutigen Landesgrenzen festgelegt. Ursprünglich waren die Gebiete am Saloum französisch, am Gambia britisch und an der Casamance portugiesisch. Als Frankreich in der Casamance das portugiesische Erbe antrat, wurde Gambia zur britischen Enklave im französischen Kolonialterritorium.

Nachdem sich 1888 die britischen Niederlassungen in Gambia von Sierra

Alte englische Uniformen im Museum von Banjul

Leone gelöst hatten, gliederte man sie in die Kronkolonie Bathurst und das Protektorat, welches nach und nach alle Gebiete des Landesinneren umfaßte. Der Widerstand der einheimischen Bevölkerung wurde allmählich gebrochen und der letzte Friede 1901 mit Musa Molloh von Fuladu geschlossen. Die Briten hielten es für notwendig, die Sozialordnung der afrikanischen Bewohner ihres Protektorats an die britische anzupassen. Mitte des 19. Jh. war zwar der Sklavenhandel, jedoch noch nicht die traditionelle Kaste der Hausssklaven abgeschafft worden, die über Jahrhunderte ein Fundament der afrikanischen Gesellschaftsstruktur gewesen war. 1895 stimmten die lokalen Häuptlinge der Aufhebung des Sklavenstatus zu. Dennoch soll man auch noch heute, ein Jahrhundert danach, »Sklaven« als unbezahlte Arbeitskräfte der Seyfolu und Alkalolu (S. 85, 131) antreffen.

Das britische Protektorat im Landesinneren war in fünf Provinzen aufgeteilt und diese jeweils in eine Anzahl von Distrikten. Hier änderte sich rein äußerlich wenig am traditionellen Stammesleben, denn die Briten vermieden eine größere Einmischung in die örtlichen Regierungen und kontrollierten die einheimischen Herrscher durch Kommissare; nur die übergeordneten lokalen Herrscher ernannte der britische Gouverneur. Die Kolonie Bathurst hielt sich dagegen in ihrer Verfassung eng an das britische Vorbild und war direkt der Krone verantwortlich.

Gambias Weg in die Unabhängigkeit

Gambias Weg zu der autonomen Verwaltung der heutigen unabhängigen Republik begann schon früh, so daß sich die Loslösung vom britischen Kolonialherrn allmählich vollziehen konnte. Im Gegensatz zu den meisten westafrikanischen Kolonien sollte dies in Gambia ohne militärischen Staatsstreich vonstatten gehen. Schon 1888 hatte die britische Kolonialmacht Afrikaner, nämlich befreite Sklaven, im neugeschaffenen Repräsentantenhaus an der Regierung teilhaben lassen. Seit 1951 konnten auch Vertreter aus dem Protektorat in das Parlament gewählt werden, und drei gewählte afrikanische Mitglieder des Repräsentantenhauses erhielten Ministerfunktionen. Weitere konstitutionelle Verbesserungen zur inneren Selbstverwaltung folgten. Die Unabhängigkeitsbestrebungen wurden auch durch die Organisation der zahlenmäßig starken Mandingo-Bevölkerung des Landesinneren in einer neuen Partei, der People's Progressive Party (PPP), vorangetrieben, die der spätere Staatspräsident Dawda Kairaba Jawara zur führenden Partei entwickelte.

Als 1960 Kolonie und Protektorat zusammengeschlossen wurden, fanden unter einer neuen Verfassung die ersten allgemeinen Wahlen statt, die die PPP gewann. Ein Jahr später beauftragten die Briten den christlichen Fulbe Petrus Sarr N'Jie von der United Party (UP), der Partei der Aku und Wolof von Bathurst, mit der Leitung einer Allparteien-Kommission, die das Land auf die Selbstverwaltung vorbereiten sollte. Aus der zweiten Wahl im Mai 1962 ging die PPP erneut als Siegerin hervor, und Jawara wurde zum ersten Premierminister ernannt. Oppositionsführer war P.S. N'Jie. Im Zuge der britischen Entkolonialisierung – Ghana war 1957, Nigeria 1960 und Sierra Leone 1961 unabhängig geworden – erhielt Gambia von den Briten am 4. Oktober 1963 die volle innere Autonomie. In der folgenden Übergangszeit bis zur völligen Unabhängigkeit war der britische Gouverneur nur noch für die innere Sicherheit, die Auswärtigen Angelegenheiten und die Verteidigung verantwortlich. Erneut wurde nun der staatliche Zusammenschluß Gambias und Senegals diskutiert. Vermutlich verhinderten vor allem ökonomische Überlegungen britischer Handelsfirmen und der Gambier selbst die Entstehung eines Staates Senegambia. Am 18. Februar 1965 erhielt Gambia seine volle Unabhängigkeit als selbständiges Mitglied im Commonwealth of Nations mit Königin Elizabeth II. als Staatsoberhaupt. An der Spitze der Koalitionsregierung stand Premierminister Jawara, der 1966 von der britischen Königin zum Ritter geschlagen wurde. Bei den allgemeinen Wahlen im Mai 1966 gewann die PPP 24 Sitze im Repräsentantenhaus, die restlichen 8 Sitze gingen an die UP in der Opposition. Der Regierungsvorschlag, Gambia von Großbritannien zu lösen und in eine Republik umzuwandeln, scheiterte in einem ersten Referendum 1965 an der fehlenden Zweidrittelmehrheit. Erst 1970 wurde das Verfassungsprojekt in einer zweiten nationalen Volksabstimmung von der notwendigen Mehrheit der Wähler angenommen.

Die Republik Gambia unter Jawara von 1970 bis 1994

Am 24. April 1970 wurde die Republik Gambia feierlich proklamiert, und Großbritannien nahm Abschied von seiner ersten und auch letzten Kolonie in Westafrika. Sir Dawda Kairaba Jawara wurde erstes Staatsoberhaupt sowie Regierungschef und in den allgemeinen Wahlen von 1972, 1977, 1982 und 1987 wiedergewählt.

Extrem linksorientierte und anarchistische Kräfte stürzten die Republik 1980 in eine erste ernsthafte Krise; im Oktober wurde der stellvertretende Kommandeur der damaligen Polizeistreitkräfte ermordet. Wegen des gambisch-senegalesischen Verteidigungsabkommens von 1965 konnten senegalesische Truppen zur Hilfe eilen. Die beiden zur Gewalt aufrufenden Parteien, die Gambian Socialist Revolutionary Party (GSRP) und die gambische Afrikanische Freiheitsbewegung MOJA-G, wurden verboten und ihre Anführer inhaftiert. Da Libyen offensichtlich in das Geschehen involviert war, wurden die libyschen Diplomaten des Landes verwiesen.

Ein Jahr später, am 30. Juli 1981, erschütterte Gambia ein blutiger Putschversuch gegen die demokratische Regierung, bei dem nach inoffiziellen Angaben bis zu 2 000 Menschen getötet worden sind. Die drei Rädelsführer der Rebellen kamen aus den verbotenen Parteien, der GSRP und der MOJA-G; an der Spitze war der 28jährige Sozialist Kukoy Samba Sanyang. Der achttägige Aufstand wurde mit Hilfe der rund 3 000 Mann starken senega-

Ruinen einer Villa aus der Kolonialzeit am Gambia-Ufer in Basse Santa Su

lesischen Truppen niedergeschlagen. Sanyang, so heißt es, konnte sich mit Unmengen geraubten Staats- und Privateigentums nach Guinea-Bissau absetzen.

Diese Ereignisse zogen Verhandlungen über einen Zusammenschluß Senegals und Gambias nach sich. Am 1. Februar 1982 wurden beide Länder zur Konföderation »Senegambia« zusammengeschlossen. Präsident von Senegambia war der senegalesische, Vizepräsident der gambische Staatspräsi-

dent. Die Konföderation hatte ein Kabinett mit neun Mitgliedern. Im Januar 1983 trat das neue senegambische Parlament zu seiner ersten Sitzung zusammen; die Sitzungen wurden im Wechsel in der senegalesischen Hauptstadt Dakar und in Banjul abgehalten; Sitzungssprache war die in beiden Staaten gesprochene Wolof-Sprache. Ein Drittel der 60 Parlamentsmitglieder kam aus Gambia. Die Zusammenarbeit beider Länder war vor allem auf wirtschaftlichem Gebiet geplant, doch sollten sich die in die Konföderation gesetzten Erwartungen nicht erfüllen

(s. auch S. 78), und so wurde im September 1989 der Vertrag aufgekündigt.

Wie bereits erwähnt, wurden schon im Mai 1982 Präsidentschaftswahlen abgehalten. Mit überwiegender Mehrheit konnte sich Jawara gegen den Oppositionsführer Sherif Mustapha Dibba von der National Convention Party (NCP) durchsetzen, dem man Verstrickungen in den Umsturzversuch vom vorigen Jahr nachsagte. Gerüchte über einen geplanten Coup gegen die Regierung erhärteten sich im Februar 1988; neben Anhängern der Casamance-Seperatisten-Bewegung war an der Konspiration auch Kukoy Samba Sanyang beteiligt, der inzwischen in Libyen lebte. Als am 29. April 1992 erneut gewählt wurde, konnte Jawara seine Position behaupten und mit rund 58% Stimmenanteil (ungefähr soviel wie 1987) gegen seinen härtesten Rivalen Dibba von der NCP (22%) gewinnen.

Im Zuge einer Reorganisation des Kabinetts wurde im Mai 1992 beschlossen, Jawaras politische Machtbefugnisse einzuschränken. Im Laufe der folgenden Jahre wurden immer mehr Stimmen laut, die die üppigen Privilegien der Regierungsmitglieder anprangerten; auch der römisch-katholische Bischof von Banjul schloß sich der Anklage an. Im Januar 1994 setzte Jawara eine unabhängige Kommission ein, die die Korruptionsvorwürfe im öffentlichen Leben untersuchen sollte.

Militärregierung und Übergang zur Redemokratisierung

Am 22. Juli 1994 wurde Sir Dawda Kairaba Jawara, der bislang dienstälteste afrikanische Staatschef, nach 34 Regierungsjahren, unmittelbar nach seiner Rückkehr von einem Staatsbesuch in Großbritannien, in einem unblutigen Militärputsch entmachtet. Mit einer Anzahl von Regierungsmitgliedern konnte Jawara an Bord eines US-Navy Schiffes, das sich zu der Zeit gerade zu gemeinsamen See-Manövern in Gambia aufhielt, das Land verlassen und in Großbritannien Asyl erhalten. Anführer der Rebellenbewegung, die sich den Namen Armed Forces Provisional Ruling Council (AFPRC) gegeben hatte, war der 29jährige Leutnant Yayah Jammeh, der sich zum Staatschef ernannte und die Verfassung außer Kraft setzte. Er berief eine Regierung, die aus militärischen und zivilen Repräsentanten zusammengesetzt war, und löste alle politischen Parteien auf. Das neue Militärregime versprach, den Kampf gegen die Korruption aufzunehmen und den Weg zu einer raschen Redemokratisierung mit Neuwahlen zu ebnen. Als Jammeh jedoch am 24. Oktober 1994 verlauten ließ, daß die Übergangsregierung noch bis Ende 1998 aufrechterhalten bleiben solle, froren in einer gemeinsamen Protestaktion die USA, Großbritannien und auch die EU ihre Finanzhilfen für Gambia ein. Ein Gegenputsch-Versuch höherer Offiziere am 11. November 1994, bei dem mehrere Soldaten getötet wurden, scheiterte. Vom westlichen Ausland wurde Gambia nun als risikoreich eingestuft; und infolgedessen evakuierte man nahezu alle Touristen.

Eingeleitet wurde das Ende der Militärjunta durch die Vorbereitungen zur Präsidentenwahl, die dann tatsächlich am 26. November 1996 stattfinden sollte: Die Wähler konnten sich registrieren lassen und über die neue Verfassung abstimmen. Jammeh trat aus der Armee aus, hob das Parteienverbot auf und gründete die neue Partei Alliance for Patriotic Reorientation and Construction. Drei große Parteien, die dem ehemaligen Präsidenten Jawara freundlich gesonnen waren, schloß er von der Wahl aus, so daß sich vier Kandidaten zur Wahl stellten. Hauptrivale war der Oppositionsführer Ousainou Darboe von der United Democratic Party. Die Wahlbeteiligung betrug fast 90%, und Jammeh ging mit 55,76% der Stimmen als Sieger hervor. Darboe, der 36% der Stimmen erhielt, meldete Kritik am Wahlverfahren an und erkannte das Wahlergebnis nicht an.

Am 2. Januar 1997 fanden Parlamentswahlen statt. Die APRC, die Jammeh anführt, erhielt mit 26 von insgesamt 45 zu wählenden Parlamentssitzen die Mehrheit; vier weitere Parlamentarier wurden vom Präsidenten ernannt. Die Wahlbeteiligung lag bei knapp 70%.

Zeittafel zur Geschichte

ca. 760 v.Chr.	Errichtung der ältesten Steinkreise von Wassu und Kerr Batch
470 v.Chr.	Der karthagische Admiral Hanno in Gambia
10./11. Jh.	Gambia gehört zum Großreich Ghana
ca. 12. Jh.	Einige Gebiete im Gambia-Tal unterstehen dem Songhai-Reich
13.–15. Jh.	Gambia ist Teilgebiet des Mali-Reiches
15./16. Jh.	Das Südufer und zwei Staaten am Nordufer wurden vom Nyancho-Herrscher von Kabu kontrolliert, das übrige Nordufer vom Wolof-Herrscher von Jolof
1447–1588	Die Portugiesen am Gambia-Fluß
1588	Ankunft der Engländer
1651–61	Die Kurländer im Auftrag von Herzog Jakob am Gambia
1652	Beginn des britischen Sklavenhandels in Gambia
1672(–1821)	Gründung der Royal African Company
1681(–1857)	Errichtung einer französischen Handelsniederlassung am Gambia
1765–83	Gambia ist Teil der britischen Kronkolonie Senegambia
1783	In einem Vertrag von Versailles wird Senegambia zwischen Frankreich (Senegal) und England (Gambia) aufgeteilt
1807	Abschaffung des Sklavenhandels am Gambia durch das britische Parlament
1816	Gründung von Bathurst (Banjul)
1821–43	Die britische Kolonie Gambia wird unter die zentrale Verwaltung der Kolonie Sierra Leone gestellt
1832–38	Ansiedlung befreiter Sklaven in Bathurst und auf MacCarthy Island
1843–66	Gambia ist eine selbständige Kolonie
1850–87	Soninke-Marabut-Kriege
1866–88	Gambia steht erneut unter der Verwaltung von Sierra Leone
1888	Trennung von der Kolonie Sierra Leone, Aufteilung Gambias in britische Kronkolonie und britisches Protektorat
1889	Britisch-französische Grenzverhandlungen und Festsetzung der heutigen Grenzen auf der Berliner Kolonialkonferenz
1960	Zusammenschluß von Kolonie und Protektorat; in den ersten allgemeinen Wahlen gewinnt die PPP unter Dawda Kairaba Jawara; der Nachbarstaat Senegal wird von Frankreich unabhängig; erster Präsident wird Léopold Sédar Senghor
1962	Die PPP unter Jawara geht erneut aus den Wahlen als Siegerin hervor
4.10.1963	Gambia erhält die volle innere Autonomie
18.2.1965	Gambia wird unabhängiger Staat innerhalb des britischen Commonwealth
1966	Wieder gewinnt die PPP unter Jawara die Wahlen
1967	Besuch Senghors in Gambia; Abschluß eines Assoziierungsvertrages mit Senegal
24.4.1970	Nach einem 2. Referendum wird Gambia unabhängige Republik mit Jawara als Staatspräsident
1971	Ablösung des britischen Pfundes; Einführung der nationalen Währung des Dalasi
1972 und 1977	Erneute Wiederwahl Jawaras zum Staatspräsidenten
Juli 1981	Mißglückter Putschversuch linksorientierter Gruppen
1.2.1982	Zusammenschluß mit Senegal zur Konföderation Senegambia
1982	Große Feiern zum 20. Jahrestag der Unabhängigkeit; Wiederwahl Jawaras
1987	Wiederwahl Jawaras
30.9.1989	Auflösung der Konföderation Senegambia
18.2.1990	Große Feierlichkeiten zum 25. Jahrestag der Unabhängigkeit Gambias
1992	Wiederwahl Jawaras
22.7.1994	Unblutiger Militärputsch durch Leutnant Yayah Jammeh; Entmachtung Jawaras; Militärregierung mit Jammeh als Staatschef; Auflösung aller politischen Parteien
11.11.1994	Fehlgeschlagener Gegenputsch höherer Offiziere
Mitte Aug. 1996	Aufhebung des Parteienverbotes; aber Ausschluß der alten Parteien unter Jawara von der Wahl
Ende Aug. 1996	Jammeh tritt aus der Armee aus, und die neue APRC-Partei wird aus den Reihen der Regierung gegründet
26.9.1996	Jammeh wird zum Präsidenten gewählt
2.1.1997	Parlamentswahlen; die APRC gewinnt 26 der 45 Sitze

Staat und Verwaltung

Verfassung und Regierungsform

Gambia, offiziell »The Republic of The Gambia«, hat jetzt zum zweiten Mal eine demokratische republikanische Verfassung erhalten.

Die erste hatte 24 Jahre bestanden: Vom 24. April 1970 bis zum Militärputsch am 22. Juli 1994 war Gambia eine unabhängige Republik im Rahmen des Britischen Commonwealth. Der Präsident war in dem Mehrparteiensystem Staatsoberhaupt, Regierungschef und Chefkommandeur der Polizeistreitkräfte; ihm unterstanden der Vizepräsident und ein Ministerkabinett. Er hatte das Recht, den Vizepräsidenten sowie die Minister zu ernennen oder zu verabschieden und das Parlament einzuberufen. Der Staatspräsident wurde von den stimmberechtigten Mitgliedern des Parlaments für eine Amtszeit von fünf Jahren mit einfacher Mehrheit gewählt.

Das Parlament setzte sich wie folgt zusammen: der ernannte Speaker (ohne Stimmrecht), 36 Abgeordnete, die alle fünf Jahre in freien und geheimen Wahlen von allen erwachsenen Bürgern über 21 Jahren gewählt wurden, fünf ebenfalls stimmberechtigte Repräsentanten der wichtigsten Häuptlinge, die diese in geheimer Abstimmung aus ihrer Mitte wählten, der Generalstaatsanwalt, der eine Mittlerrolle zwischen der Regierung und der unabhängigen Rechtsprechung einnahm, sowie neun vom Staatspräsidenten ernannte nicht stimmberechtigte Mitglieder.

Seit der gewaltsamen Entmachtung Jawaras am 22. Juli 1994 war die demokratische Verfassung zunächst außer Kraft gesetzt und durch eine Militärregierung ersetzt worden. Leutnant Yayah Jammeh hatte sich am 26. Juli 1994 selbst zum Staatsoberhaupt und Regierungschef ernannt; er war der Vorsitzende des vierköpfigen Armed Forces Provisional Ruling Council. Seine Regierung bestand aus sieben Militärs sowie sieben Zivilisten und sah sich als Übergangsregierung zu einer Redemokratisierung an. Im Frühjahr 1996 wurden die ersten Vorbereitungen zu einer Präsidentenwahl getroffen: Die Wähler konnten sich registrieren lassen und am 8. August bei einem Referendum über die neue Verfassung abstimmen. Nach der Wahl vom 2. Januar 1997 ist Gambia zum parlamentarischen System zurückgekehrt. Das Parlament besteht aus einer Kammer, dem House of Representatives, und hat volle gesetzgebende Funktion. Der den Vorsitz führende Speaker wird aus den vier vom Präsidenten nominierten Mitgliedern gewählt.

Politische Parteien

Die ersten politischen Parteien Gambias formierten sich in den frühen fünfziger Jahren. Sie stützten sich auf die Bürger des damaligen Bathurst und wurden im wesentlichen von den Wolof, Aku und den römisch-katholischen Gemeinschaften getragen. 1952 gründete der christliche Fulbe Petrus Sarr N'Jie die United Party (UP); ihre Hauptanhänger waren römisch-katholische Wolof und Fulbe. N'Jie trat für eine Föderation Gambias mit Senegal ein. Von den islamischen Wolof in Bathurst wurde 1966 die Muslim Congress Party mit dem Lehrer und Kaufmann J. M. Garba-Jahumpa an ihrer Spitze ins Leben gerufen; und als dritte wichtige Partei der Wolof und Aku der

Hauptstadt ist die bereits 1951 gegründete Democratic Party unter der Führung von John Colley Fye, einem anglikanischen Pfarrer, der später Minister und Vertreter Gambias in London wurde, zu nennen. Diese Partei vereinigte sich mit der Muslim Congress Party zu der Democratic Congress Party, deren Vorsitzender Jahumpa wurde. Jahumpa strebte einen staatlichen Zusammenschluß Gambias mit Sierra Leone an. 1968 verband sich die Democratic Congress Party mit der People's Progressive Party.

Die People's Progressive Party (PPP) wurde 1959 unter dem Namen Protectorate People's Party gegründet. Es war die erste Partei, die die Mehrheit der Bevölkerung des Hinterlandes, die Mandingo, repräsentierte. Der langjährige Staatspräsident Sir Dawda Kairaba Jawara, der die PPP schon 1960 bei der ersten allgemeinen Wahl zum Sieg führte, stammt aus dem Landesinneren. Er wurde 1924 in dem kleinen Reisbauerndorf Barajally südlich von den Baboon Islands geboren und war ursprünglich Tierarzt. Die PPP gewann unter Jawaras Vorsitz alle folgenden Wahlen (1972, 1977, 1982, 1987 und 1992). Bei der letzten Wahl erhielt die Partei 58 % und 25 gewählte Sitze im Parlament.

Der frühere Vize-Präsident und Finanzminister Sherif Mustapha Dibba, ein ehemaliges Mitglied der PPP, gründete 1977 die Oppositionspartei National Convention Party (NCP). Schon drei Jahre nach ihrem Entstehen hatte diese sehr erfolgreiche Partei, deren Anhänger u.a. die jungen Intellektuellen waren, so an Popularität gewonnen, daß sie ihren Einfluß zu einer Kabinettsumbildung geltend machen und erfolgreich für eine effektivere Verwaltung eintreten konnte. Bei den Wahlen von 1992 erhielt sie sechs Parlamentssitze.

1975 entstanden die National Liberation Party (NLP) sowie die Gambia People's Party (GPP). Die GPP, die anfangs über fünf Sitze verfügte, war zwischenzeitlich nicht im Parlament vertreten, konnte bei der Wahl von 1992 aber wieder zwei Sitze bekommen.

Die United Party (UP), die 1960 nach der ersten allgemeinen Wahl noch halb so viele Sitze wie die PPP innehatte, war in den Anfangsjahren des jungen Staates eine faire und bedeutende Oppositionspartei, vor allem durch die Persönlichkeit ihres Begründers und Vorsitzenden Petrus Sarr N'Jie. Seitdem sich dieser jedoch aus der aktiven Politik zurückgezogen hatte, verlor die UP ständig an Bedeutung und wurde durch die NCP verdrängt. Wegen Aufruf zu Gewalttaten und der Verwicklung in die Ermordung des stellvertretenden Kommandeurs der Polizeistreitkräfte wurden 1980 folgende Splitterparteien verboten: die Gambian Socialist Revolutionary Party, eine Partei marxistisch-leninistischer Prägung, und die gambische Sektion der anarchistischen Afrikanischen Freiheitsbewegung (MOJA-G). Der ehemalige Chef der gambischen MOJA-Bewegung sowie der Vorsitzende und ein weiteres Mitglied der Sozialistischen Revolutionspartei waren die entscheidenden Rädelsführer beim Putschversuch von 1981.

Nach dem Militärputsch am 23. Juli 1994 wurden alle Parteien verboten. Wegen der anstehenden Präsidentenwahlen hob Jammeh Mitte August 1996 das Parteienverbot wieder auf. Allerdings schloß er kurz darauf die Parteien, die die alte abgesetzte Jawara-Regierung unterstützt hatten, von der Wahl aus. Aus den Reihen der Militärjunta wurde die neue APRC-Partei, die Alliance for Patriotic Reorientation and Construction (Allianz für die patriotische Rückorientierung und den Wiederaufbau) gegründet. Stärkste Oppositionspartei ist die United Democratic Party (UDP) mit dem jungen

Die Verteilung der Sitze im Repräsentantenhaus

Alliance for Patriotic Reorientation and Construction (APRC)	45 Kandidaten	33 Sitze
People's Democratic Organization for Independence and Socialism (PDOIS)	17 Kandidaten	1 Sitz
United Democratic Party (UDP)	34 Kandidaten	7 Sitze
National Reconciliation Party (NRP)	5 Kandidaten	2 Sitze
Unabhängige Kandidaten		2 Sitze

Ousainou Darboe an der Spitze; er verlor die Präsidentenwahl von 1996 und erhielt nur 36 % der Stimmen, während Jammeh 55,76 % bekam.

Zu den Parlamentswahlen vom 2. Januar 1997 traten vier Parteien an. Die Wahl war in 40 Wahlbezirken abgehalten worden. Vier weitere Bezirke hatten zur APRC keine Gegenkandidaten aufgestellt.

Innen- und Außenpolitik

Nach Erlangen der Unabhängigkeit war der junge afrikanische Staat um »Gambianization« bemüht; in einem allmählichen Prozeß sollten nach und nach alle westlichen Mitarbeiter durch Afrikaner ersetzt werden.

Bis zum Militärputsch von 1994 wurde Gambia gerne als eine der bestfunktionierenden Demokratien Afrikas vorgeführt, mit einer größtmöglichen Repräsentation aller Bürger am Regierungsablauf und Respektierung der Menschenrechte. Diese Definition der Menschenrechte schließt sogar das Recht auf ein Existenzminimum und das Recht auf Arbeit mit ein. Trotz seiner außergewöhnlich heterogenen Bevölkerungsstruktur gibt es keinerlei blutige Stammesrivalitäten oder religiöse Diskriminierung. Bis zum Putschversuch von 1981 kannte Gambia keine politischen Gefangenen.

Seine erste große Bewährungsprobe mußte dieser bis dahin als »Musterknabe der Demokratie« bekannte Staat bestehen, als am 30. Juli 1981 linksgerichtete Kräfte in einem blutigen Aufstand versuchten, eine »Diktatur des Proletariats unter Führung einer marxistisch-leninistischen Partei« zu errichten. Der Zeitpunkt für diesen ersten Umsturzversuch war günstig gewählt: Zum einen hielt sich Staatspräsident Jawara wegen der Hochzeitsfeierlichkeiten des britischen Thronfolgers gerade in Europa auf, zum anderen hatte sich wegen massiver Preiserhöhungen für Grundnahrungsmittel bei der ärmeren Bevölkerung Unzufriedenheit und Aggression aufgestaut – die Lebenshaltungskosten hatten sich zwischen 1979 und 1980 fast verdoppelt. Durch die vorangegangene äußerst schlechte Erdnußernte im Sommer 1981 kam u.a. ein Rückgang des Arbeitsplatzangebotes, besonders in der erdnußverarbeitenden Industrie, hinzu. Der Druck der arbeitslosen Jugend auf die Regierung ist seit langem eine starke Belastung. Verheerende Folgen hat außerdem die rapide Bevölkerungszunahme. Die immer noch anhaltende Landflucht erschwert die notwendigen Verbesserungen in der Nahrungsmittelversorgung. Weitere innenpolitische Probleme bringen die negativen Auswirkungen des Tourismus auf die Bevölkerung mit sich, vor allem bei den jungen Leuten: Kriminalität, Prostitution – bisher unbekannt in Gambia –, Drogen, Zerstörung der traditionellen Sozialstruktur.

Mit dem Juli-Putsch von 1994 und der gewaltsamen Auflösung des Parlamentes fand die älteste Demokratie Afrikas ihr Ende. Der unblutige Umsturz wurde bei einem großen Teil der

Bevölkerung durchaus begrüßt und entsprach generell der innenpolitischen Stimmung. Die immer schlechter werdende allgemeine Situation auf dem Wirtschafts- und Arbeitsmarkt hatte in krassem Kontrast zu dem privilegierten Leben der Regierungsmitglieder gestanden, die mit immer neuen Bestechungsaffären von sich reden machten. Große Erwartungen waren auf den »jungen Prinzen« Jammeh gerichtet, der eine möglichst schnelle Redemokratisierung nach einer gewissen Übergangsregierung versprach. Der Kurs zu baldmöglichen Neuwahlen für eine Zivilregierung war durchaus im Sinne des Volkes, denn der Großteil der Bevölkerung sieht sein politisches Erbe wie eh und je in einem demokratischen Liberalismus, und dazu trägt vor allem die jahrhundertealte Tradition einer überwiegend demokratischen Stammesverfassung bei.

Kurz nach seiner Machtergreifung verkündete Jammeh, daß alle Mitglieder der abgesetzten Regierung nach Gambia zurückkehren und am Reformprozeß teilnehmen könnten. Diesem Aufruf folgte u. a. der Finanz- und Wirtschaftsminister Bakary Dabo. Meinungsverschiedenheiten im Revolutionsrat zwischen »den Falken und den Tauben« gipfelten am 27. Januar 1995 in gewaltsamen, aber unblutigen Krawallen, bei denen sich zunächst moderate Politiker, die für Neuwahlen in ein oder zwei Jahren eintraten, durchsetzten; radikale Politiker wurden durch Verhaftung ausgeschaltet. Am selben Tag beschloß die deutsche Bundesregierung, Gambia von der Liste der »sicheren Herkunftsstaaten« zu streichen. Die US-Botschaft warnte vor Reisen nach Gambia. Da nun weder von England noch von Amerika Gelder flossen, versuchte die gambische Regierung eine Finanzhilfe von Libyen zu erhalten. Nach dem Gegenputschversuch war die libysche Botschaft im November 1994 vorübergehend geschlossen.

Im Zuge heftiger Auseinandersetzungen im Revolutionsrat am 27. Januar 1995 wurden der Vizepräsident des Militärregimes Sana Sabally und der Innenminister Sadibou Heydara wegen Beteiligung am Putschversuch vom November 1994 festgenommen, und neuer Vizepräsident wurde Ende Januar 1995 der bisherige Verteidigungsminister Leutnant Edward Singatey. Im März d. J. gab es erneut eine Regierungsumbildung, und es folgte die Verhaftung des bisherigen Justizministers Fafa Idrissa Mbai. Etwa vier Monate später, Anfang Juli, wurde der Finanzminister Ousman Koro-Ceesay ermordet aufgefunden.

Im Vorfeld der für September 1996 angesetzten Präsidentenwahlen hob Jammeh Mitte August 1996 das Parteienverbot auf. Zwei Tage später schloß er per Dekret jene Parteien von der Wahl aus, die Jawaras Regierung unterstützt hatten. Ende des Monats wurde aus Kreisen der Armeejunta eine neue Partei, die Alliance for Patriotic Reorientation and Construction (APRC), gegründet. Der bisherige Militärherrscher Jammeh trat, um für die Präsidentenwahl kandidieren zu können, offiziell aus der Armee aus. Am 26. September stellten sich neben Jammeh noch drei weitere Kandidaten zur Wahl. Herausforderer Jammehs war der 31jährige Ousainou Darboe, der die United Democratic Party (UDP), die wichtigste Oppositionspartei, anführt. Bei einer Wahlbeteiligung von nahezu 90 % konnte sich Jammeh mit 55,76 % der Stimmen gegen seinen Hauptrivalen Darboe behaupten, der 36 % der Stimmen erhielt. Die Opposition warf dem neuen Präsidenten einen ungerechten Wahlkampf und Wahlmanipulation vor und wollte das Wahlergebnis nicht anerkennen.

Jammehs Politik findet bei einem großen Teil der Bevölkerung weiterhin Zustimmung. Trotz der insbesondere wirtschaftlichen Probleme konnte er den inneren Frieden bewahren. Mit verschiedenen Entwicklungsprojekten hat er neue Arbeitsplätze geschaffen. Seit seiner Machtergreifung kann er eine Reihe von Erfolgen vorweisen: z. B. den Bau von fünf neuen Oberschulen, zwei Hochschulen und neuen Gesundheitszentren; außerdem ist das neue Flughafenterminal fertiggestellt worden, neue Straßen entstanden, und die Strom- und Trinkwasserversorgung wurden verbessert. Fortschritte sind auch in der landwirtschaftlichen Produktion und bei Kleinbetrieben zu verzeichnen.

Gambias Beziehungen zu seinem großen Nachbarn Senegal waren in den Jahren seit Erlangung der Unabhängigkeit, insbesondere nach dem Putschversuch von 1981, enger geworden. Es kamen zunächst eine Reihe von Übereinkünften zustande: Schon 1967 unterzeichnete Gambia einen Assoziierungsvertrag mit Senegal, und bereits ein Jahr später wurde ein ständiges senegambisches Sekretariat in Banjul eingerichtet. 1976 beschloß man eine Kooperation auf ökonomischem und kulturellem Gebiet sowie im Verteidigungswesen und in Grenzfragen. 1978 wurde die Gambia River Development Organization gegründet, die mit der Entwicklung der Wasserwege in Gambia zum Nutzen für beide Staaten beauftragt ist. Das bisher größte Projekt dieser Planung war eine Damm-Brücken-Kombination, welche die Fähre auf der Route Farafenni – Soma einmal ersetzen soll. Obwohl Senegal beinahe 20mal so groß wie die gambische Enklave ist, wurde die politische Vereinigung bislang nicht vollzogen. Gambia teilt zwar das Staatsgebiet von Senegal in zwei Teile, doch sind dies im Grunde zwei Gebiete mit unterschiedlicher ethnischer Zusammensetzung; die Bewohner der südsenegalesischen Casamance haben ihre familiären und ethnischen Bindungen zu den Völkern Gambias und nicht zu der Bevölkerung Nord-Senegals. Daß diese Situation innenpolitische Probleme für Senegal nach sich zieht, wurde 1992 in der Eskalation des Konfliktes mit der Seperatistenbewegung in der Casamance deutlich: Über 3000 politische Flüchtlinge flohen Anfang 1993 aus der Casamance nach Gambia.

Vor allem hat Senegal Interesse an ökonomischen Übereinkünften mit Gambia, denn das gambische Staatsgebiet durchschneidet die lebenswichtigen Nord-Süd-Straßenverbindungen Senegals. Außerdem hatte sich Gambia zu einer Schmuggler-Basis für Senegalesen entwickelt, weil die Einfuhrzölle in Gambia erheblich niedriger lagen als im Senegal. Am 1. Februar 1982 trat zwischen Gambia und Senegal ein Staatenbund in Kraft, die Senegambian Confederation. Die Konföderation sah u.a. eine Zollunion vor, in der die niedrigen Zolltarife Gambias an die höheren Senegals angeglichen werden sollten, ferner eine Währungsunion und gemeinsame Planungen im Gesundheitswesen. Gambia wiederum profitierte von dem zugesicherten Schutz durch Senegals Gendarmerie, da es keine nennenswerten eigenen Streitkräfte unterhielt. Nur durch das Eingreifen der von Jawara angeforderten senegalesischen Truppen konnte z. B. der Putschversuch vom Sommer 1981 niedergeschlagen werden.

Die mit der Schaffung der Konföderation verbundene aufgeblähte Bürokratie machte diesen Staatenbund von Anfang an zu einem schwerfälligen, handlungsunfähigen Gebilde, so daß die zum 30. September 1989 verfügte Auflösung nicht überraschend kam.

Die gestörten Beziehungen zwischen beiden Ländern wurden im Januar 1991 durch bilaterale Abkommen über Freundschaft und Zusammenarbeit wieder verbessert. Doch als sich Senegal weiterhin außerstande sah, dem wirtschaftsschädigenden Schmuggel Einhalt zu gebieten, schloß es im September 1993 kurzerhand seine Grenzen zu Gambia; dies führte vorübergehend zu erneuten Spannungen zwischen beiden Staaten. Nach dem Coup von 1994 garantierte Senegal dem abgesetzten Präsidenten Jawara zwar Asyl, doch ließ es dann der neuen Militärregierung eine Goodwill-Botschaft überbringen.

Gambia strebte seit der Unabhängigkeit auch mit anderen afrikanischen Staaten eine regionale ökonomische Kooperation an. 1965 trat Gambia der Organisation für Afrikanische Einheit (OAU) bei. Gambia ist außerdem seit 1975 Mitglied der Mano-Fluß-Union mit Liberia und Sierra Leone, der Wirtschaftsgemeinschaft westafrikanischer Staaten (ECOWAS) und seit 1974 der Interstaatenkommission für den Kampf gegen die Trockenheit in der Sahelzone (CILSS), zu deren Vorsitzenden Präsident Jawara 1977 gewählt worden war. Jawara konnte mehrfach erfolgreich die Vermittlerrolle zwischen zerstrittenen afrikanischen Staaten übernehmen, z.B. in den Auseinandersetzungen zwischen Guinea und Senegal, die in der Monrovia Reconciliation beigelegt wurden. Dem neuen Militärregime, das durch den Putsch im Jahre 1994 an die Macht gekommen war, sagten viele westafrikanische Staaten ihre Unterstützung zu, so z.B. Ghana, Sierra Leone und Nigeria.

Gambias Außenpolitik hatte sich von Anbeginn für volkswirtschaftliche Beziehungen zu Staaten mit den unterschiedlichsten politischen und ideologischen Richtungen geöffnet. Der Staat unterhält diplomatische Beziehungen zu den westlichen Ländern, einschließlich der Bundesrepublik Deutschland (1978 war Präsident Jawara zu einem offiziellen Staatsbesuch in der Bundesrepublik Deutschland), zur ehemaligen Sowjetunion und den Ostblockstaaten, zur Volksrepublik China, zu Japan, zu Nord- und Südkorea, zu den arabischen Ländern und den USA; weiterhin kam im Juli 1995 noch Taiwan hinzu.

Seit 1965 ist Gambia Mitglied des Commonwealth of Nations und der Vereinten Nationen (UN). Der gambische Staat gehört ferner folgenden Sonderorganisationen der UN an: Der Ernährungs- und Landwirtschaftsorganisation (FAO), dem Allgemeinen Zoll- und Handelsabkommen (GATT), der Internationalen Bank für Wiederaufbau und Entwicklung (IBRD), der Internationalen Arbeitsorganisation (ILO), dem Internationalen Währungsfonds (IMF), der Erziehungs-, Wissenschafts- und Kulturorganisation (UNESCO) und der Weltgesundheitsorganisation (WHO). Außerdem ist Gambia durch das Abkommen von Lomé mit der Europäischen Gemeinschaft (EG) assoziiert.

Rechtsordnung

Die Rechtsordnung des unabhängig gewordenen jungen Staates basierte zu einem Teil auf dem britischen Common Law, integriert in die neuen gesetzlichen Verfügungen der republikanischen Verfassung. Zum anderen wird auch weiterhin nach traditionellen Stammesgesetzen Recht gesprochen. Da 95,4 % der Bevölkerung Muslime sind, findet man daneben eine islamische Jurisdiktion. Diese Systeme verschiedenen Ursprungs waren im Justizwesen der demokratischen Republik wie folgt geordnet:

Höchste juristische Instanz für zivile und strafrechtliche Angelegenheiten ist der Oberste Gerichtshof in Banjul, The Supreme Court, dessen Zuständigkeit unbegrenzt ist. Der Oberste Richter hat als Oberhaupt des Justizapparats die Pflicht, als Wahlkommissar bei Präsidentenwahlen und bei einer evtl. Absetzung des amtierenden Staatspräsidenten zu fungieren. Er ist verpflichtet, die Gesetze der Verfassung und die Menschenrechte im Lande zu schützen und zu bewahren. Oberstes Berufungsgericht ist The Gambia Court of Appeal in Banjul, das sich aus einem Präsidenten, Berufungsrichtern und Richtern des Supreme Court zusammensetzt. Die letzte Berufungsinstanz lag vor dem Regierungswechsel bei dem Judicial Committee of the Privy Council in Großbritannien (entspricht dem Bundesverfassungsgericht). Gerichte erster Instanz sind The Magistrates Courts in Banjul und Kanifing sowie die Kreisgerichte, Divisional Courts, mit jeweils einem Richter und zwei oder mehreren Friedensrichtern als Stellvertretern, die keine Juristen sein müssen. Um der Rechtsprechung im Landesinneren mehr Effektivität zu verleihen, sind seit 1974 sog. »wandernde Richter« mit begrenzter Zuständigkeit in Zivil- und Strafsachen tätig. Gegen die Entscheidungen dieser Richter kann beim Obersten Gerichtshof Berufung eingelegt werden. In den Distrikten des Landes sind – 1933 vom britischen Gouverneur eingerichtet – kleine Berufungsgerichte, Group Tribunals, für juristische Streitigkeiten innerhalb der Stammessitten und -gebräuche zuständig. Der Vorsitzende eines Group Tribunal wird aus den drei Tribunal-Präsidenten gewählt, die zusammen mit anderen juristischen Mitgliedern aus dem jeweiligen Distrikt das Gericht bilden. Die Rechtsprechung der Tribunals ist auf geringfügige Strafangelegenheiten beschränkt, wobei das Strafhöchstmaß genau festgelegt ist.

Eine Besonderheit in der gambischen Rechtsprechung gab es nach dem blutigen Putschversuch von 1981. Da die Regierung um die Unparteilichkeit der am Prozeß beteiligten Justizbeamten fürchtete, weil in dem Zwergstaat jeder der Angeklagten unter ihnen Verwandte, Freunde oder Feinde haben konnte, übertrug sie die Anklagen, Verhandlungen und Urteile Anklägern und Richtern aus Sierra Leone, Ghana und Nigeria. Nach einer Pressemeldung der »Frankfurter Allgemeinen Zeitung« (2. 6. 82) ersuchte Amnesty International die gambische Regierung, Beobachter zu den Prozessen entsenden zu dürfen. »Das wurde strikt abgelehnt. Jawara verbat sich das Ersuchen mit dem Hinweis, daß jeder, der einen gültigen Reisepaß habe, nach Gambia einreisen könne. Seine Justiz habe nichts zu verbergen. Wie alle anderen Prozesse seien auch Hochverratsverfahren öffentlich.«

Im April 1993 wurde die Todesstrafe abgeschafft. Jawara erließ eine Amnestie für die inhaftierten Todeskandidaten; seit der Unabhängigkeit war allerdings nur ein Todesurteil vollstreckt worden. Das Militärregime unter Jammeh führte im August 1995 die Todesstrafe wieder ein, jedoch ist von einer Vollstreckung von Todesurteilen bisher nichts bekannt geworden. Im Frühjahr 1996, als die Gambier über die neue Verfassung abstimmten, wurde auch die Einrichtung eines Gerichtshofes zur Verhandlung der Korruptionsaffären aus der Jawara-Regierung beschlossen.

Eine wichtige Einrichtung in dem überwiegend islamischen Land sind die Muslim Courts, die für bestimmte Rechtsstreitigkeiten zwischen Muslimen zuständig sind, z. B. in den zivilrechtlichen Fällen des Erbrechts, der Erbfolge, von Vormundschaft, Stiftungen, Heirat. Die westafrikanischen Kadis sprechen nach den mündlich überlieferten und noch nicht kodifizierten Gepflogenheiten des malekitischen Ritus Recht; sie werden oft unterstützt durch zwei Assessoren, die Experten der Gesetze des Korans sein müssen. Berufung kann in Fällen des allgemeingültigen Zivilrechts vor dem Gambia Court of Appeal eingelegt werden.

Polizei und Verteidigung

Das Polizeiwesen nach britischem Vorbild und Modell hat der unabhängig gewordene Staat beibehalten, z. B. in dem äußeren Erscheinungsbild des »Bobby«. Unter den stets freundlichen, schmucken Verkehrspolizisten trifft man zunehmend auch junge Frauen. Seit Gambias erstem politischen Umsturzversuch gibt es im ganzen Land an den wichtigen Staßenverbindungen Check-Points, die beliebig verlegt werden. Verdächtige Kraftfahrzeuge werden vor allem nach versteckten Waffen durchsucht.

Gambia hatte bis zum Putschversuch von 1981 keine eigenen bewaffneten Sreitkräfte, sondern nur eine etwa 750 Mann starke Polizei und eine knapp halb so viele Köpfe zählende Field-Force. Seit der Unabhängigkeit arbeitete Gambia in Verteidigungsangelegenheiten nach Möglichkeit mit Senegal zusammen und verließ sich auf die senegalesische Militärmacht. Von 1981 an baute Gambia eine eigene kleine Armee von zunächst 200 Soldaten auf (stehendes Heer, Marine und Luftwaffe) und zur Unterstützung eine 700 Mann starke Militärpolizei. Als das Konföderationsabkommen mit Senegal 1989, das auch die Integration von Sicherheitsorganen und Streitkräften umfaßt hatte, aufgelöst wurde, waren die senegalesischen Truppen aus Gambia bereits kurz zuvor abgezogen worden.

Als Mitglied der ECOWAS sandte Gambia Mitte der 90er Jahre Soldaten nach Liberia als friedenbewahrende Überwachungstruppen im dortigen Bürgerkonflikt. Als ein Jahr später die Soldaten dieser militärischen Einheit zurückkehrten, gab es heftige Proteste wegen noch ausstehender Frontzulagen. Im Zuge dieser Auseinandersetzungen trat der Kommandeur der nationalen Schutztruppe zurück, und ein Nigerianer wurde zu seinem Nachfolger benannt. Anfang 1992 unterzeichneten Gambia und Nigeria ein bilaterales Abkommen zur Zusammenarbeit in Verteidigungsfragen.

Am 22. Juli 1994 verlangten vom Dienst in Nigeria zurückgekehrte Soldaten erneut nach ihren Frontbezügen; sie wurden, als sie am Flughafen zum Empfang von Jawara bereitstanden, von ihren nigerianischen Offizieren entwaffnet. Es folgten Protestaktionen der Soldaten in Banjul, die in der Besetzung des Telekommunikations-Zentrums, des Flugplatzes und anderer strategisch wichtiger Positionen gipfelten. Der Anführer der Rebellen, Leutnant Jammeh, erklärte noch am selben Abend über Rundfunk Jawara für abgesetzt und ernannte sich zum Staatsoberhaupt der neuen Militärregierung. Um bei den Präsidentenwahlen im September 1996 kandidieren zu können und wegen der Parlamentswahlen im Januar 1997 trat Jammeh offiziell aus der Armee aus.

Gesundheitswesen

Mit Hilfe internationaler Organisationen, wie der Weltgesundheitsorganisation (WHO), konnte das gambische Gesundheitswesen in den letzten Jahren verbessert und ausgeweitet werden. Größtes und modernstes staatliches Krankenhaus ist das Royal Victoria Hospital in Banjul. Daneben gibt es im ganzen Land ein Netz von kleineren Krankenhäusern, Spezialkliniken (wie etwa für Lepra- und Tuberkulosekranke), Gesundheitszentren, Sanitätsstationen und Ambulanzen. Die mei-

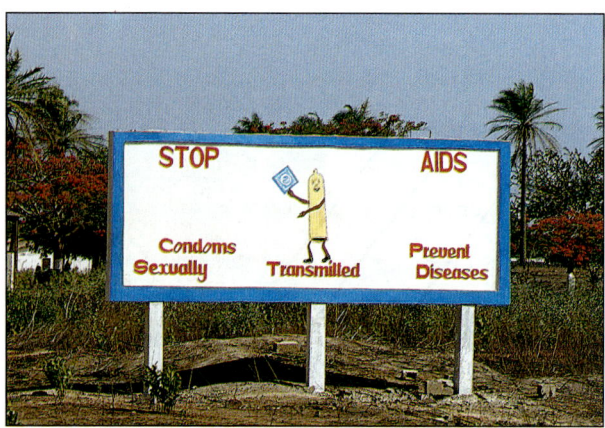

Stop AIDS – ein staatliches Werbeplakat zur Gesundheitsvorsorge

sten gesundheitlichen Einrichtungen sind heute staatlich. Eine Privatklinik mit qualifiziertem Personal ist z. B. die Westfield Clinic in Kanifing bei Serekunda (einer der beiden leitenden Ärzte ist der bekannte Dichter Dr. Lenrie Peters).

In Gambia sind nur wenige Missionen in der ärztlichen Betreuung tätig; einige Krankenstationen mit Mutter- und Kindbetreuung unterhalten die Ahmadiyya Muslim Mission und die WEC-Mission (Worldwide Evangelization's Crusade); letztere wird nur noch z. T. von deutschen Schwestern geleitet. Der Medical Research Council, eine weltweite britische Forschungseinrichtung, betreibt in Fajara und Keneba medizinische Forschungszentren, die internationale Beachtung durch ihre Erforschung verschiedener Tropenkrankheiten gefunden haben.

Die Family Planning Association versucht in möglichst vielen Familien aller Landesteile eine Geburtenkontrolle einzuführen, um auf diese Weise dem steigenden Bevölkerungszuwachs entgegenzuwirken. Außerdem wird vom Gesundheitsministerium für eine althergebrachte Form der Geburtenkontrolle Propaganda gemacht: Die

Mütter sollen ihre Kinder zwei Jahre lang stillen, was traditionsgemäß bedeutet, daß sie während dieser Zeit abgeschieden vom Mann leben, um sich ihren Babies zu widmen. Sowohl in den Schulen als auch durch die verschiedenen Organisationen werden Kinder und Erwachsene in traditioneller und moderner Gesundheits- und Krankenpflege, Hygiene, Säuglingsbetreuung, Ernährungslehre u. a. unterrichtet. Durch diese umfangreichen Maßnahmen sowie durch die Verbesserung der Ernährung und der Trinkwasserversorgung konnten verschiedene Krankheiten teilweise zurückgedrängt werden. Vorsorge-Kampagnen von internationalen Organisationen, wie der UNICEF (z.B. Impfaktionen gegen Cholera, Pocken, Keuchhusten, Masern, Windpocken), konnten ebenfalls einige Erfolge verzeichnen. 1976 galt Gambia z.B. als pockenfrei.

Am weitesten verbreitet ist – trotz verstärkter Bekämpfung der Anopheles-Mücken – immer noch die Malaria. Häufig sind außerdem Diarrhö (Durchfallerkrankungen), Filariosen (Folgeerscheinung Elephantiasis), andere Wurmerkrankungen und verschiedene Erkältungs- und Hautkrankheiten. Daneben treten auch Lepra, Tuberkulose,

Syphilis, Masern, Windpocken, Tollwut, Tetanus sowie von Zeit zu Zeit die Schlafkrankheit, Meningitis, Aids und relativ selten Gelbfieberepidemien auf. Die Zahl der Aids-Kranken wurde Mitte 1991 mit 141 angegeben. Landesweit werben große Plakate für Schutzmaßnahmen gegen Aids-Infektionen. Die Häufigkeit vieler Erkrankungen nimmt allgemein in der Regenzeit wegen der ungünstigen klimatischen Gegebenheiten und der vermehrten Insektenplage zu.

Die Regierung verstärkt ihre Bemühungen um gut ausgebildetes Personal, denn es besteht immer noch Mangel an medizinischen Fachkräften. 1961 soll es nur fünf Ärzte für das ganze Land gegeben haben. Für 1976 sind 41 Ärzte belegt, und 1980 sollen es 66 gewesen sein, während die Anzahl der Zahnärzte (5) gleichgeblieben war. So kamen 1980 auf einen Arzt 9 000 Einwohner; ein Zahnarzt hätte nach statistischer Erhebung sogar 118 000 Patienten gehabt. Im ganzen Land gab es 1981 nur 756 Krankenhausbetten. Hilfe und Unterstützung jeglicher Art ist, wie in den meisten Entwicklungsländern, auch in der medikamentösen Versorgung Gambias immer noch erforderlich. Aus Mangel an Verbandsmaterial stand z. B. 1979 eine ganze Krankenhausstation vor der Schließung. Eine weitere Sorge gilt der Beschaffung von ausreichenden Geldmitteln zum Ausbau der Krankenanstalten.

Angesichts der Notlage in der Praktizierung der modernen Medizin soll man jedoch nicht außer acht lassen, daß in Gambia seit Generationen Kräuterfrauen und Medizinmänner tätig sind, die oft ein fundiertes Wissen über natürliche Heilmittel haben. Über den Wert und die Wirkung der alten Heilmethoden hat die moderne Wissenschaft bisher erst wenige gesicherte Erkenntnisse erzielen können.

Wappen, Flagge und Hymne

Das Wappen von Gambia

Gambia – im offiziellen Sprachgebrauch immer The Gambia – versteht sich selbst als Agrarland. Gambias Wappen zeigt daher in blauem Feld zwei gekreuzte goldene landwirtschaftliche Geräte der Mandingo: ein *dabandingo*, eine Hacke zum Unkrautjäten, und ein *dibongo*, ein Gerät, das bei der Erdnußernte verwendet wird, darüber auf dem bewulsteten Helm mit blau-goldenen Decken eine früchtetragende Ölpalme auf einem grünen Hügel. Schildhalter sind zwei Löwen, als Symbol der Stärke seit Jahrhunderten den afrikanischen Königen zugeordnet. Unter dem Schild das gambische Motto »Progress, Peace, Prosperity« (Fortschritt, Frieden, Wohlstand).

Das grüne Feld der Flagge symbolisiert die Landwirtschaft, Blau den

Die Flagge Gambias

Ein Seyfo in einem kleinen Dorf an der östlichen Landesgrenze

Gambia-Strom, Rot die Sonne und Weiß den Frieden.

Der gambischen Nationalhymne liegt die originale Musik eines alten Liedes zugrunde, das die Legende von Foday Kabba (S. 68) erzählt. Im gambischen Rundfunk wird die Hymne von einem *griot* (Preissänger) auf dem Zupfinstrument *kora* vorgetragen. Damit wird eine alte Mandingo-Tradition fortgesetzt.

Staatliche und kommunale Gliederung

Von den britischen Kolonialherren übernahm Gambia zunächst die Aufteilung seines Staates in fünf ländliche Verwaltungsbezirke (divisions) und den Bezirk der Hauptstadt. Heute gliedert sich Gambia in die Hauptstadt Banjul, den städtischen Bezirk Kombo-St. Mary (KUDC = Kanifing Urban District Council) und die Verwaltungsgebiete Western Division (Sitz der Gebietsverwaltung in Brikama), North Bank (Kerewan), Lower River (Mansa Konko), MacCarthy Island (Georgetown) und Upper River (Basse Santa Su).

Jeder der ländlichen Verwaltungsbezirke ist in mehrere untergeordnete Verwaltungsgebiete (districts, insgesamt 35) unterteilt. Viele dieser Gebiete sind heute noch mit den histori-

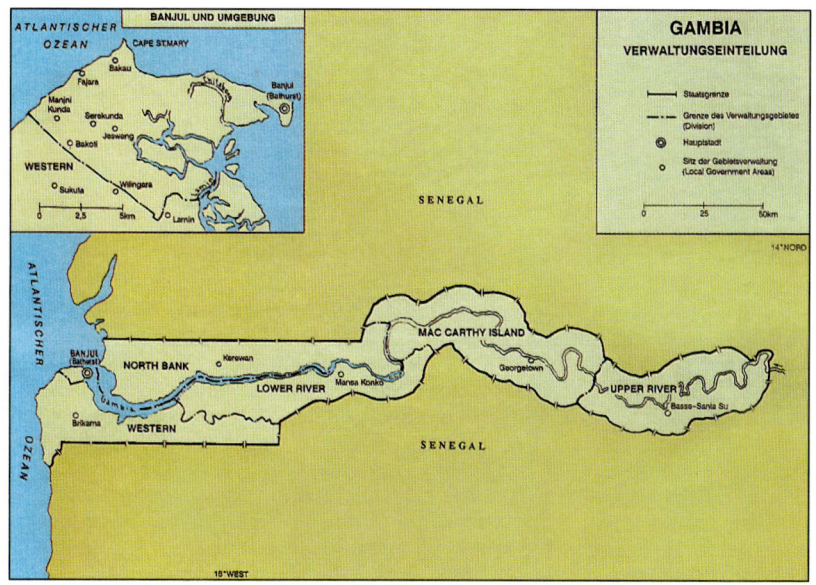

schen Territorien der traditionellen Stammesreiche und Königtümer identisch, z.B. Niumi, Baddibu, Fogni, Kiang, Wuli; vielfach sind sie noch weiter aufgegliedert in nördliche und südliche Teilgebiete.

Jede der sechs Divisions hat einen Bezirksrat, den Area Council, der zugleich eine Exekutiv- und Legislativ-Institution auf örtlicher Regierungsebene mit relativ großer Autonomie ist. Vorsitzender ist jeweils ein District Commissioner. Die einzelnen Councils setzen sich aus gewählten Mitgliedern der District-Behörden und jeweils einem ernannten weiblichen Mitglied zusammen. Sie werden für einen Turnus von vier Jahren gewählt und treten zweimal jährlich zusammen. Zur Unterstützung ihrer zahlreichen Funktionen steht ihnen eine kleine Gruppe von Polizeistreitkräften zur Verfügung, die sog. Badge Messengers. Durch den Minister für Lokalverwaltung erfahren die Councils eine eingeschränkte Kontrolle, vor allem in ihrem Finanzwesen.

Die Area Councils sind den lokalen Distrikten zwar übergeordnet, arbeiten jedoch eng mit ihnen zusammen. Eine Distriktbehörde steht traditionsgemäß unter Führung des obersten Häuptlings, des *seyfo* (pl.: *seyfolu*); dieser *seyfo* entspricht dem historischen *mansa* und stammt heute noch mitunter aus alten Regentenfamilien. Ihm stehen in der Distriktbehörde die Dorfhäuptlinge *alkalolu* (sg.: *alkalo*) und die Dorfältesten zur Seite. Die Dorfältesten werden von den Bewohnern des jeweiligen Ortes gewählt und haben vor allem beratende Funktion. Beschlüsse müssen aber von den *alkalolu* und den Ältesten einstimmig gefaßt werden.

Die *seyfolu* hatten bislang fünf Sitze im Repräsentantenhaus und wurden in einer Versammlung aller lokalen Landesoberhäupter gewählt. Banjul besitzt seit 1947 einen eigenen Stadtrat, den City Council (BBC), der aus der Reihe seiner Mitglieder den Bürgermeister wählt.

Wirtschaft

Landwirtschaft

Grundlage der gambischen Volkswirtschaft ist neben der Forstwirtschaft die Landwirtschaft, die im Jahr 1990 rund 34 % vom Bruttoinlandsprodukt ausmachte. Schätzungsweise sind 80 % der erwerbsfähigen Bevölkerung in der Landwirtschaft beschäftigt. Seit Beginn dieses Jahrhunderts dominiert in Gambia der Erdnußanbau; er wurde zur wichtigsten Einnahmequelle und zum bedeutendsten Außenhandelsprodukt. Gambias Klima und die leicht sandhaltigen Böden des höher gelegenen, trockeneren Hinterlandes bieten für den Erdnußanbau günstige Voraussetzungen. Etwa die Hälfte der gesamten Anbaufläche (ein Achtel der gesamten Landfläche) wurde bislang zum Ernußanbau genutzt. In Zusammenarbeit mit dem Internationalen Währungsfonds sind neue Projekte zur Dezimierung der Erdnußmonokultur und zur Förderung des traditionellen Getreideanbaus in Angriff genommen worden; die Subventionen für den Erdnußanbau wurden deshalb eingefroren.

Die vorherrschende Bewirtschaftungsform ist nach wie vor der kleinbäuerliche Familienbetrieb, in dem auch Gastarbeiter, sog. strange farmers, und Teilpächter aus den westafrikanischen Nachbarländern (z. B. Senegal, Guinea) Beschäftigung finden. Die Feldarbeit wird noch überwiegend mit den traditionellen landwirtschaftlichen Handgeräten durchgeführt. Die Anzahl der landwirtschaftlichen Maschinen ist gering; noch für 1989 wurden 43 Schlepper und 5 Mähdrescher angegeben. Eine abrupte Mechanisierung in der Landwirtschaft möchte man vernünftigerweise vermeiden. Zum Pflügen werden mehr und mehr Ochsen eingesetzt; zum Anlernen der Hilfskräfte sind zahlreiche landwirt-

Landarbeiter bei der Erdnußernte

Die Erdnuß

Die Erdnuß gehört zu der bekannten Pflanzenfamilie der Schmetterlingsblütler, zu der beispielsweise unsere Erbsen und Bohnen zählen, aber sie zeigt einige interessante botanische Auffälligkeiten. Wie schon ihr Name andeutet, liegt ihr herausragendes Merkmal in der Tatsache, daß sie ihre Früchte unter der Erde ausbildet. Der Botaniker nennt das Geokarpie = Erdfrüchtigkeit. Die Erdnußpflanze ist ein einjähriges Kraut mit unscheinbaren Schmetterlingsblüten in den Blattachseln der unteren Fiederblätter. Nach der Selbstbestäubung wächst aus der Basis des Fruchtknotens ein stielförmiger Fruchtträger in den Boden und bildet an seinem Ende unter der Erde die bekannten fett- und eiweißreichen Erdnußfrüchte aus.

Die Erdnuß stammt aus Südamerika. Die Spanier haben sie als Kulturpflanze bei den Inkas vorgefunden und im Rahmen des Sklavenhandels zuerst nach Afrika und dann auf die Philippinen gebracht; von dort gelangte sie später nach Indien und China und wird heute auch großflächig in Virginia und Georgia (USA) angebaut. Nach Gambia kam die Erdnuß durch die Portugiesen. Mehrere Wildarten der Erdnuß gibt es noch heute in Brasilien.

Zur Ernte wird die ganze Pflanze aus dem Boden gezogen und getrocknet. Das eiweißreiche Stroh kann gut als Viehfutter verwertet werden. Die auf 10 % Wassergehalt getrockneten Samen können vielseitig verwendet werden. Bekannte Produkte sind neben den weit verbreiteten gerösteten Erdnüssen, Erdnußöl, Erdnußbutter, Erdnußmehl usw. Erdnüsse werden vor allem in den USA auch für die Herstellung von Kosmetika, Seife und Papier eingesetzt; selbst Industriediamanten sind unter hohem Druck und hoher Temperatur daraus hergestellt worden. In der gambischen Küche sind Erdnüsse in jeder Form ein unentbehrlicher Bestandteil vieler Gerichte.

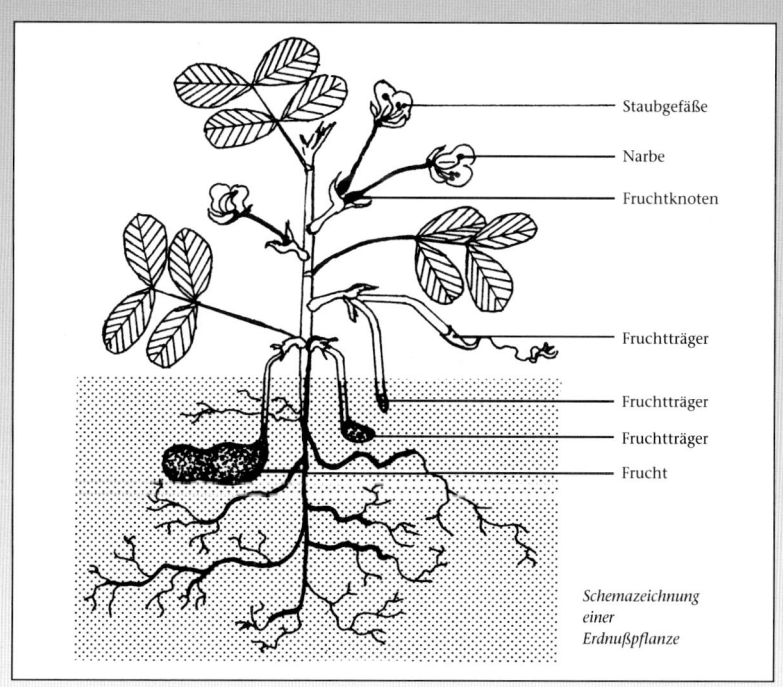

Staubgefäße

Narbe

Fruchtknoten

Fruchtträger

Fruchtträger

Fruchtträger

Frucht

*Schemazeichnung
einer
Erdnußpflanze*

Verladen der Erdnüsse zum Transport

schaftliche Lehrbetriebe eingerichtet worden. Das Landwirtschaftsministerium fördert die Anwendung von Düngemitteln (Stickstoff, phosphat- und kalkhaltige Düngemittel) zur Steigerung der Erträge.

Teilweise wird die Bestellung der Felder noch nach dem altbewährten Fünfjahreszyklus vorgenommen: Beispielsweise folgt nach dem Hirseanbau im zweiten Jahr der Erdnußanbau, dann liegt das Land brach für die nächsten drei Jahre. Die Aussaat erfolgt kurz vor Beginn der Regenzeit, die Ernte direkt nach deren Ende. Die im Oktober/November geernteten Erdnüsse türmen sich von Mitte Dezember bis Mitte April auf den zahlreichen Lager- und Umschlagplätzen des Landes zu gigantischen Bergen auf. Sie werden großenteils von der staatlichen Gesellschaft The Gambia Produce Marketing Board (GPMB) aufgekauft und per Schiff oder Lkw zum Export weiterbefördert. Etwa ein Drittel der Erdnußernte wird schon in Kaur auf Lastschiffe verladen, Hauptdepot ist jedoch Banjul.

Großen Einfluß auf Qualität und Quantität der Erdnußernten hat die Wetterentwicklung wie Beginn, Ende und Länge der Regenzeit sowie die Niederschlagsmenge. So führten die außerplanmäßigen Regenfälle der Wirt-

schaftsjahre 1977/78, 80/81 und 83/84 zu gravierenden Mißernten. Die Erdnußproduktion betrug 98 000 t im Jahr 1988 und 130 000 t im Jahr 1989, im Jahr 1990 waren es nur 75 000 t. Die Erntemenge ist u. a. auch deshalb zurückgegangen, weil die Anbauflächen zugunsten von Getreide- und Baumwollfeldern reduziert wurden. Die große Fluktuation der Erdnuß-Weltmarktpreise hatte die gambische Wirtschaft oft in Schwierigkeiten gebracht. Etwa 19 % des gambischen Exports sind Erdnüsse und Erdnußerzeugnisse (1991). Ein Teil der Ernte ist für den Eigenbedarf der Bevölkerung bestimmt; Erdnüsse sind – nicht nur als Öl – Bestandteil vieler typisch gambischer Gerichte und reichern diese mit ihrem hohen Anteil an Fett (etwa 46 %) und Eiweiß (etwa 26 %) an.

Vorwiegend zur Eigenversorgung der Familien bauen die Frauen in kleinen Parzellen verschiedene Gemüse- und Getreidesorten an, wie Mais, Maniok (= Kassava), Hirse (= Sorghum), Bohnen, Zwiebeln, Tomaten, Paprika oder Auberginen. Die Hauptanbauzeit fällt in die Monate Dezember und Januar, so daß die Ernte im April und Mai erfolgen kann. Oft werden die Gemüsefelder mit Hilfe von künstlichen Wasserläufen – hergeleitet vom Gam-

Traditionell arbeiten Frauen in den Reisfeldern

bia-Fluß – bewässert. Z.Zt. müssen diese Kanäle immer wieder vertieft werden, weil der Wasserspiegel des Gambia sinkt. Seit einiger Zeit expandiert der Gemüseanbau, da er durch den Tourismus erweiterte Absatzchancen vorfindet; das gleiche gilt für den Obstanbau, vor allem von Zitrusfrüchten, Papaya und Bananen. Gemüse und Früchte, insbesondere Zitrusfrüchte, Sesam und Avocados, werden auch exportiert und hatten 1991 einen Anteil von 4% am Gesamtexport.

Reis ist das wichtigste Anbauprodukt und Hauptnahrungsmittel in Gambia. Die Arbeit in den Reisfeldern ist traditionsgemäß Frauensache. Die heftigen Regenfälle von Juni bis Oktober schaffen sumpfige Anbauflächen, außerdem spülen sie einen Teil des Salzgehaltes aus den Böden. Zu Beginn der Trockenzeit, von Oktober bis in den Dezember hinein, wird der Reis geerntet. Nach Möglichkeit werden die abgeernteten Reisfelder für den Gemüseanbau genutzt und die stehengelassenen Reishalme bei der Bearbeitung der Felder als Dünger untergegraben. Der Reisanbau ist in den letzten Jahren intensiviert worden und hat sich vor allem in den zeitweilig überschwemmten Ufergebieten am oberen Gambia ausgedehnt. Die etwa 10% des Landes,

die auf Mangroven- und Sumpfgebiete entfallen, werden von der Regierung als potentielle Reserve für neue Reisfelder angesehen. Mit Hilfe des bei Balingko geplanten Staudamms soll eine neue Reisanbaufläche von 1500 ha geschaffen werden. Experten warnen allerdings vor den nicht wieder gutzumachenden ökologischen Folgen, auch für die Ernährungssituation der Bevölkerung. In einigen Versuchsfarmen, z.B. in Sapu, die zunächst unter der Leitung von chinesischen Fachleuten standen, wird eine Verbesserung der Reiskultivierung erprobt. Für die kommenden Jahre strebt man eine Selbstversorgung an. In den Jahren 1978/79 wurden 11840 t Reis auf einer Fläche von 2510 ha produziert, 1990 betrug die Erntemenge 20000 t.

Zusammen mit ausländischer Unterstützung bemüht sich die Food and Nutritional Unit des Landwirtschaftsministeriums darum, Gambias Frauen zu einem verstärkten Anbau von einheimischem Getreide, wie Hirse und Mais, zu motivieren. Dadurch soll der immer noch notwendige Reisimport von ca. 20% des jährlichen Bedarfs reduziert werden.

Der sich im wesentlichen auf den östlichen Landesteil konzentrierende Baumwollanbau soll so erweitert werden, daß er zu einer Eigenversorgung der Bevölkerung führen kann. Gambias Baumwolle ist von relativ hoher Qualität und hat eine Tradition, die bis ins 13. Jh. zurückreicht. Die Afri-can Development Bank finanzierte ein Entwicklungshilfeprojekt für den gambischen Baumwollanbau. 1978/79 betrug die gesamte Anbaufläche 1677 ha und die Produktion 853 t. In den Jahren 1984 bis 1990 wurden jährlich rund 1000 t Baumwolle produziert.

Forstwirtschaft

Der ursprüngliche Wald in Gambia ist durch rücksichtsloses Abholzen fast gänzlich zerstört worden. Bis auf wenige Relikte, z. B. im Galerie-Urwald, haben wir es bei den heutigen Beständen mit Sekundärwald und aufgeforsteten Flächen zu tun. Während Gambia 1977 noch 233 000 ha Wald hatte, war der Bestand 1989 auf 162 000 ha (= 14 % der Gesamtlandfläche) geschrumpft. Einerseits entstand ein wachsender Bedarf an Feuerholz, zum anderen wurden durch die regelmäßigen Buschfeuer zur Felderbestellung zahlreiche Bäume und Büsche vernichtet. Um der Versteppung der Landschaft entgegenzuwirken und ein An-

yereba (Ein Griot-Lied, s. Jamano S. 280)

I cannot keep on saying one word all the time leave the trees.

a tree ist a gift for the country.

hey people, don't keep on cutting the trees in the country.

I should advice you the progress of the country is with the trees.

the advance of the country is depending on the trees, fruits etc.

the rainfall is depending on the trees; don't cut the trees etc.

the survival of the animals is in the forest

you don't see all the animals; they migrated, they crossed along the coast and left.

the government adviced until they're tired.

I'm begging you: leave the trees.

stop cutting the trees and stop making fire in the bush.

it is a problem for the animals and it is a problem for the nature.

the trees in the country don't cut them.

gebot an Nutzholz für die schnell anwachsende Bevölkerung zu schaffen, bemüht sich die Regierung in Zusammenarbeit mit ausländischen Organisationen um den Schutz verbliebener Restbestände und um fachgerechtes

Ein origineller Aufruf zum Schutz der Bäume in Georgetown

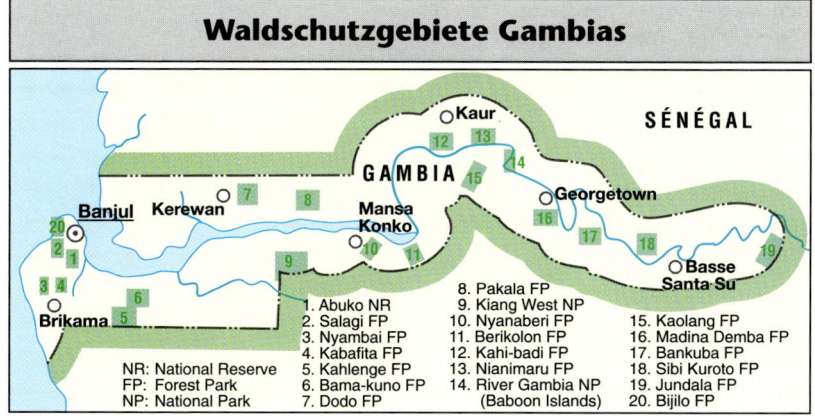

Waldschutzgebiete Gambias

GAMBIA

SÉNÉGAL

Kaur

Georgetown

Banjul Kerewan

Mansa Konko

Brikama

Basse Santa Su

NR: National Reserve
FP: Forest Park
NP: National Park

1. Abuko NR
2. Salagi FP
3. Nyambai FP
4. Kabafita FP
5. Kahlenge FP
6. Bama-kuno FP
7. Dodo FP

8. Pakala FP
9. Kiang West NP
10. Nyanaberi FP
11. Berikolon FP
12. Kahi-badi FP
13. Nianimaru FP
14. River Gambia NP
    (Baboon Islands)

15. Kaolang FP
16. Madina Demba FP
17. Bankuba FP
18. Sibi Kuroto FP
19. Jundala FP
20. Bijilo FP

Aufforsten von vorzugsweise westafrikanischen Baum- und Straucharten, wie Teak und Gmelina.

Wie sensibel die einheimische Flora auf eingeführte ausländische Baumarten reagiert, wird am Beispiel »Nimbaum oder Neem-Tree« (Azadirachta indica), einer aus Südasien stammenden Mahagoni-Art, deutlich. Der Neem Tree ist ein schnell wachsender, anspruchsloser Baum mit großem, schattenspendendem immergrünem Blätterdach und mit bei Vögeln sehr beliebten Früchten. Die Vögel verteilen die Samen rund um die anderen heimischen Baumstämme. Rasch wachsen die jungen Neem Trees in einem engen Kreis um die westafrikanischen Bäume herum und erdrücken sie allmählich. Buschbrände können den Nimbäumen, die immer wieder aus unterirdisch verzweigten Wurzelstökken austreiben, nichts anhaben.

Ein äußerst erfolgreiches Programm betreibt das Gambian-German Forestry Projekt, das eine gambische Zusammenarbeit mit dem Deutschen Forstservice (DFS) und der Gesellschaft

Buschfeuer richten immer neue Zerstörungen an

Rinderherden grasen in der Waldsavanne

für Technische Zusammenarbeit (GTZ) ist. Restwaldbestände wurden unter Schutz gestellt und zugleich dem Tourismus geöffnet, wie z. B. der Bijilo-Fo-

rest Park. Eine Kette von kleinen National Forest Parks säumt inzwischen die Nord- und Süduferregion.

Die Gemeinden werden in die Aufgabe, den noch vorhandenen Wald zu schützen, mit einbezogen und besitzlose Waldstücke den Ortschaften als Gemeindewälder zugeteilt. Härteres Durchgreifen gegen das Legen von Buschfeuer wird dem neuen Militärregime bescheinigt: Jedes Dorf, in dessen Bezirk Buschfeuer entdeckt wird, soll mit 5000 Dalasi Geldstrafe zur Rechenschaft gezogen werden. Um der hohen Nachfrage nach Brennholz, vorwiegend zum Kochen, Rechnung zu tragen, werden forstlich bewirtschaftete Holzplantagen unterhalten.

1989 betrug der gesamte Holzeinschlag 922 000 m³, davon wurde der weitaus größte Teil als Brennholz und zur Holzkohle-Herstellung genutzt. Heute sind nur Einschläge von bestimmten Hölzern wie Bambus, Mahagoni und Rhunpalmen erlaubt, und der größte Teil des Nutzholzes muß importiert werden.

Schon Jungen beteiligen sich am Hüten der Rinder

Fischer im traditionellen Einbaum

Viehhaltung

In der Rinderhaltung sind durch die Errichtung zahlreicher staatlicher Veterinär- und Impfstationen erhebliche Fortschritte gemacht worden, so daß man inzwischen darauf achten muß, daß die Kapazität der verfügbaren Weideflächen nicht überstrapaziert wird. Grünfutter steht fast nur in der Regenzeit zur Verfügung. Man versucht durch Züchtung das gambische Gobura-Rind (mit großem Höcker) zu verbessern, weil es bisher für die von der Tsetsefliege übertragene Rinderschlafkrankheit besonders anfällig ist. Wegen ihrer relativen Unempfindlichkeit gegen diese Seuche wurde die Ndama-Rasse (langhörnig und klein) eingeführt, die nun in Gambia dominiert. 1990 gab es schätzungsweise 400 000 Rinder (40 000 Milchkühe), 170 000 Schafe, 200 000 Ziegen und (wegen des islamischen Glaubens) nur 11 000 Schweine. In den zehn Jahren zwischen 1980 und 1990 war der Bestand an Rindern um 37 %, an Milchkühen um 38 % gewachsen. Schon seit 1976 betreibt die staatliche Gesellschaft Livestock Marketing Board (LMB) die Viehvermarktung und den Export der Felle und Häute; auch der Schlachthof von Banjul gehört zur LMB.

Unter der britischen Colonial Development Corporation wurde 1948 eine Geflügelgroßfarm bei Yundum angelegt, die wegen einer Seuche schon 1951 mit hohem Verlust aufgegeben werden mußte. Inzwischen konnte sich die Produktion von Hühnereiern positiv entwickeln; sie hat sich von 1980 bis 1990 mehr als verdoppelt (auf 813 t im Jahr 1990).

Fischerei

Der Fischfang ist in Gambia seit Jahrhunderten von größter Bedeutung für die Eiweißversorgung der Bevölkerung. Nicht nur die Küstengewässer des Atlantiks sind sehr fischreich, sondern auch der Gambia-Fluß, in dem noch bis zu 160 km stromaufwärts zahlreiche Seefische vorkommen, wie Meerbarsche, Barrakudas, Meeräschen oder Goldbrassen. Immer noch erfolgt

*Bau eines
Einbaumes*

*Fischer beim
Netzauswerfen*

ein großer Teil der Fischerei, die der Eigenversorgung der Gambier dient, mit Einbäumen und Pirogen. Diese traditionellen Boote werden wie eh und je aus heimischem Holz hergestellt: Die Einbaumboote (*gaal* in Wolof) werden aus dem Kapokbaumstamm herausgearbeitet. Bei den Pirogen wird für die beiden Wellenbrecher vorne und hinten Holz vom Weihrauchbaum verwendet, und die Seitenbretter bestehen aus Mahagoni, Teak, Holz vom Weihrauchbaum oder der Bohnenakazie; die Pirogen, die sog. portugiesischen Boote, dienten früher dem Salztransport zwischen Gambia und Senegal. – Die Anzahl der motorisierten Fischerboote hat in der letzten Zeit merklich zugenommen. Erst seitdem den Fischern seetüchtige Schiffe zur Verfügung stehen, wird auch Hochseefischfang betrieben. Allerdings gab es bis 1991 nur fünf Hochseeschiffe mit insgesamt 1182 BRT.

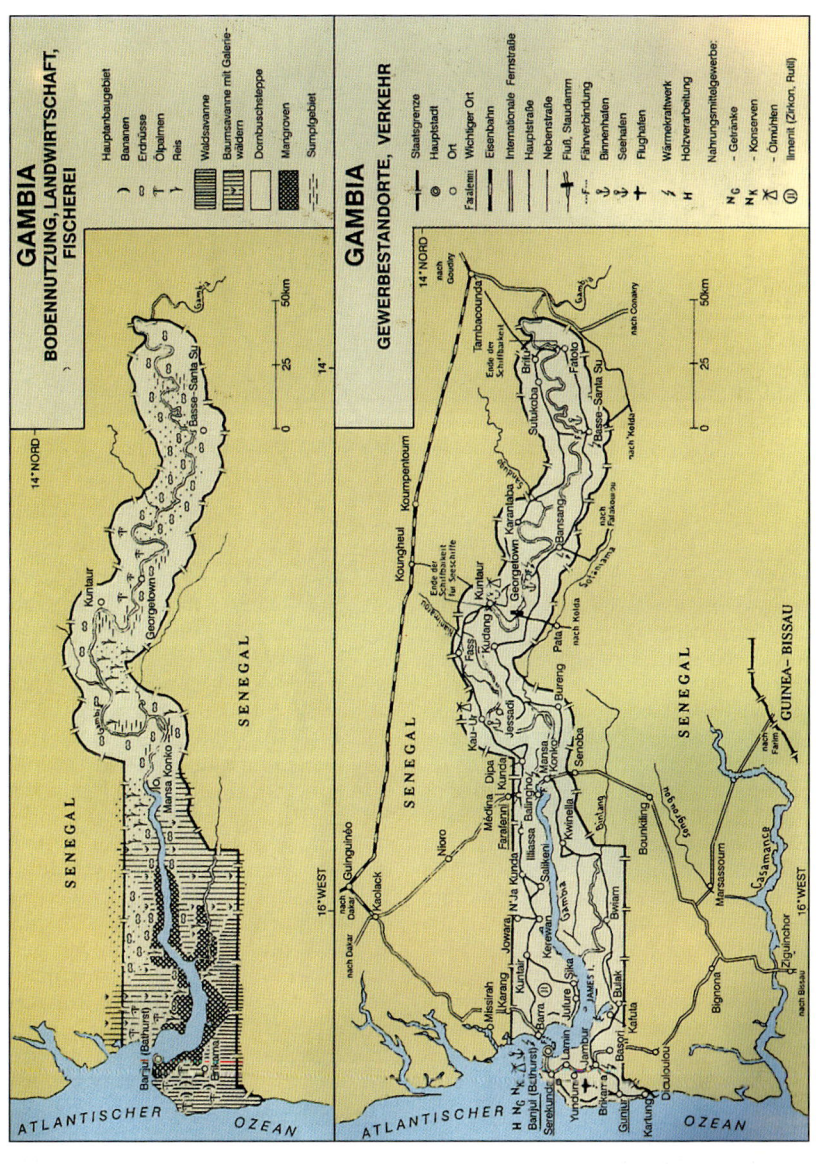

GAMBIA
BODENNUTZUNG, LANDWIRTSCHAFT,
FISCHEREI

- Hauptanbaugebiet
- Bananen
- Erdnüsse
- Ölpalmen
- Reis
- Waldsavanne
- Baumsavanne mit Galeriewäldern
- Dornbuschsteppe
- Mangroven
- Sumpfgebiet

GAMBIA
GEWERBESTANDORTE, VERKEHR

- Staatsgrenze
- Hauptstadt
- Ort
- Wichtiger Ort
- Eisenbahn
- Internationale Fernstraße
- Hauptstraße
- Nebenstraße
- Fluß, Staudamm
- Fährverbindung
- Binnenhafen
- Seehafen
- Flughafen
- Wärmekraftwerk
- Holzverarbeitung
- Nahrungsmittelgewerbe:
  - N_G – Getränke
  - N_K – Konserven
  - – Ölmühlen
  - Ilement (Zirkon, Rutil)

Die traditionellen Fangarten, wie Angeln, Speeren, Fischfang mit Kastennetzen und Wurfnetzen, werden auch heute noch in großem Umfang praktiziert. Die staatliche Gambia Fish Marketing Corporation modernisierte in Zusammenarbeit und mit Unterstützung der Ernährungs- und Landwirtschaftsorganisation FAO die Methoden des Fischfangs und der Fisch-

*In Gunjur zum
Trocknen ausgelegte
Fische*

verarbeitung. Mit Unterstützung der Europäischen Gemeinschaft sind in Brikama und bei Gunjur Fischereiausrüstungsbetriebe und ein Projekt für Fischfang und -verarbeitung (Räuchern, Trocknen, Salzen) entstanden. Als gambische Gesellschaft betreibt die National Partnership Enterprise Ltd. u.a. eine Fabrik zur Fischverarbeitung. Der Export von Fischen soll durch den Wegfall der Fischexport-Abgaben angekurbelt werden. Größeres Interesse an einem Joint-venture zur Weiterverarbeitung von Hummer und Shrimps zeigt Japan. Die letzten Daten der Fangmengen liegen von 1989 vor: Der gesamte Fischfang betrug damals 17 619 t, das war ein Anstieg gegenüber 1985 um 64 %; davon waren nur 15 % Süßwasserfische und 83 % Seefische.

Ein sehr alter, wenn auch kleiner Zweig der Fischerei in Gambia ist die Austernfischerei, die meist von Jola betrieben wird (z. B. bei der Lamin Lodge oder Denton Bridge). Austern wachsen an Mangrovenwurzeln. Einträglicher als das Austernfleisch sind die Schalen, die gebrannt zum Hausbau und gemahlen zum Wändetünchen verwendet werden.

Bodenschätze

Gambia ist so arm an wirtschaftlich nutzbaren Mineralien, daß es als eines der wenigen Länder der Welt keine Bergwerke besitzt. In den frühen Kolonialzeiten wurden Gold und auch Silber vom Gambia-Oberlauf exportiert, wo heute noch geringe Mengen vorkommen sollen. 1953 wurde in der Nähe von Brufut an der Atlantikküste Ilmenit (FeTiO$_3$) gefunden, eine Ausgangsverbindung für die Titan-Produktion. Eine private englische Firma, die British Titan Products Company, investierte in ein großangelegtes Schürf- und Verarbeitungsprojekt 1,5 Mill. £. 1957 betrug die Jahresförderung 40 000 t Ilmenit, doch schon 1959 wurde der Abbau wegen der ungünstigen Preisentwicklung auf dem Weltmarkt und der starken australischen Konkurrenz eingestellt. Nach den Studien der UN-Organisation für industrielle Entwicklung (UNIDO) würden jedoch Qualität und Quantität der gambischen Ilmenit-Ablagerungen eine kommerzielle Ausbeutung rechtfertigen. 60 000 Dalasi hat die Regierung im Jahre 1979 aufgewendet, um die Abbauwürdigkeit zu untersuchen: Die Prospektion hat Reserven von ca. 900 000 t Ilmenit, Zirkon und Rutil er-

Das Flechten von Grasmatten für die Rundhäuser ist immer noch üblich

geben. Die wirtschaftliche Ausbeutung wird jedoch von den Weltmarktpreisen und der erwiesenen Menge der Reserven abhängen.

Versuchsbohrungen nach Erdöl vor der Atlantikküste sollen nach neuesten Aussagen nicht ganz ohne Erfolg sein.

Wesentliche Steinvorkommen gibt es in Gambia nicht. Unter dem Sand und Schlick der Flußmündung liegt eine Schicht von härterem Sandstein, der von den Kolonialherren zum Bau von Fort James und den ersten festen Häusern in Banjul verwendet wurde. Der größte Teil des Baumaterials wird aus Nord-Senegal eingeführt.

Energiewirtschaft

Gambias Energieversorgung erfolgt im wesentlichen durch das staatliche Kraftwerk von Banjul sowie die Kotu Power Station. Durch neue Überlandleitungen und lokale Kraftwerke ist in der Regel die Stromversorgung in Fajara und Cape St. Mary einigermaßen gesichert. Die großen Strandhotels verfügen zusätzlich über eigene Generatoren. In den anderen Landesteilen bestehen kleinere Dieselkraftwerke, die in privatem Besitz sind. Durch die Ausweitung des Tourismus und die damit verbundene notwendige Verbesserung der Infrastruktur wird der Elektrifizierung größte Bedeutung beigemessen. Im Vergleich zum Jahr 1980 hatte sich 1989 die gesamte Elektrizitäts-Erzeugung mehr als verdoppelt und betrug 63 Mill. kWh. Im Jahr 1993 lag der Energieverbrauch bei 57 kg Öleinheit pro Einwohner. Im Zuge des geplanten Staudamm-Projekts bei Farafenni soll ein neues großes Elektrizitätswerk errichtet werden. Die Nutzung von Sonnen-, Wind- und Wasserenergie ist aus Kostengründen noch nicht weit vorangeschritten; allerdings werden landesweit von der gambischen Telefonorganisation Gamtel Sonnenkollektoren zur Betreibung der Telefonzellen und -zentralen genutzt.

Handwerk und Industrie

Das traditionelle Kunsthandwerk, wie z. B. die Holzschnitzerei, Gold- und Silberverarbeitung, Weberei, textile Druck- und Bindetechnik (Batik), Töpferei, Lederverarbeitung, hat durch den wachsenden Tourismus neuen Aufschwung erhalten. An Bedeutung gewinnen auch moderne Handwerkszweige, wie Mechaniker, Fotografen, Uhrmacher usw.

Gambias Industrie beschränkt sich in erster Linie auf die Verarbeitung von

Batik-Herstellung in Bakau

*Beim Bau von Rund-
häusern schwört je-
der auf seine eigene
Technik*

*Der Dorfweber
am altüberlieferten
Webstuhl*

Töpferin bei Basse Santa Su

Agrarprodukten. Das Schwergewicht liegt auf Erdnußschälanlagen und -öl-mühlen. Es gibt zwei Ölmühlen, die dem Gambia Produce Marketing Board gehören. Etwa 63 % der Erdnußernte werden zu Öl verarbeitet. Die Fischindustrie konnte ihre Produktion durch die Umwandlung der Gambia Fisheries Ltd. in eine Kooperative und durch den staatlichen Aktienanteil von 49 % an der Seagull Fisheries Ltd. verbessern. Gambia besitzt auch einige kleine Werften. In der Konsumgüter-Industrie, die den heimischen Markt versorgt, haben sich kleinere und größere Fabrikationsstätten für die Herstellung von Nahrungsmitteln, Bekleidung, pharmazeutischen Produkten, Kosmetika, Plastikwaren, verschiedenen Holz- und Metallwaren, elektrischen und landwirtschaftlichen Geräten usw. etablieren können. An der Jul Brew-Brauerei ist eine große Brauerei aus der Bundesrepublik Deutschland beteiligt; Softdrinks und Mineralwasser produziert u.a. der Chellerams-Betrieb.

Ein forcierter Ausbau der Industrialisierung Gambias wird durch den Mangel an Kapital und ausgebildeten Fachleuten behindert. Bisher kann die einheimische Industrie nur ca. 3 % zum gesamten Bruttoinlandsprodukt beisteuern. Mit Hilfe der UN-Industrie-Entwicklungsorganisation (UNIDO) soll vor allem das Exportpotential des Landes verbessert werden.

Binnen- und Außenhandel

Der Handel hat in Westafrika eine jahrhundertealte Tradition. Die Bewohner des Gambia-Gebietes hatten Anschluß an den einträglichen Trans-Sahara-Handel und profitierten später vom Überseehandel mit den Europäern. Die Hauptroute der Handelskarawanen verlief im Flußtal. Die traditionelle Handelssaison ist die Trockenzeit. Auf allen Märkten des Landes dominieren noch heute die typischen westafrikanischen Marktfrauen, die durch ihre Geschäftstüchtigkeit teilweise relativ hohe Umsätze erzielen. Einflußreiche Geschäftsleute auf mittlerer Handelsebene sind in Gambia Libanesen und Mauretanier, die einen regen Handelsverkehr mit Senegal, Mauretanien und Mali betreiben. Als Land mit relativ niedrigen Zolltarifen entwickelte sich Gambia zu einer florierenden Zwischenhandels-Basis mit einem hohen Anteil an Re-Exporten. Der gambische Handel verursachte für das Nachbarland Senegal, das höhere Schutzzölle erhebt, Erdnuß-Erzeugerpreise garantiert und Zucker- sowie Reispreise künstlich hochhält, gravierenden wirtschaftlichen Schaden. Durch verstärkte Grenzkontrollen ist dieser lebhafte Handel in den letzten Jahren zurückgegangen.

Die Regierung hat eine National Trading Cooperation eingerichtet. In Gambia fungieren viele Handelshäuser weniger als Import-Export-Firmen, sondern eher als Import-Konzerne, so z. B. CFAO, Chellerams, Maurel und Prom, the Madis oder die Adonis- und Apollo-Gruppen.

Im Außenhandel stand 1991 einem Güterexport im Wert von 80 Mill. US-$ ein Warenimport von insgesamt 233,7 Mill. US-$ gegenüber; 1993 betrug die Auslandsverschuldung 386,3 Mill. US-$.

Den Hauptanteil am gambischen Außenhandel hat mit 19 % (1991) der Erdnußexport, neben Erdnüssen und deren Derivaten vor allem Erdnußöl, aber auch -kuchen, der als Tierfutter Verwendung findet. Das Bestreben, die Erdnüsse im Land zu verarbeiten und mehr Fertigprodukte auszuführen, hat sich auf die gambische Wirtschaft positiv ausgewirkt. Hauptabnehmer der Erdnußprodukte sind die Länder der Europäischen Gemeinschaft. Durch wechselnde Wetterbedingungen und eine große Preisfluktuation auf dem Weltmarkt ist Gambias Erdnußhandel großen Schwankungen unterworfen. Es ist fraglich, ob sich Gambia gegen die starken Konkurrenten Indien, das allein ein Drittel des Weltertrages produziert, und USA behaupten kann. Um einem weltweiten Erdnußberg entgegenzuwirken, entwickelte die amerikanische Erdnußforschung neue Produkte aus Erdnüssen, wie Lebensmittel, Seife, Kosmetika, Papier und Benzin.

An zweiter Stelle des gambischen Exports steht inzwischen mit 12 % Baumwolle. 1973 konnte Gambia zum ersten Mal Baumwolle nach Japan ausführen. Fisch- und Fischprodukte machen 9 % und Gemüse- und Zitrusfrüchte 4 % des Exports aus (1991). Unter den Exportländern stand Guinea-Bissau mit einem Anteil von 17 % an der Spitze, gefolgt von Großbritannien mit 15 % (1991). Die Bundesrepublik Deutschland importierte 1991 aus Gambia für einen Gesamtwert von nicht einmal 1 Mill. DM überwiegend Fische und Fischprodukte sowie Früchte und Gemüse. Die deutschen Exporte nach Gambia haben zugenommen und stiegen 1991 mit 7 % des Importvolumens auf 31 Mill. DM an; es handelt sich vor allem um Spinnstofferzeugnisse, Nahrungsmittel (auch Zucker), Waren für Fabrikationsanlagen oder Staßenfahrzeuge. Nach der Volksrepublik China mit 15 %, waren die Länder der Europäischen Gemeinschaft, darunter Großbritannien mit 13 %, die Niederlande mit 11 % und Frankreich mit 8 %, die wichtigsten Handelspartner und Lieferanten im Jahr 1991. Honkong hatte einen Anteil von 7 % am Gesamt-Import Gambias. Unter den eingeführten Gütern bildeten Nahrungsmittel und lebende Tiere (35 %), Industriegüter (18 %), Maschinen und Transportausrüstungen (15 %) sowie mineralische Brennstoffe (11 %) den Hauptanteil.

Eine Unterstützung im Außenhandel erhielt Gambia – wie zahlreiche andere Entwicklungsländer in Afrika auch – durch die Abkommen von Lomé (Togo) über handelspolitische und industrielle Zusammenarbeit und Finanzhilfe zwischen den EG-Ländern und den AKP- (Afrika, Karibik, Pazifik) Staaten.

Tourismus

Der Fremdenverkehr ist zu einem der wichtigsten und zugleich dynamischsten Wirtschaftszweige Gambias geworden. Er begann 1965/66 mit dem schwedischen Reisebüro Harding. Damals gab es im ganzen Land nur zwei Hotels mit 52 Betten; 660 Touristen besuchten Gambia, davon 300 als Charterflugreisende. Von 1968 bis 1971/72 sicherte sich Vingressor aus Schweden die exklusiven Rechte für Charterflüge nach Gambia. Danach wurde Gambia als Touristenland auch für andere Veranstalter geöffnet; es kamen vor allem Dänen (Spies) und Briten (Far Horizons und Wings). Neue Hotelbauten entstanden, die u.a. von der neugegründeten Hotelgesellschaft African Hotels Gambia, einer Kooperation zwischen Vingressor und der britischen Commonwealth Development Corporation, finanziert wurden.

Die Anzahl der Hotelbetten hat sich von 1975 (1993 Betten) bis 1989 (4 500 Betten) mehr als verdoppelt. 1973/74 reisten bereits 24 000 Touristen nach Gambia. Davon waren 57,5 % Schweden, 27,5 % Dänen, 4,1 % Briten, außerdem kamen Finnen, Westdeutsche u. a. Der hohe Anteil an schwedischen

Touristen, der in der Saison 1974/75 sogar auf 60,5 % anstieg, wurde im wesentlichen dadurch begünstigt, daß zahlreiche Hotels schwedische Besitzer haben.

1975/76 stieg die Anzahl der Chartertouristen auf 21 116 an, was ein Wachstum von 712 % innerhalb von fünf Jahren bedeutete. Der Prozentsatz der deutschen Luftcharter-Touristen 1978/79 hatte sich gegenüber dem Vorjahr mehr als verdoppelt, er stieg mit 6 395 Touristen auf 24,8 %, während der Anteil der Schweden auf 31,1 % zurückging. 1979/80 erreichte der Anteil der deutschen Besucher noch 23,5 %, sank jedoch innerhalb des nächsten Jahres aufgrund unerwartet aufgetretener Unstimmigkeiten zwischen den großen deutschen Reiseunternehmen und den gambischen Behörden auf 1,1 %. In jener Saison übernahmen mit 48,9 % die Touristen aus Großbritannien und Nordirland die Führung; sogar auf 59,1 % erhöhten sie 1985/86 ihren Anteil, der sich in den darauffolgenden Jahren etwa zwischen 54 % und 56 % hielt und 1990/91 wieder bei 54,2 % lag. Die Zahl der Besucher aus Schweden blieb in den Jahren zwischen 1985/86 und 1990/91 relativ konstant und betrug 13,3 %. Der deutsche Chartertourismus hatte sich nach dem Tief von 1980/81 allmählich wieder erholt, 1990/91 waren 9,6 % der ausländischen Gäste Deutsche. Der Anteil der übrigen Besucher verteilte sich wie folgt: Frankreich 5,1 %, Dänemark 3,6 %, Norwegen 1,4 %.

Gambia ist darum bemüht, die touristische Infrastruktur in Zusammenarbeit mit internationalen Organisationen, wie z.B. der World Tourist Organisation (WTO), in den kommenden Jahren stark auszubauen. Einige Hotels in der Kombo-St. Mary Area, wo die meisten gambischen Hotels konzentriert sind, wurden in den letzten Jah-

*Gartenanlage des Fünf-Sterne-Hotels
Kairaba Beach*

ren renoviert bzw. erweitert, z.B. das African Village, das Bakotu Hotel, das Koto Strand Hotel oder das Clubhotel Senegambia Beach. In Banjul wurde das Atlantic Hotel beträchtlich vergrößert und um einen Konferenzsaal erweitert. Die an der Straße nach Banjul gelegenen frühen Hotelgründungen Palm Grove und Wadner Beach wurden ebenfalls renoviert. Neue Hotels kamen hinzu, z.B. der Time Sharing Club Kololi Beach oder das Palma Rima Hotel. Mit dem Kairaba Beach Hotel verfügt Gambia seit Herbst 1990 über ein Fünf-Sterne-Hotel mit Konferenz-Center und Präsidenten-Suiten. Bauherr ist der Gambia National Investment Board zusammen mit einem europäischen Konsortium, das auch im Senegambia Beach Hotel engagiert ist.

Was die Auslastung der Hotels insgesamt betrifft, so bestand bislang ein großer Unterschied zwischen der Belegungsquote in der Hochsaison im Winter und in der übrigen Zeit. Drei-

viertel aller Gäste besuchen das Land zwischen November und April. Seit 1986/87 war jedoch der Sommertourismus im Wachsen begriffen, was hauptsächlich den steigenden Touristenzahlen aus der Bundesrepublik Deutschland zu verdanken war. Denn während in den Wintermonaten die Briten nach wie vor das größte Kontingent stellten, kamen die Deutschen auch gern in der weniger trockenen Sommerzeit, in der die Natur ihre ganze Pracht entfaltet.

Zur Verbesserung des Hotel-Service wurde in Kanifing bei Serekunda eine Hotelfachschule errichtet, ein Projekt, das von der Bundesrepublik Deutschland und der Internationalen Entwicklungsgesellschaft (IDA) finanziert wurde. 1990 ist eine zweite Hotelfachschule für das mittlere Management hinzugekommen, die in den Kairaba-Hotelkomplex integriert ist.

Der Fremdenverkehr brachte Gambia 1977/78 Einnahmen von insgesamt 7,5 Mill. Dalasi; im Jahr 1989 betrugen diese Deviseneinnahmen bereits 43 Mill. US-$. Ein wichtiger ökonomischer Aspekt des Tourismus ist neben der Devisenquelle die Bereitstellung von Arbeitsplätzen. Etwa 7000 Gambier fanden eine Beschäftigung im Fremdenverkehr, davon mehr als 90% mit einem Durchschnittsalter unter dreißig Jahren. Allerdings sind nur ein Fünftel aller Hotelangestellten Frauen. – Auch das Kunsthandwerk erfuhr eine wirtschaftliche Belebung durch den Tourismus.

Der gambische Tourismus erlitt einen gravierenden Einbruch durch den Militärputsch von 1994. Hatten die ausländischen Besucher direkt nach dem Coup nur für zwei Wochen das Land verlassen, so blieben die britischen und schwedischen Touristen nach dem Gegenputschversuch im November 1994 und einer großen Evakuierungsaktion ganz weg. Nur ein britischer Charterunternehmer, »Gambia Experience«, war dem Boykottaufruf nicht gefolgt und schickte seine Gäste weiterhin in das kleinste afrikanische Land. Dänische Veranstalter nutzten die Gunst der Stunde und boten ihren Kunden sehr erfolgreich preisgünstige Flüge nach Gambia an. Doch durch das Ausbleiben der Schweden und Briten, die bislang den Löwenanteil am gambischen Tourismus innehatten, blieben viele Hotels unbelegt. Eines der wenigen Hotels, das seinen Betrieb nahezu uneingeschränkt aufrechterhalten konnte, war das Senegambia Beach Hotel, das im Januar 1995 nahezu 50% aller Gambia-Besucher beherbergte. Der abrupte Rückgang in der Tourismusbranche brachte große wirtschaftliche Einbußen. Ein Drittel der gesamten Staatseinnahmen war bislang aus dem Fremdenverkehr gekommen; über 60% der im Hotelgewerbe Beschäftigten mußten entlassen werden. Inzwischen floriert der internationale Tourismus wieder, und die Reiseveranstalter bieten Gambia nicht nur in der Hochsaison (Oktober bis April),

Unter den Hotelangestellten erblickt man manche gambische Schönheit

sondern auch in der Regenzeit an. Die junge Tourismusministerin Susan Waffa-Ogoo ist ständig in vielen westlichen Ländern unterwegs, um für ihr Land zu werben.

Verkehrs- und Transportwesen

Der Gambia-Strom war lange Zeit die einzige bedeutende Verkehrsader des Landes und ist bis heute ein wichtiger Transportweg geblieben, das gilt vor allem für den Transport der Erdnußernte. Schiffe bis zu 1,80 m Tiefgang können 477 km stromaufwärts bis nach Fatoto fahren und damit fast das ganze Staatsgebiet von West nach Ost durchqueren. Ozeandampfer mit einem Tiefgang von 5,50 m gelangen 248 km landeinwärts bis nach Kuntaur. Der Hochseehafen von Banjul ist einer der besten Naturhäfen Westafrikas. Durch den Bau neuer Hafenanlagen Mitte der 70er Jahre konnte seine Kapazität erheblich gesteigert werden,

»Don't pay the ferry man...«, die alte Fähre von Georgetown

Die romantische alte Fähre von Georgetown mußte einem modernen Schiff weichen

so daß nun Schiffe mit einem Tiefgang bis zu 8,50 m diesen ausgezeichneten Tiefwasserhafen anlaufen können. Der Hafen soll durch eine neue Kaianlage und den Ausbau der Navigationseinrichtungen noch weiter modernisiert werden. An den Gesamtkosten von 36 Mill. DM beteiligte sich die Bundesrepublik Deutschland mit einer Finanzierungsbeihilfe von 5,4 Mill. DM.

1972 wurde die staatliche Gambia River Ports Authority ins Leben gerufen, die direkt der Regierung verantwortlich ist. Sie übernahm die Kontrolle über die Dienstleistungen des Hafens und die Versorgung des Hinterlandes. Mit der Gründung der Gambia River Development Organization beschlossen Gambia und Senegal ein gemeinsames Gambia-Fluß-Entwicklungsprogramm. Größtes Planungsprojekt dieser Organisation war der vorgesehene Brücken-Dammbau bei Farafenni, der einmal die Fähre auf dem Trans Gambia Highway ersetzen soll; für die Schiffspassage ist eine Hebebrücke vorgesehen. Im Zuge der Verbesserung der Trans Gambia-Straße wurde ein Plan entworfen, der diesen Streckenabschnitt als Teil des Trans Africa Highway ausweist.

Die Haltestellen der Minibusse bieten immer eine günstige Gelegenheit für fliegende Händlerinnen

Die Binnenschiffahrt hat in den letzten Jahren durch die Erweiterung und Verbesserung der Straßen ihre absolut dominierende Stellung eingebüßt. In der Umgebung von Banjul ist das Straßennetz relativ gut. Parallel zum Gambia-Fluß verlaufen am Nord- und Südufer zwei Hauptstraßen, von denen bisher nur die 396 km lange Süduferstraße bis Basse fertig ausgebaut ist. Diese Straße kreuzt bei Mansa Konko den Trans Gambia Highway, der Nord- und Süd-Senegal verbindet. Bisher gibt es noch keine Gambia-Brücken, um die Nord- und Süduferstraßen zu verbinden, sondern nur Fähren; die wichtigsten sind: Barra–Banjul, Balingko–Mansa–Konko sowie die bei Georgetown und Basse. Die Norduferstraße ist von Barra bis Georgetown ganzjährig befahrbar und ein weiterer Ausbau als Allwetterstraße in Angriff genommen (mit Entwicklungshilfe vom Kuwait Fund for Arab Development). Auch Orte im Landesinneren, die im Verkehrsschatten liegen, sollen an das Hauptverkehrsnetz angeschlossen werden.

In einer vorbildlichen Aktion greift Gambias Bevölkerung beim Ausbessern von Straßenschäden zur Selbsthilfe. So werden beispielsweise von Löchern zerfurchte Straßenabschnitte von Männern und Schuljungen an den Wochenenden mit einfachen, aber effektiven Mitteln ausgebessert. Dieses Selbsthilfe-Programm nennen die Mandinka »tesito«, was soviel bedeutet wie »Laßt uns zusammenarbeiten!«

Das Transportwesen wird durch neue Busverbindungen und Ausweitung des Sammeltaxen-Verkehrs weiterentwickelt. Den öffentlichen Verkehr im Land bestreiten überwiegend Busse der 1978/79 verstaatlichten Gambia Public Transport Cooperation (GPTC). Die Bundesrepublik Deutschland beteiligte sich 1983 an der Modernisierung dieses Unternehmens. Seit 1988 verkehren auch Busse von Amdalaye Transport. Einen beachtlichen Teil des Personentransports übernehmen die im ganzen Land verbreiteten Busch-Taxis. Die Anzahl der privaten Pkws ist in den letzten Jahren gestiegen. Eisenbahnen fehlen in Gambia völlig.

1934 wurde in Jeshwang bei Banjul von der Lufthansa ein Flugplatz als Stützpunkt für den Transatlantik-Dienst eingerichtet, der während des Zweiten Weltkrieges anstelle von Dakar (Senegal) als Flugbasis benutzt wurde. 1977 konnte der mit britischer Hilfe erbaute neue Flughafen Yundum für den internationalen Flugdienst eröffnet werden. Am weiteren Ausbau und an der Modernisierung des Flughafens waren beteiligt: Saudi-Arabien mit 6,6 Mill. US-$, die Afrikanische Entwicklungsbank mit 2,35 Mill. US-$, Abu Dhabi mit 1,9 Mill. US-$ und Großbritannien mit 5 Mill. £. 1980 war die dritte Erweiterungsphase abgeschlossen. Die vierte Ausbauphase betraf das Flughafengebäude und die Flughafenausrüstung. Im Dezember 1996 wurde das neue Flughafenterminal eröffnet, das allen modernen internationalen Richtlinien entspricht und Yundum nun zum modernsten Flughafen in Westafrika macht. Gambia Airways, an der die Regierung die Aktienmehrheit besitzt, unterhält einen Flugverkehr innerhalb Westafrikas mit von den USA gemieteten Flugzeugen. Außerdem bedient Air Gambia (Gambia Air Shuttle) den westafrikanischen Luftverkehr mit eigenen Airbussen. Es gibt keinen öffentlichen Flugverkehr innerhalb Gambias. Der Staat ist an der regionalen Air Afrique beteiligt.

Geld- und Kapitalmarkt

Die Währungseinheit Gambias ist der Dalasi. Bis 1965 war in Gambia das Westafrican Currency Board-Pfund in Umlauf. Es wurde vom gambischen Pfund abgelöst, das mit dem englischen Pfund in Parität stand und 1967 zusammen mit dem Sterling abgewertet wurde, um die Kaufkraft der gambischen Geldreserven zu festigen und britische Finanzhilfe zu erhalten. 1971 wurde die neue dezimale Währungseinheit, der Dalasi (D), der in 100 Bututs (b) unterteilt ist, eingeführt. Bis Anfang 1986 war der Dalasi fest an das britische Pfund gebunden. Im Januar 1986 wurde ein Floating-System eingeführt, das den Kurs dem freien Markt überläßt. Der Dalasi gehörte anfangs zu den stabilsten Währungen Westafrikas. Durch ökonomisches Haushalten und kontinuierliche ausländische Unterstützung hatte sich Gambias Wirtschaft trotz weltweiter Schwierigkeiten behaupten können. Zwischen 1985 und 1993 hatte Gambia eine Inflationsrate von 16,5 %, und im Jahr 1993 betrug sie 6,5 %. Durch die seit dem Militärputsch verschlechterte Wirtschaft verlor der Dalasi zunächst ständig an Wert; die eingefrorenen Auslandshilfen des Westens und die Tourismusflaute wirkten sich einschneidend auf den Geld- und Kapitalmarkt aus.

Vor 1965 gab es nur ein Geldinstitut in Gambia, die Bank of Westafrica, die zudem noch in unzulänglichen Büroräumen untergebracht war. Heute haben die Banken ihren Sitz in den modernsten Gebäuden des Landes. Die Central Bank of The Gambia, gegründet 1971, ist die Emissionsbank des Landes. Gambias Entwicklungsbank, The Gambia Commercial and Development Bank, die 1972 eröffnet wurde und an der die Regierung die Aktienmehrheit besitzt, leistet einheimischen Geschäftsleuten Finanzhilfe und übernimmt auch die Vorfinanzierung der Ernten. Das Grundkapital dieser bedeutendsten gambischen Geschäftsbank wird zum größten Teil von der Regierung, zu kleinen Anteilen von dem Gambia Produce Marketing Board und der Gambia Cooperative Union gehalten. 1981 wurde die Agricultural

Development Bank gegründet, um die Entwicklung der Landwirtschaft voranzutreiben. Als westafrikanische Bank ist die International Bank for Commerce and Industry (BICI) vertreten, an der auch deutsche, amerikanische, französische und belgische Banken beteiligt sind. Neben der International Bank for Westafrica und der Standard Chartered Bank Gambia Ltd. findet man vor allem im Landesinneren Filialen der Post Office Savings Bank als Sparkasse für weniger wohlhabende Bevölkerungsschichten. Der gambische Staatshaushalt veranschlagte für 1991/92 Einnahmen in Höhe von 827 Mill. Dalasi und Ausgaben von 704,4 Mill. Dalasi.

Im März 1992 betrug der Bargeldumlauf pro Einwohner im Durchschnitt 240 Dalasi; insgesamt waren es 215,21 Mill. Dalasi (ohne die Bestände der Banken). 1984 hatte der Diskontsatz 9,5 % betragen, war drei Jahre später auf 21 % angestiegen und im Mai 1992 auf 16 % zurückgefallen.

Steuerrecht

Gambias Steuersystem stammt aus der britischen Kolonialzeit. Aus den verschiedenen Steuereinnahmen resultiert ein großer Anteil des Staatseinkommens, wie z. B. aus der Einkommenssteuer, der Grund- und Erwerbssteuer, der Erbschaftssteuer, der Steuer auf bestimmte Gebrauchsartikel, den Gebühren für Flughafen- und Straßenbenutzung (für Taxis in Banjul), den Gebühren für staatliche und private Dienstleistungen usw. Das Verfügungsrecht über die Steuereinnahmen hat in Banjul der Gemeinderat, in den Verwaltungsbezirken der Area Council. Da sich die Regierung verstärkt um eine »Gambianization« des Wirtschaftslebens bemüht, sind die Bedingungen für ausländische Unternehmer, die sich in Gambia niederlassen möchten, nicht mehr so günstig wie noch vor geraumer Zeit. Anträge auf Unternehmensgründungen sind an das Economic Planning Ministry zu richten, Kopien davon an das Ministry of Information and Tourism und den National Investment Board. Ausländische Unternehmen sind in Gambia höheren Steuersätzen unterworfen als einheimische.

Arbeits- und Sozialordnung

Gambia hat als junges Entwicklungsland noch kein Sozialversicherungssystem nach westlichem Muster aufbauen können; daher gibt es auch noch keine staatlichen Renten- und Krankenversicherungen und ebenso keine Arbeitslosenunterstützung. Für alte Staatsdiener und Beamte existiert eine Pensionskasse. In den meisten Familien funktioniert noch heute mehr oder minder vollkommen das traditionelle sozialökonomische Clan-System der dörflichen Gemeinschaften, durch das kranke, in Not geratene oder alte Menschen innerhalb der Familie Unterstützung und Versorgung erhalten. Die herkömmliche Arbeitsordnung beruhte auf Arbeitsteilung, in der die Erwachsenen und Kinder nach Geschlechtern getrennt in ihren verschiedenen Berufen und sozialen Schichten bestimmte Tätigkeiten ausübten, die sie nach festgesetzten Stammesregeln zum Wohle der ganzen Gemeinschaft verrichteten. Im dörflichen Leben finden wir dieses Arbeitssystem noch teilweise vor.

Gesetzlich geregelt ist die kostenlose Krankenversorgung der Arbeitnehmer im Staatsdienst und auf dem privaten Geschäfts- und Handelssektor. In manchen Betrieben wird teilweise Krankengeld gezahlt, was eigentlich gesetzlich vorgeschrieben ist, z. B. für einige Hotelangestellte.

Für Lohnempfänger besteht eine von der Regierung erlassene Arbeitsre-

Zu Ramadan-Ende ist es in Gambia Brauch, den Nachbarn eine reisgefüllte Kalebasse zu überbringen

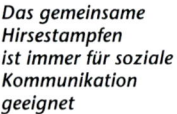

Das gemeinsame Hirsestampfen ist immer für soziale Kommunikation geeignet

gelung für Arbeitszeit, Urlaub, Mutterschutz, Mindestlöhne usw. Gesetzlich gilt die 40-Stunden-Woche; in verschiedenen Bereichen ist eine Arbeitszeit von mehr als 40 Wochenstunden erlaubt, z. B. im Hotel- und Gaststättengewerbe, in Ölmühlen, an Tankstellen. In Hotelbetrieben arbeiten etwa drei Viertel der Beschäftigten 48 Stunden pro Woche. Kinderarbeit ist bis zu einem Alter von 12 Jahren gesetzlich verboten; in der Industrie dürfen Jugendliche erst ab 14 Jahren beschäftigt werden. In der Landwirtschaft ist, be-

sonders in den langen Ferien während der Regenzeit, eine Mithilfe der Kinder üblich. Trotz der wachsenden Unterbeschäftigung werden jährlich Tausende von ausländischen Saisonarbeitern in der Landwirtschaft benötigt.

Ein großer Teil der Arbeitnehmer ist in Gewerkschaften organisiert. Die Gambia Employers' Association war der Overseas Employers' Federation in London angeschlossen. Dachverband für nahezu 20 spezifische Gewerkschaften (z. B. für Bauern, Schneiderinnen, Hafen- und Dockarbeiter, Fabrik-

arbeiter) ist der Gambia Trade Union Congress mit rund 10 000 Mitgliedern, der wiederum der World Federation of Trade Unions angeschlossen ist.

Entwicklungsplanung und Entwicklungshilfe

Nachdem Gambia 1963 die innere Selbstverwaltung erhalten hatte, wurde ein erstes Entwicklungsprogramm für den Zeitraum von 1964 bis 1967 mit veranschlagten Investitionen von 4,4 Mill. Gambia-Pfund und einer geplanten Zuwachsrate des Bruttosozialprodukts von 5 % aufgestellt. Schwerpunkte dieser Fördermaßnahmen waren der Ausbau der Infrastruktur, die Modernisierung der Methoden und Diversifikation der Agrarproduktion, die bisher auf der Erdnußmonokultur beruhte. Im folgenden Vierjahresplan (1967–71) wurden von den 5,5 Mill. £ Gesamtinvestitionen allein 3,2 Mill. £ durch britische Hilfe finanziert.

Der dritte Entwicklungsplan (1971–74) sah vor allem den Rückgang von Nahrungsmittelimporten zugunsten einer Steigerung der Eigenproduktion vor (u.a. bei Reis, Gemüse, Fleisch) und eine Verbesserung der Infrastruktur, um dem anwachsenden Tourismus Rechnung zu tragen. Dafür waren Investitionen in Höhe von 21 Mill. Dalasi vorgesehen. Über die Hälfte des Betrages übernahm Großbritannien, etwa ein Drittel die Internationale Entwicklungsgesellschaft (IDA). Gambia erhielt außerdem technische Hilfe im Werte von über 500 000 £ jährlich von den Briten. Mit Libyen konnte Gambia 1974 Verträge über Finanzhilfe und Zusammenarbeit im technischen, wirtschaftlichen und kulturellen Bereich im Werte von insgesamt 250 000 US-$ abschließen. Eine gemeinsame Transportgesellschaft wurde gegründet, die Gambian Libyan Arab Public Transport Corporation, und Gambia erhielt von Libyen mehrere Autobusse geschenkt. Andere Entwicklungshilfe-Quellen waren die EG (12 Mill. Dollar für Agrar- und Transportprojekte), die Weltbank (11,3 Mill. Dollar für Reisfelderbewässerung, z. B. für einen Entwicklungsplan in Sapu, und für den Ausbau touristischer Dienststellen), die damalige Sowjetunion (für die Entwicklung der Meeresfischerei), die Vereinten Nationen (für Forschungsstudien am Gambia-Fluß) und zunächst Taiwan, dann die VR China (mit Fachleuten für Reisanbau-Forschungsprogramme).

Mit der Bundesrepublik Deutschland unterzeichnete Gambia 1976 ein Rahmenabkommen über wirtschaftliche und technische Zusammenarbeit und ein Kapitalhilfe-Abkommen. Ende 1975 beliefen sich die bilateralen Zusagen für öffentliche Zuwendungen auf 11 Mill. DM Kredite und 7,8 Mill. Dalasi nicht zurückzuzahlender Leistungen. Für 1978 wurden Gambia 8,8 Mill. DM für die Verbesserung der Elektrizitätsversorgung von Banjul und der Wasserversorgung im Landesinneren zugesagt.

Mit ca. 1,05 Mill. DM Kapital- und Beratungshilfe von seiten der Bundesrepublik und der Internationalen Entwicklungsgesellschaft (IDA) wurde die Hotelfachschule errichtet. Für den einmal geplanten Dammbau bei Farafenni sagte die Bundesrepublik Gambia eine Unterstützung von ca. 35 Mill. Dalasi zu. Die Deutsche Welthungerhilfe fördert seit 1975 ein Ernährungssicherungsprogramm in Gambia, das u.a. die Erschließung neuer Reisanbauflächen und den Bau von Saatgutlagerhäusern und Getreidebanken beinhaltet.

Gambia schloß sich mit Senegal zu gemeinsamen Entwicklungsvorhaben zusammen; 1978 wurde die Organisation zur wirtschaftlichen Nutzung des Gambia-Flusses (OMVG) gegründet, der 1982 auch Guinea und Guinea-Bissau beigetreten sind. Die OMVG-Länder streben außerdem eine Abstimmung in sozialpolitischen und wirtschaftlichen Angelegenheiten an.

Der Entwicklungsplan für 1975–80 sah Investitionen in Höhe von 144,6 Mill. Dalasi vor, von denen 21 % auf das Transportwesen, 16,6 % auf öffentliche Dienste und 14,9 % auf Landwirtschaft, Viehzucht und Fischerei entfielen. Mehr als die Hälfte der letztgenannten Investitionen sollten für die Entwicklung der ländlichen Gebiete eingesetzt werden, damit vor allem das Hinterland attraktiver und die Landflucht eingedämmt wird. Weitere Ziele des Entwicklungsplans waren, das Volkseinkommen um 4,5 % jährlich anwachsen zu lassen und das Pro-Kopf-Einkommen der ländlichen Bevölkerung an das der Stadtbevölkerung anzugleichen. Der Export sollte eine jährliche Steigerung um 12 % erfahren, ebenso der Tourismus. Auch die Produktion von Erdnüssen, Reis, Hirse und Baumwolle sollte noch erheblich vergrößert werden.

Von dem vorgesehenen Förderprogramm ist ein erheblicher Teil durch

Dieser Brunnen ist ein Werk des Gambian German Well Project

Kreditaufnahme im Ausland finanziert worden. 1977 konnte die Regierung jedoch größere Anleihen bei der gambischen Central Bank aufnehmen und war damit in der Lage, die ausländischen Kredite zu reduzieren. 1981 betrugen die öffentlichen Auslandsschulden 213,6 Mill. US-$, 1977 waren es nur 88,3 Mill. US-$.

Nach dem zweiten Fünfjahresplan, der zunächst die Jahre 1981/82 bis 1985/86 umfaßte, sollten insgesamt 475 Mill. Dalasi investiert werden, überwiegend zur Weiterentwicklung der Landwirtschaft. Durch Schaffung von etwa 1500 ha neuen Reisanbaugebieten sollte die Eigenproduktion von Nahrungsmitteln gesteigert werden. Ferner war der weitere Ausbau des Seehafens und des Flughafens vorgesehen. Im zweiten Halbjahr 1984 mußte dieser Plan wegen der schlechten Wirtschaftslage nach den Ernteausfällen der Jahre 1983 und 1984 revidiert werden. Er wurde außerdem auf die Haushaltsjahre 1986/87 und 1987/88 erweitert. Seit Beginn der 80er Jahre haben die Zuschüsse aus dem Ausland stark zugenommen. Für 1991/92 sollten sie auf das Elffache von 1982/83 steigen, was fast einem Viertel des gesamten Haushalts entspricht.

Die gambische Wirtschaft hatte trotz der umfangreichen Maßnahmen seit Mitte der 70er Jahre eine ungünstige Entwicklung genommen. Deshalb wurde 1985 zusammen mit dem Internationalen Währungsfonds und den wesentlichen Geldgebern das Economic Recovery Programme ausgearbeitet, das u.a. die Freigabe des Wechselkurses und eine differenzierte Förderung der Wirtschaft beinhaltet, außerdem Umschuldungsprogramme sowie die Vereinbarung über neue Kredite und die Umwandlung von Krediten in Zuschüsse. Ein neues Reformprogramm der Regierung, das Programme for Sustained Development, wurde durch die Weltbank, die Internationale Entwicklungsorganisation und die Niederlande mit 36,8 Mill. US-$ unterstützt. Es zeichnen sich durch die Einhaltung der Vorgaben merkliche Verbesserungen in der wirtschaftlichen Entwicklung ab.

Kulturelle Grundlagen

Rückblick

Jahrhundertelang hatte man den Afrikaner mit dem höchst beleidigenden Schimpfwort »Neger« bezeichnet und ihm jegliche Kultur abgesprochen; man sah in ihm einen auf niederer Stufe stehenden Barbaren und konnte so um so leichter die skrupellose Sklavenjagd rechtfertigen. Erst in neuerer Zeit ist das Interesse der westlichen Welt an den lange verleugneten afrikanischen Kulturen erwacht, was sich in zahlreichen historischen und kulturellen Forschungsarbeiten dokumentiert, aber auch vermehrt in Veröffentlichungen und Ausstellungen über afrikanische Kunst, wie beispielsweise die hervorragende und umfangreiche Afrika-Ausstellung im Berliner Martin Gropius-Bau im Frühjahr 1996. Im Gambia-Tal beteiligen sich an der systematischen Erforschung des Landes seit nunmehr vielen Jahren vor allem Franzosen, Belgier, Kanadier, Amerikaner und Engländer.

Es ist erwiesen, daß der Trans-Sahara-Handel schon in den frühesten geschichtlichen Perioden kulturelle Einflüsse aus dem Niltal, aus dem Nahen Osten und sogar von Persien und Indien in die westafrikanische Region gebracht hat. Während des europäischen Mittelalters entstanden in Westafrika mächtige Großreiche mit hohem kulturellem Niveau, wie z. B. Ghana, Songhai und Mali. Gambia war zwar nie das Zentrum dieser großen Königtümer, stand aber unter ihrem politischen, sozialen und kulturellen Einfluß.

Das Ghana-Reich – durch seinen großen Goldreichtum berühmt – hatte als erstes westafrikanisches Staatsgebilde die hochentwickelte Kulturform eines Priesterkönigtums mit festen Herrscherdynastien und einer straffen Sozialordnung hervorgebracht. Mali wurde noch größer und einflußreicher als Ghana; es übertraf, so heißt es, sogar Ägypten an Reichtum, Macht und territorialer Ausdehnung. Die bedeutende Handelsmetropole Timbuktu am oberen Niger war das afrikanische Gelehrtenzentrum mit reichhaltigen Bibliotheken, berühmten Fakultäten und Koranschulen, wo auch die weisen Männer und wandernden Marabut-Lehrer vom Gambia-Strom ihre Ausbildung erhielten.

Doch schon im 16. Jh., als die Ankunft der Europäer den lukrativen Überlandhandel zugrunde gerichtet hatte, waren die alten westafrikanischen Reiche nur noch ein Schatten ihrer selbst. Nur wenige Baudenkmäler sind uns von diesen blühenden und hochentwickelten Kulturen erhalten. Klima und Zerstörung durch Insekten, insbesondere durch Termiten, haben das ihre dazu beigetragen. Tiefgreifende Folgen für das kulturelle Leben der Völker am Gambia-Fluß hatte die Einführung des islamischen Glaubens. Die animistischen und matriarchalisch orientierten Stammeskulturen wurden beim ersten frühen Kontakt mit der neuen Religion zwar rein äußerlich umgeformt, doch konnten diese Völker über lange Zeit einen großen Teil der starken Traditionen in ihren Sitten und Gebräuchen bewahren. Erst durch die Soninke-Marabut-Kriege, als die meisten Gambier zu strenggläubigen Muslimen bekehrt wurden, erfolgte eine einschneidende kulturelle Umwälzung. Bis dahin hatte im religiösen Empfinden der westafrikanischen Savannenvölker der Ahnenkult die entscheidende Rolle gespielt und war die treibende Kraft für das Kunstschaffen gewesen. Als Abbilder der Verstorbenen waren Holzplastiken und -masken für kultische Handlungen im Gebrauch. Aber seit der Islamisierung finden wir in Gambia – bis auf wenige Schnitzereien einiger Jola – fast keine authentischen Kunstschöpfungen mehr.

Eine Besonderheit der westafrikanischen Kultur ist die starke Tradition der mündlichen Überlieferung, die sich nicht nur in Gambia bis in die heutige Zeit erhalten hat und der in einem neuerwachten afrikanischen Traditionsbewußtsein verstärkt Beachtung geschenkt wird.

Sprachen

Gambias Amtssprache ist Englisch und wird von über 50 % der Bevölkerung mehr oder minder gut gesprochen. Als zweite nicht-afrikanische Sprache ist Französisch durch die engen Beziehungen zum französischsprachigen Senegal im Gebrauch. Doch dienen diese westlichen Sprachen überwiegend der Kommunikation mit Geschäftsleuten und Ausländern. Im Zuge der Afrikanisierung und Identitätsfindung ist auch in Gambia erneut das Selbstbewußtsein für die afrikanischen Muttersprachen erwacht. Fälschlicherweise werden die Sprachen der verschiedenen Völker noch oft als Dialekte diskriminiert. (Allein in Westafrika gibt es fast 600 eigenständige Sprachen.) In Gambia sind die dominierenden und am weitesten verbreiteten Sprachen Mandinka, die Sprache der Mandingo (40 %), Ful oder Fula, die Sprache der Fulbe (12–15 %), und Wolof, die Sprache der Wolof (12–15 %). Manche dieser Sprachennamen werden von den Gambiern zugleich als Bezeichnung für das jeweilige Volk verwendet: Man nennt den Mandingo »Mandinka«, den Fulbe-Hirten »Fula«. Daneben findet man eine Vielfalt von Abwandlungen der Völkernamen vor, z. B. Serahuli = Saruhele, Sarakole, Sarakhole oder Serahuley. Die verschiedenen Variationen sind z. T. geographisch-historisch bedingt – z. B. heißt das in Guinea-Bissau lebende Volk der Mandingo »Malinke« –, sie erklären sich aber auch aus der Tatsache, daß die alten afrikanischen Sprachen keine Schriftsprachen sind. Unterschiedliche Sprech- und Schreibweisen existieren nebeneinander, z. B. Wolof – Wolloff – Jollof – Djollof (hier soll es angeblich 18 verschiedene Möglichkeiten geben) oder Jola – Diola – Dyola – Djola – Djolla. Verwirrend sind auch die unterschiedlichen Ortsnamen auf den Landkarten; z. B. handelt es sich bei »Albreda« und »Albadarr« um ein und denselben Ort.

Man hat damit begonnen, einige der afrikanischen Sprachen schriftlich zu fixieren. Für Englisch–Mandinka und Wolof–Englisch sind Wörterbücher erschienen. Schon 1823 wurde durch die Briten unter Mithilfe von Wolof aus Bathurst ein Wolof-Vokabelverzeichnis aufgestellt. Schulanfänger werden heute – wenn möglich – zuerst in ihrer Muttersprache unterrichtet, während das zu den Mande-Sprachen zählende Mandinka in arabischer Schreibweise den Kindern schon seit Generationen gelehrt wird. Von bisher nur mündlich überlieferten Legenden liegen Publikationen in der Originalsprache vor.

Eine alte Schriftsprache in Gambia ist das Arabische. Die Sprache der arabischen Händler fand durch den Trans-Sahara-Handel Eingang in die Herrscherhäuser der westafrikanischen Reiche und ließ berühmte Gelehrtenzentren wie Timbuktu entstehen. Aber erst durch die Islamisierungswelle des letzten Jahrhunderts wurde Arabisch auch breiteren Bevölkerungsschichten vertraut. Darüber hinaus ist Arabisch bis heute die Muttersprache der in Gambia lebenden Angehörigen arabischer Völker geblieben.

Aus dem Nebeneinander und Miteinander so vieler verschiedener Völker ergibt sich von selbst, daß die meisten Bewohner Gambias schon von klein auf mehrsprachig aufwachsen. Es folgt daraus aber auch eine Vermischung der Sprachen; die Wolof-Sprache ist besonders vom Französischen und Arabischen beeinflußt worden, die Mandinka-Sprache vor allem vom Portugiesischen, Englischen und auch vom Arabischen. Viele Gambier, die mit ausländischen Gästen Umgang haben, sprechen deren Sprache oft erstaunlich fließend.

Religionen

Gambia ist ein islamischer Staat, 95,4 % der Bevölkerung bekennen sich zu den Lehren Mohammeds. Den christlichen Religionen – vor allem vertreten durch die anglikanische, die römisch-katholische und die methodistische Kirche – mit einem Gesamtanteil von 3,7 % gehören in erster Linie Aku und Wolof an. Die Zahl der Animisten, die 1963 noch 29 % betrug, hat in den letzten Jahren kontinuierlich abgenommen.

Vor der islamischen und christlichen Missionierung lebten alle Bewohner des Gambia-Tals – also die Vorfahren der Jola und Serer – im animistischen Glauben. Die animistische Weltanschauung mit ihrer sehr differenzierten Mythologie verband schon die frühesten Siedler im Gebiet von Senegal, Gambia und Casamance. Das Leben war von Zauber, Magie, Tabus und dem Glauben an Naturgottheiten bestimmt; verehrt wurde der Gott der Sonne und des Mondes, es gab u. a. Fluß- und Krokodilgötter; der Gott des Regens beispielsweise war von so großer Bedeutung, daß er gleichzeitig die Gottheit für Gut und Böse repräsentierte.

Das große Gebet am Id el Fitri-Fest zum Ende des Fastenmonats Ramadan

Den animistischen Religionen liegt der Glaube an die Beseeltheit aller Dinge zugrunde (anima = Seele), was folgerichtig zum Glauben an die Wiedergeburt und die Unsterblichkeit führen mußte. Die Seele des Verstorbenen wartet in der Welt der Geister in unmittelbarer Nähe seiner Familie auf die Wiedergeburt, ob nun als Mensch oder als ein anderes Lebewesen. Daher fußt die animistische Weltanschauung auf dem Ahnenkult mit seinem komplizierten kausalen System von kosmischen Regeln, in dem übernatürliche, unsichtbare Kräfte gewisse Verbote, Riten und Bräuche notwendig machen. Magie und Religion bestimmen alle sozialen Verhaltensmuster. Im Gegensatz zur christlichen Religion, in der das Individuum die entscheidende Rolle spielt, ist im traditionellen afrikanischen Glauben der Einzelmensch ausschließlich als Teil der Gemeinschaft von Bedeutung. Die Gemeinschaft, in

Moschee in Sucar, einem kleinen Dorf in der Nähe von Brikama

die auch die Seelen der Ahnen als verstorbene und kommende Lebewesen integriert sind, hat absolute Vorrangstellung bei der Tätigkeit des einzelnen, seiner gesellschaftlichen Position und sogar noch in seinem Tode.

Heute findet man in Gambia im wesentlichen nur noch unter den Jola kleine Gruppen von Animisten vor. Sie werden zwar von den Andersgläubigen toleriert, aber doch im gewissen Sinne als rückständig betrachtet. Andererseits ist man allgemein darum bemüht, die traditionellen kulturellen Werte der verbliebenen Naturreligionen zu erforschen und zu erhalten. Der islamische Glaube ist in den westafrikanischen Ländern auf dem animistischen Fundament errichtet worden. Besonders zu der Zeit, als die Muslime noch in der Minderheit waren, wurden die religiösen Praktiken des Islam mit den Bräuchen der traditionellen afrikanischen Religionen vermischt. Selbst

nach der umwälzenden islamischen Missionierungsbewegung in den Soninke-Marabut-Kriegen haben sich bis heute bei den gambischen Muslimen animistische Sitten erhalten können. Im gläubigen islamischen Volk ist teilweise noch die Ahnenmythologie verwurzelt, z. B. im Glauben an die Geister der Vorfahren in heiligen Baobabs (Affenbrotbäumen) oder in heiligen weißen Krokodilen. Allerdings ist der Glaube an die Reinkarnation unter den gambischen Muslimen nicht mehr verbreitet.

Die Islamisierung Gambias kann in den letzten Jahren auf neue Erfolge zurückblicken: Während 1963 nur 64 % der Bevölkerung Muslime waren, bekennen sich heute nicht einmal 5 % zu einer nicht-islamischen Religion. Die meisten gambischen Muslime gehören der orthodoxen Hauptströmung des sunnitischen Islam an und praktizieren ihren Glauben tief religiös, aber nicht fanatisch radikal. Wie für alle islamischen Völker ist für die Muslime in Gambia der Fastenmonat Ramadan eines der wichtigsten religiösen Ereignisse. Den Beginn dieses beweglichen Festes kündet das allererste Erscheinen der Mondsichel an. Nach einem enthaltsamen Leben am Tage, begehen die Gläubigen jeden Abend nach Sonnenuntergang das gemeinsame Festmahl, und die ganze Nacht hindurch sind flußaufwärts Trommelklänge zu hören. Der Freitag ist für die Muslime Gebetstag, dennoch bleibt seit der Kolonialzeit der Sonntag offizieller Feiertag in Gambia. Eine westafrikanische Erscheinung im Islam sind die Marabuts, die die traditionelle Führungsposition der Ältesten mit der der geistlichen Oberhäupter in sich vereinen. Während der Islamisierung Gambias waren es zunächst die sehr einflußreichen Ältesten, die Arabisch lesen und schreiben lernten. Das waren Fähigkeiten, die ihnen in einer Bevölkerung, die bislang nur die mündliche Überlieferung kannte, das Ansehen von Zauberern einbrachte. Diese strenggläubigen Marabuts haben bis heute nichts von ihrem sozialen oder politischen Einfluß eingebüßt. Wegen ihrer umfangreichen naturmedizinischen Kenntnisse werden sie als »Medizinmänner« konsultiert, ihr Wort gilt als das eines Propheten; als heilige Männer fertigen sie *ju-jus* (Amulette) zur Abwehr gegen böse Kräfte an.

Ein Teil der gambischen Muslime hat sich islamischen Bruderschaften, wie der Quadiria und der Tidjania, deren Anhänger unter konservativen Gläubigen zu finden sind, angeschlossen. Die Hamalia ist eine Bruderschaft, die eher die jüngere Generation anspricht, ebenso wie die Muriden, die älteste Bruderschaft, die sich im Senegal zur Bekämpfung der französischen Kolonialherren formiert hatte. Die islamische Sekte der Ahmadiyya (siehe S. 82, 170) stammt aus Pakistan.

In Gambia hat der Islam bisher keine Politisierung erfahren, und es zeichnet sich bislang nicht die Tendenz ab, daß er hier zum umfassenden Staatssystem werden könnte. Gambias Islam weist keine fremdenfeindlichen und antiwestlichen Einstellungen auf; er zeigt keinen Widerstand gegen den technischen Fortschritt, sondern läßt sich in die moderne Gesellschaftsordnung eingliedern. Zusammenarbeit und Solidarität in der islamischen Gemeinde, eine der wichtigsten Forderungen des Koran, hat in Gambias Sozialstruktur schon eine lange Tradition mit historischen Wurzeln in der Großfamilie und Dorfgemeinschaft. Vielleicht ist das einer der Gründe, warum es hier bislang keine religiös motivierten Auseinandersetzungen gab. Muslime und Christen leben in manchen Familien eng zusammen. Ihre religiöse Toleranz kann sogar so weit gehen, daß ein überzeugter Christ seiner islamischen Schwester jährlich die Pilgerreise nach Mekka finanziert.

Das Christentum kam etwa 1460 mit portugiesischen Missionaren an den Gambia-Fluß; bekannt aus jener Zeit sind der Abt Soto de Cassa und der junge John Delgado, von denen behauptet wird, daß sie die Kirche San Domingo in Juffure erbauten. Die christlichen Missionen jedoch haben erst seit der Gründung von Bathurst (1816) in Gambia Fuß gefaßt, sind aber durch die Dominanz des Islam stets recht klein gehalten worden. Die erste katholische Mission konnte sich nicht vor 1849 etablieren, obwohl schon 27 Jahre vorher eine Schwester aus dem Orden des Heiligen Joseph von Cluny, Anne-Marie Javouhey, nach Gambia gekommen war. Jahrzehnte hindurch war die Arbeit der Missionare, vor allem durch grassierende Seuchen, stark eingeschränkt und wurde erst Anfang des 20. Jh., nach Ankunft des irischen Priesters John Meehan, effektiver. 1951 wurde dieser Missionsbezirk zur apostolischen Präfektur ernannt, und seit 1957 ist Bathurst bzw. Banjul Bischofssitz. Neben ihrer Kathedrale in der Hagan Street unterhält die katholische Gemeinde Gambias Kirchen in Serekunda und Bakau sowie einige Missionsstationen im Inland.

Obgleich Gambia britische Kolonie war, hat sich die anglikanische Kirche nur zögernd ausgebreitet; in erster Linie traten die Aku in Bathurst dem anglikanischen Glauben bei. Um die Jahrhundertwende errichteten die Anglikaner in der Hauptstadt die St. Mary's Cathedral. Andere Kirchen wie die St. Andrew's Church in der Nähe von Lamin am Gambia-Nordufer, die St. Paul's Church in Bakau, die Christ Church in Serekunda und die St. Cuthbert Church in Basse folgten.

Die ersten britischen Methodisten, John Morgan und John Baker, kamen direkt nachdem Alexander Grant den militärischen Stützpunkt Bathurst errichtet hatte. Der neue Glaube fand besonders unter den Aku und Wolof in Bathurst und später unter den befreiten, im Landesinneren angesiedelten Sklaven seine Anhänger. Unter methodistischer Leitung entstanden schon bald die ersten Schulen und Kindergärten und 1835 die Wesley Church in der heutigen Dobson Street in der Hauptstadt. Wie die anderen Konfessionen haben auch die Methodisten Kirchen in Serekunda und Bakau.

Bildung

Die ersten Schulen in Gambia waren die arabischen Koranschulen und die christlichen Missionsschulen der Briten. Während das Schulwesen in den ehemaligen Kolonien von Bathurst und MacCarthy Island bis in deren Gründungsjahre zurückreicht, wird die allgemeine Schulbildung im Hinterland erst seit gut 30 Jahren besonders gefördert und ausgeweitet. Als die Regierung in den ländlichen Bezirken 1962 die Verantwortung für die Erziehungspolitik übernahm, gab es hier nur 34 Grundschulen. In enger Zusammenarbeit mit der UNESCO und mit Erziehungsexperten aus aller Welt – vor allem aus Amerika und aus afrikanischen Ländern – wird heute die Entwicklung des Erziehungswesens vorangetrieben. 1978 wurde die Educational Planning Unit errichtet, in der ein Erziehungsplaner der UNESCO Mitarbeiter ist.

Für die Zwei- bis Siebenjährigen gibt es überall im Staat Day Care Centres, die auf dem Land oft in traditionsgemäßer Weise von den Großmüttern betreut werden. Überwiegend im städtischen Bereich wird Kindern in den beiden letzten Jahren vor Schulbeginn in Kindergärten Vorschulerziehung angeboten. Seitdem viele dieser Einrichtungen privat und kostenpflichtig geworden sind, ist der Besuch rückläufig.

1990 wurde das Einschulungsalter von acht auf sieben Jahre herabgesetzt. Eine Schulpflicht besteht in Banjul und Serekunda. Die Schulbildung ist nach britischem Vorbild aufgebaut. Nach sechsjährigem Besuch der Primary School (Grundschule) und einem guten Abschlußexamen werden die Absolventen in die Secondary High School übernommen, die nach fünf Jahren mit dem O-Level-Examen beendet wird. Danach ist der Weg offen für die Gambia High School in Banjul, die zwei Jahre lang besucht werden kann und in der drei Unterrichtsfächer zur Wahl stehen. Das A-Level-Examen der Banjul High School berechtigt zum Universitätsstudium. Da Gambia noch keine Universität besitzt, müssen die Gambier zum Studium ins Ausland gehen, vorwiegend in die USA, nach Großbritannien, Nigeria oder Sierra Leone, aber auch nach Rußland. Die Gesamtzahl von Schülern und Studenten stieg zwischen 1970/71 und 1984/85 um 255 % an.

Einen zweiten Bildungsweg für weniger erfolgreiche Abgänger der Primary School bietet der vierjährige Besuch der Secondary Technical School. Er eröffnet folgende Möglichkeiten: In den Vocational Training Centres (berufsbildenden Schulen) in Banjul, Farafenni und Sapu können technische, handwerkliche und landwirtschaftliche Berufe erlernt werden; in der Gambia School of Nursing, in der School for Assistant Nurses und in der School of Public Health wird Krankenpflegepersonal ausgebildet; im Gambia College in Yundum erfolgt sowohl die Ausbildung von Lehrern als auch die von landwirtschaftlichen Assistenten.

Ein neuer Bildungsplan sieht ein kontinuierliches Schulsystem bis zum Abschluß der Secondary High School vor (drei Jahre Junior Secondary School und sechs Jahre Senior Secondary School) und danach erst die Aufspaltung in akademische und technische Zweige. In einem Zehnjahresplan stand die Ausbildung auf dem Agrarsektor an dringlicher Stelle. Große Sorgfalt schenkte das Erziehungsministerium einer systematischen Umgestaltung der Lehrbücher und Lehrpläne für spezifisch gambische Bedürfnisse, denn während der Kolonialzeit mußten die gambischen Schüler beispielsweise aus britischen Schulbüchern die Geschichte der Europäer auswendig lernen.

Der Besuch der Staatlichen Schulen ist heute kostenlos, bis auf die Beträge für Schulspeisung und Schulhefte. Extrakosten entstehen außerdem für die Anschaffung der Schulkleidung, und oftmals müssen die Eltern für Schultische und -stühle sorgen. Für viele ärmere Familien bedeutet der Schulbesuch ihrer Kinder immer noch eine starke finanzielle Belastung.

Neben den staatlichen Schulen gibt es, insbesondere im höheren Schulwesen, auch einige bedeutende Missionsschulen. Weiterhin sind im ganzen Land verteilt einflußreiche Koranschulen, in denen Arabisch gelehrt wird.

1989/90 hatte Gambia insgesamt 232 Grundschulen, was gegenüber 1970/71 einer Zunahme von 144 % entspricht. Der Prozentsatz der Jungen liegt in allen Schulen zwar immer noch etwas höher als der der Mädchen, doch macht sich inzwischen bemerkbar, daß von Anfang an der Ausbildung der Mädchen besondere Aufmerksamkeit geschenkt wurde: Von den 75 177 Grundschulkindern, die 1989/90 die Schule besuchten, waren immerhin 43 % Schülerinnen, und es standen 2 451 Grundschullehrkräfte zur Verfügung. Die weiterführenden Schulen konzentrieren sich in Banjul und Kombo-St. Mary (Ausnahme: die Armitage High School in Georgetown und die neue High School in Soma). Im Jahr 1977 konnten nur etwa 25 % der Kinder im schulpflichtigen Alter im Landesinneren eine Schule besuchen. Schätzungen für 1983 geben schon 62 % an, und der Prozentsatz hat in den letzten Jahren stetig zugenommen.

Die Regierung bemüht sich zusammen mit den Distrikt-Behörden, den großen Mangel an Lehrern, Unterrichtsräumen und -material abzubauen. Noch 1973 hatten 91 % der Bevölkerung keine abgeschlossene Schulbildung. Ein Teil der Bevölkerung hat sich im Zuge der Erwachsenenbildung oder während einer kurzen und unvollständigen Schulzeit Grundbegriffe im Lesen, Schreiben und Rechnen angeeignet, und so ging die Analphabetenquote (bei Personen über 15 Jahren) inzwischen von 94 % (1962) auf 73 % (1990) zurück. Oft wird in der Statistik außer acht gelassen, daß sich im ganzen Land Koranschulen befinden, in de-

Der Imam mit seinem Sohn und der Lehrer in einem kleinen Dorf Up River

nen die Kinder in Arabisch oder auch in ihrer Muttersprache, Lesen und Schreiben lernen.

Die Erwachsenenbildung wird von den staatlichen und konfessionellen Schulen und von den verschiedenen Frauenorganisationen (durch Kurse in Gesundheitspflege, Hauswirtschaft usw.) stark gefördert. Wie in vielen aufstrebenden Ländern der Dritten Welt, ist bei der gambischen Bevölkerung in allen Altersstufen ein starker Bildungshunger zu beobachten. Nur durch eine gute und umfassende Bildung kann ein junges Entwicklungsland seine innere Autonomie im weltweiten Konkurrenzkampf behaupten und Fortschritte auf dem Weg zu einer größtmöglichen wirtschaftlichen Un-

abhängigkeit machen. Problematisch ist die Tatsache, daß die im Ausland ausgebildeten Intellektuellen vielfach nicht mehr in ihre Heimat zurückkehren wollen, weil sie dort keine ihrer Qualifikation entsprechenden oder nur schlecht bezahlte Arbeitsplätze vorfinden.

Die Regierung legt neben der Förderung der Schulbildung großen Wert auf die Ausbildung fähiger und identitätsbewußter Staatsbürger. Im President's Award Scheme war nach britischem Modell ein Medaillensystem für hervorragende Leistungen geschaffen worden. Jugendliche im Alter von 14 bis 25 Jahren sollen angespornt werden, sich in lebensnahen Bereichen zu üben, ihr Wissen, ihre Interessen und ihre individuellen Fähigkeiten zu entwickeln und vor allem ihre sozialen Bindungen an die Gemeinschaft zu festigen.

In den letzten Jahren haben sich mit großem Erfolg mehrere privat organisierte und finanzierte Projekte im Bildungs- und Sozialwesen etabliert, z. B.:

1. Umfaßt der Komplex des SOS-Kinderdorfs im Hermann Gmeiner Drive in Bakoteh neben dem Kinderdorf eine Grundschule sowie eine Klinik, ein Jugendheim und außerdem Sozialmietshäuser, die nach einer gewissen Mietdauer zum Eigentum werden können; das gesamte Personal wird von Gambiern gestellt.
2. Das von Deutschen finanzierte Wattenscheid-Kinderdorf in Brikama, zu dem auch eine High School gehört.
3. Das ebenfalls von Deutschen finanziell unterhaltene Bottrop-Kinderdorf in Brikama.
4. Die Missionary of Charity in Serekunda (Tel. 37 21 24).
5. Das 1990 in Banjul gegründete internationale private Projekt »Schools for Progress«, das sich u.a. eine Verbesserung der Lehr- und Lernbedingungen zur Aufgabe gemacht hat (66, O. A. U. Boulevard, Banjul, Tel. und Fax 22 80 95).

Massenmedien

Der Rundfunk nimmt unter den Massenmedien Gambias die dominierende Stellung ein. Der Besitz eines Transistorradios gilt inzwischen auch in den entlegensten Dörfern längst nicht mehr als Statussymbol. Die 1962 gegründete staatliche Station »Radio Gambia« strahlt täglich 12 bis 16 Stunden lang Informationssendungen, Unterrichts- und Unterhaltungsprogramme in Mandinka, Wolof, Fula, Jola, Serahule und Englisch aus. Außerdem gibt es in Banjul die kommerzielle Rundfunkstation

»Radio SYD«, die 1967 von einer Schwedin gegründet wurde; Syd heißt auf Schwedisch Süden. Der Sender bietet täglich ein zwanzigstündiges Programm: überwiegend Musiksendungen, daneben auch Wirtschaftsmeldungen und Informationssendungen in verschiedenen Landessprachen, Englisch und Französisch sowie Touristeninformationen in Schwedisch. Fernsehen existiert in Gambia noch nicht, doch können Programme aus Senegal empfangen werden.

Großer Beliebtheit erfreut sich bei allen Gambiern das Kino. Auf dem Programm stehen asiatische Liebes- und Kriegsfilme und außerdem amerikanische Filme. Auch Videofilme haben regen Zuspruch.

Die gambische Presse hat durch die sinkende Analphabetenquote in den letzten Jahren sehr an Bedeutung gewonnen. Seit dem Putsch sind drei neue Zeitungen auf den Markt gekommen, denn der Gambier auf der Straße ist am täglichen Geschehen, besonders am politischen, äußerst interessiert. Die »Foroyaa« (Freedom) und die »New Citizen« erscheinen einmal in der Woche, »The Point« zweimal und die »Gambia Daily« dreimal wöchentlich. Größte Tageszeitung ist der »Observer«, der fünfmal pro Woche erscheint.

Literatur, Musik und bildende Kunst

Auf dem afrikanischen Kontinent hat Westafrika von alters her eine bedeutende literarische Stellung inne, die auf einer jahrhundertealten traditionellen Erzählkunst beruht. Die Sprache dieser mündlichen Literatur ist von großem kraftvollem Ausdruck, voll Humor, Gefühl und Magie. Sie enthält typische Stilelemente, wie Symbole, Steigerung durch Wiederholungen, Sprichwörter, Rätsel. In vielen abgelegenen Dörfern

Der balofong-Spieler führt den Einzug der Ältesten bei einem Dorffest an

Gambias finden wir heute noch diese alte afrikanische Erzählkunst. Legenden, Mythen und Sagen werden von den Ältesten vorgetragen, nicht nur zur Unterhaltung, oft auch zur Belehrung ihrer Zuhörerschaft. Wenn einer dieser Ältesten stirbt, ist der Schaden genau so groß, sagte der westafrikanische Schriftsteller und Philosoph Amadou Hampâté Bâ, als wäre eine ganze Bibliothek in Flammen aufgegangen. Die mündliche Überlieferung von Geschichten war ein so bedeutendes Phänomen in der gambischen Gemeinschaft, daß eigens für diese Oral History eine soziale Kaste zuständig war, die *griots*, in Mandinka *jalo* und in Wolof *gewel* genannt. Heute noch geben diese traditionellen Preissänger die reiche und unerschöpfliche literarische und musikalische Kunst Westafrikas weiter.

Die *griot*-Tradition der Mandingo ist von arabischen Dichtern und islamischen Preissängern beeinflußt worden. Ihr Ursprung reicht bis weit in die Zeit vor die Gründung des Mali-Reiches zurück. Doch erst unter dem ersten Mali-Herrscher, Sunjata Keita, gewannen die *griots* ihre bedeutende Rolle in der Mandingo-Gesellschaft. Sunjatas *griot*,

der berühmte Ballafasy Kuyateh, wird als Begründer der *griot*-Kaste angesehen. Er spielte das *balofong*, eine Xylophon-Art, die bis heute ein verbreitetes Instrument in Gambia ist. Einer seiner drei Söhne machte Mandinkaba zum Zentrum der *griot*-Tradition. Und noch heute betrachten sich viele *griots* erst dann als qualifiziert, wenn sie eine Pilgerreise nach Mandinkaba unternommen haben.

Koriya Musa Suso, ein berühmter Vorfahre aus einer heute noch führenden *griot*-Familie, soll die *kora* erfunden haben, ein polyphones lautenähnliches Zupfinstrument mit 21 Saiten über einer großen halbierten und mit Ziegenhaut bespannten Kürbisschale. Koraspieler sind ursprünglich nur in Gambia, der Casamance und in Guinea-Bissau, den ehemaligen Territorien des historischen Kabu-Reiches, wo die *griot*-Tradition nach dem Untergang des Mali-Reiches eine neue Blüte erlebte, anzutreffen.

Die *griots* spielten bei den historischen Mandingo, Wolof, Serahuli und Fulbe eine wichtige Rolle. Obgleich sie einer niederen Kaste angehörten, genossen sie hohes Ansehen in den Herrscherhäusern und führenden Familien, die jeweils ihre eigenen *griots* besaßen.

Niemand kannte die historischen Ereignisse so gut wie die *griots,* sie waren regelrechte lebende Chroniken. Gleich modernen Journalisten wußten sie alle Einzelheiten der gegenwärtigen lokalen Geschehnisse. King makers wurden sie genannt, denn sie waren die Preissänger ihrer Herren und deren Ahnen und gleichzeitig die geachteten und maßgeblichen Ratgeber, Botschafter, Diplomaten und Kriegsführer der Könige. Als Krisenmanager bewiesen sie ihre hervorragenden psychologischen Qualitäten. Für die traditionelle Sozialstruktur lag ihre Bedeutung in der Bewahrung der kulturellen Werte und wichtigen sozialen Sitten und Bräuche. Sie waren aber auch mystische Gestalten, deren Leichen man gewöhnlich in hohlen Affenbrotbäumen bestattete, weil man annahm, daß sie in der Erde den Pflanzenwuchs und im Meer die Fische vergiften würden. Die *griots* wurden erst Mitte des 19. Jh., als die Vorherrschaft der Mandingo gebrochen war, von den islamischen Marabuts aus ihrer Machtstellung verdrängt.

Obgleich die modernen *griots* sich einen Teil ihrer traditionellen Funktio-

Der in Westafrika berühmte griot Jali Nama Suso mit seiner kora

nen bewahren konnten – wie die des Heiratsvermittlers, Friedensstifters, Historienerzählers –, werden sie im Zeitalter der Massenmedien mehr und mehr in die Rolle des bezahlten Musikers und Unterhalters abgedrängt,

Trommel-Unterricht in der Rheakunda-Tanz- und Trommelschule in Sanyang

denn sie sind nicht wie früher mit ihren Vorfahren und Nachkommen an einen Herrn und dessen Familie gebunden. Von seiten der Regierung, insbesondere des staatlichen Kulturarchivs, ist man bemüht, alte *griot*-Lieder zu konservieren und die bleibenden kulturellen Werte dieser Tradition aufzuarbeiten und zu bewahren. Selbst in Europa und Amerika kannte man den berühmten *griot* Jali Nama Suso, der im Frühjahr 1995 verstorben ist. Andere *griots,* deren Musik auch im westlichen Ausland populär ist, sind z. B. Mori Kante, Malamini Jobateh, Dembo Konte. Foday Musa Suso ist einer der bekanntesten Vertreter der *griot*-Tradition, und er kann stellvertretend für eine ganze Musikergeneration in Afrika stehen. Er hat die traditionelle dörfliche Lebensweise, die Bedürfnislosigkeit, die rigorosen Familienbindungen, das strenge Lehrer-Schüler-Verhältnis noch selbst erlebt, seine Musik aber in die westliche Welt getragen. Er ging nach Amerika, verband seine Traditionen mit Jazz und Rock und komponierte für Filme. Später kehrte Suso nach Afrika zurück, um die verschiedenen Ausdrucksweisen der *griot*-Traditionen zu dokumentieren und neue Visionen zu realisieren. Dabei faßte er das *griot*-Prinzip der kommunalen Verständigung und Nachrichtenübermittlung viel weiter als üblich, denn seine *griot*-Lieder wurden von größeren Gruppen gesungen und gespielt.

In Gambia gibt es zahlreiche, sehr verschiedenartige Musikinstrumente. Diese Vielseitigkeit hat ihre Ursache darin, daß jedes Volk seine typischen und für besondere Anlässe bestimmten Instrumente entwickelt hat. Die für westliche Ohren bei weitem melodischste Musik bringt die *kora* der Mandingo hervor. Dieses oben beschriebene Instrument wird nur mit beiden Zeigefingern und Daumen gezupft. Das xylophonähnliche *balofong* hat als Resonanzkörper ebenfalls getrocknete, aber kleine Kürbisse, über denen bis zu neunzehn Holzstäbe angebracht sind. Trommeln spielen bei den so rhythmisch veranlagten gambischen Völkern eine wichtige Rolle. Die führende Trommel der Mandingo ist die etwa 75 cm hohe *sabaro*, die mit ei-

Ein Gruppe von Fulbe-Musikern auf einer Gambia-Fähre

nem Ledergurt über der Schulter getragen wird. Nur halb so groß und unterschiedlich in Form und Klangfarbe sind die *kutiriba-* und *kuturindingo-*Trommeln.

Die Wolof haben u.a. ihre *gorong-*Trommel, die in Hockstellung geschlagen wird, und eines ihrer Zupfinstrumente ist das fünfsaitige *halam*, dessen Korpus man aus Keno-Holz herstellt.

Die *boucarabou-*Trommeln der Diolas, nach denen die Frauen gerne tanzen, bestehen aus drei miteinander verbundenen Baßtrommeln.

Typische Fulbe-Instrumente sind das geigenähnliche *rite*, das eine Roßhaarsaite hat und traditionell aus einer Kalebassen-Hälfte hergestellt wird, die mit einer Tierhaut überzogen ist, das *tabiru*, eine Querflöte aus Bambusrohr, in die drei Tonlöcher eingearbeitet sind, oder die traditionelle Trommel *jumbero* mit am Rand angebrachten Bronzeringen.

Neben den z. T. kunstvoll verzierten und geschmückten Musikinstrumenten findet man improvisierte Klangkörper, z. B. über einem Wasserbad liegende Blechschüsseln, die schnell bei der Hand sind, um den Tanzrhythmus aufzuspielen.

Westafrika ist auch das Zentrum der modernen afrikanischen Literatur; dominierend unter den westafrikanischen Ländern ist Nigeria. Von den gambischen Poeten ist vor allem der Aku Dr. Lenrie Peters (Arzt an der Westfield Clinic) überregional bekannt (»The Second Round«, »Satellites«, »Poems«, »Katchikali«). Haben die meisten afrikanischen Dichter bisher nur in ihrer ehemaligen Kolonialsprache geschrieben, so setzen sich in der neueren Literatur allmählich ihre afrikanischen Muttersprachen durch.

In der bildenden Kunst sind mit dem Niedergang der animistischen Kulturen in Gambia alle nennenswerten traditionellen Kunstschöpfungen – die fast ausschließlich Stammeskunst darstellten – verschwunden. Junge Künstler, wie der international anerkannte Momodou Ceesay, vertreten moderne Stilrichtungen.

Kunsthandwerk

In den zahlreichen Zweigen des Kunsthandwerks werden Dinge des täglichen Gebrauchs und Schmuck sowie Gegenstände mit magischer Bedeutung hergestellt, die sowohl von Muslimen als auch von Nicht-Muslimen gekauft werden. Immer größere Bedeutung gewinnt in den letzten Jahren die Anfertigung von Souvenirs für die Touristenmärkte.

Die Töpferei in Gambia hat eine mehr als 4000 Jahre alte Tradition. In der historischen Mandingo-Gesellschaft wurde dieses Handwerk von Sklavenfrauen und den Ehefrauen der Schmiede ausgeübt. Die bekanntesten gambischen Töpfereien findet man

Holzschnitzer

heute bei den Serahuli-Frauen in der Umgebung von Basse. Töpferscheiben sind noch wenig im Gebrauch, man verwendet die seit Jahrhunderten gebräuchliche Bändertechnik.

Als Flechtarbeiten werden Gefäße und Läufer aus verschiedenen pflanzlichen Materialien hergestellt. Baumwoll-Webarbeiten entstehen meist noch auf den traditionellen horizontalen Webstühlen in schmalen Streifen von ca. 25–30 cm. Die einzelnen Völker Gambias haben jeweils ihre typischen Webmuster. Für Lederarbeiten (Schuhe, Taschen etc.) sind die Schuhflicker zuständig. Gegerbt wird mit Hilfe bestimmter Blätter oder Früchte.

Die Holzschnitzerei erlebt mit der Ausweitung des Tourismus einen starken Aufschwung. Menschen- und Tierplastiken, Masken, Fischerboote u.a. werden in allen Größen, meist aus Mahagoni, hergestellt. Die Holzschnitzer arbeiten ohne Schraubstock; mit einer Krummaxt *(deno)* wird die grobe Form vorgefertigt; mit Meißel und Gravier-

messer werden die Feinarbeiten ausgeführt. Ein Teil der Holzarbeiten wird – um den Kaufwünschen der Touristen zu entsprechen – auf »antik« getrimmt (z. B. im Schlammbad), andere Schnitzereien werden mit schwarzer Schuhcreme poliert, um den Gegenständen das Aussehen von teurem Ebenholz zu geben. Echte Ebenholzartikel sind meist aus Mali importiert.

Das metallverarbeitende Handwerk gliedert sich in *nefing numo*, Schmiede, die vor allem für die Herstellung von traditionsgemäßen landwirtschaftlichen Geräten und modernen Bettgestellen zuständig sind, sowie in *sani numo*, Gold- und Silberschmiede. In früheren Zeiten gehörten beide Berufe einer traditionellen Kaste an und wurden meist gemeinsam von ein und demselben Schmied ausgeübt. Bei den Juwelierarbeiten handelt es sich überwiegend um Filigranschmuck. Einer der berühmtesten Goldschmiede des Landes ist Alhaji I. B. M. Jobe in Banjul (Box Bar Road 38).

Holzschnitzereien werden am Strand zum Verkauf angeboten

*Wrestling, der
in Gambia beliebte
Ringkampfsport*

Besonders typisch für Gambia sind die farbenfrohen Stoffe, Kleidungsstücke und Wandbilder in den verschiedensten Batiktechniken, wie in der sog. Bindebatik (ohne Auftragung von Wachs), Stempelbatik, Malbatik. Es werden nur noch wenige (nicht waschechte) Naturfarben, z. B. Indigo und Cola, verwendet; die meisten Farben stammen aus der Bundesrepublik Deutschland (BASF). Führende gambische Batikkünstler sind die Serahuli Musukebba Drammeh und Mamadou Drammeh.

Sport

Fußball ist in Gambia ein populärer Volkssport geworden, der von Erst-

und Zweitligisten bis zur Landesmeisterschaft ausgetragen wird. Der Fußballbegeisterung trugen die Chinesen Rechnung, indem sie den Gambiern als Entwicklungshilfeprojekt ein 38 Mill. US-$ teures und 40 000 Zuschauer fassendes Stadion mit Flutlichtanlage erbauten, das jedoch, vor allem bei internationalen Begegnungen, häufig noch zu klein ist. Unvergessen im Lande ist das Wirken des deutschen Fußballtrainers und Sportjournalisten Holger Obermann als Trainer der gambischen Nationalmannschaft in den 80er Jahren. Tennis, Kricket, Basketball und Golf sind außerdem beliebt; der abgesetzte Staatspräsident Jawara beispielsweise ist ein leidenschaftlicher Golfspieler. Nahe seiner ehemaligen

Residenz befindet sich ein 18-Loch-Golfplatz.

Der Nationalsport Gambias ist jedoch Wrestling. Diese in der Tradition verwurzelten Ringkämpfe werden vorwiegend in Banjul, Serekunda, Bakau und den umliegenden Dörfern an fast allen Wochenenden vor einem großen, begeisterten Publikum ausgetragen. Die beiden rivalisierenden Gruppen athletischer Ringer können aus unterschiedlichen Völkern sowie verschiedenen Orten und Ländern kommen. Wrestling in der senegambischen Region hat mit den europäischen Wrestling-Ringkämpfen nicht viel gemein. Die westafrikanischen Spielregeln sind für einen Fremden kaum zu durchschauen. Ziel ist es, den Gegner binnen kurzer Zeit auf den Boden zu werfen. Der Kampf erinnert an das Kräftemessen der Vorfahren; Im täglichen Leben versuchen Gambier, ernsthaften körperlichen Auseinandersetzungen möglichst aus dem Wege zu gehen. Wrestling ist ein bei allen sozialen Schichten geachteter und beliebter Sport; und Wrestling-Kämpfer sind angesehene Persönlichkeiten. Viele einflußreiche und mächtige Herrscher früherer Zeiten waren in ihrer Jugend gute Ringer. Unterstützt werden die Spieler durch das engagierte Publikum und Musikgruppen, die ihre Favoriten mit Trommelklängen und Trillerpfeifen anspornen. Im Anschluß an große Kämpfe finden oft Tanzfeste statt.

Mensch und Gemeinschaft

Traditionelles Familien- und Gemeinschaftsleben

In Afrika ist das ganze menschliche Zusammenleben auf der Familie aufgebaut. Die traditionelle afrikanische Familie schließt nicht nur die Kernfamilie ein, die aus Eltern und Kindern besteht, sondern umfaßt eine große Gemeinschaft aller Verwandten einschließlich der verstorbenen Ahnen. Familie, Sippe, Clan, Volk, ja sogar Kaste, sind Begriffe, die sich im afrikanischen Verständnis teilweise überschneiden oder sogar identisch sein können. Auch die Definition von Verwandtschaft ist anders als in der westlichen Welt; neben den leiblichen Verwandtschaftsbeziehungen gibt es eine Solidarität aller Angehörigen ein und derselben Generation. Das schafft ein festes Sozialgefüge mit strengen Bräuchen und Gesetzen. Die ältere Generation der weisen »Großväter« und »Großmütter« hat innerhalb dieses hierarchischen Aufbaus die ranghöchste Stellung inne. Ihre Lebenserfahrung und die Nähe zu den Ahnen befähigt sie, die untergebenen, d. h. jüngeren, Familienangehörigen zu beraten und zu beschützen. In der patriarchalischen Gesellschaftsordnung Gambias ist außerdem der Mann der Frau – allerdings mit Einschränkung – übergeordnet. Weitere Rangeinteilungen resultieren aus der besonderen Sozialstruktur.

Ehe

Die überlieferte Form der Ehe gilt als Gemeinschaftsangelegenheit. Sie ist nicht das Liebesbündnis zweier Menschen, sondern ein Bündnis zwischen zwei Sippen, das die zuständigen Ältesten miteinander vereinbaren. Ehen zwischen Mitgliedern ein und derselben Sippe sind verboten. Die junge Ehefrau zieht zu der Familie ihres Mannes; dadurch geht der Sippe der Frau eine Arbeitskraft und außerdem die mögliche Nachkommenschaft verloren. Deshalb ist es vorgeschrieben, die Familie materiell für diesen Verlust durch ein Brautgeschenk zu entschädigen. Dieses soll zugleich das Ansehen und den Wohlstand der Familie des Mannes dokumentieren; es dient vor allem aber als Pfand, denn bei evtl. Scheidung muß es zurückgegeben werden. Nach herkömmlichem Brauch ist in Gambia die Polygamie verbreitet. Während beispielsweise noch vor rund 100 Jahren Foday Kabba Dumbaya im hohen Alter von fast 70 Jahren 40 Frauen gehabt haben soll, ist die Anzahl der Ehefrauen nach islamischem Gesetz heute auf höchstens vier beschränkt. Genauer betrachtet, handelt es sich bei der Vielehe um mehrere Einehen, die ein Mann mit jeder einzelnen von seinen Frauen eingeht; jeder Ehefrau muß er nach Möglichkeit ein eigenes Haus bauen. Sie hat ihren eigenen Haushalt, teilweise ihre eigenen Felder und das alleinige Verfügungsrecht über ihre privaten Besitztümer. Die ehelichen Beziehungen sind nach einem streng geregelten »Rotationssystem« geordnet.

Compound

Der Ehemann einer Kernfamilie ist zwar für seine Frauen und Kinder verantwortlich, doch fungiert er nicht als Familienvorstand. Eine Kernfamilie allein hat keinerlei soziale – allenfalls eine emotionale – Bedeutung. Erst im Zusammenschluß mit anderen Kernfamilien kann sie eine effektive soziale, ökonomische und politische Verbindung sein. Als kleinste familiäre Ein-

Aus der Luft kann man die Struktur eines Dorfes mit seinen Compounds am besten erkennen

heit gilt deshalb der Compound, der aus der Gründerfamilie und mehreren Kernfamilien aus der Verwandtschaft des Mannes und unverheirateten Mitgliedern einer Volksgruppe zusammengefügt ist, in dem aber auch Fremde integriert sein können. Gemeinsames Oberhaupt ist der Compound-Älteste (compound head), meist das älteste Mitglied der Gründerfamilie.

Im Idealfall hat ein Compound nur eine Feuerstelle, auf der das Essen für alle Compound-Angehörigen gemeinsam von jeweils einer Frau zubereitet wird. Die Reihenfolge für diese Arbeit ist turnusmäßig geregelt. Die Mahlzeiten werden generell in zwei getrennten Gruppen eingenommen: Die Männer essen aus einer Schüssel, die Frauen und Kinder aus einer anderen.

Traditionsgemäß ist der Compound-Älteste Eigentümer und Verwalter des größten Teils der landwirtschaftlichen Besitztümer des Compounds. Mit dem Einkommen aus seinen Feldern und seinem Besitz ist er in erster Linie für das Wohlergehen aller Compound-Mitglieder verantwortlich;

er bezahlt die Brautgeschenke, unterstützt in Not geratene Familien, finanziert gemeinsame Feste usw. Innerhalb der Gemeinschaft wird stets eine größtmögliche materielle Gleichheit angestrebt.

An festgesetzten Tagen müssen alle Männer und Frauen auf den Feldern ihres Compound-Ältesten arbeiten. Dieser regelt alle internen, auch die juristischen, Angelegenheiten seiner Familie und ist Sprecher seines Compounds bei den Zusammenkünften der Dorfältesten.

Stammesfamilie

Die umfassendste familiäre Einheit ist der Volksgruppe, *kabila* (Mandinka), der alle Angehörigen eines Volksstammes innerhalb eines Dorfes, eines Landes und über die Landesgrenzen hinaus einschließt. Gewöhnlich leben zwei oder drei verschiedene Völker in einem Dorf zusammen. Stammesoberhaupt auf dörflicher Ebene ist der Village *kabila* Head, der Älteste unter den Compound Heads eines Volksstammes. Der Village *kabila* Head arbeitet mit den übrigen Compound-Ältesten des Dorfes in allen Angelegenheiten zusammen, die ihren Stamm betreffen, fühlt sich aber auch für die Belange der auswärts lebenden Stammesmitglieder verantwortlich.

Dorfgemeinschaft

Ein Dorf besteht aus mehreren Compounds verschiedener Völker. Village Head ist der Älteste der Gründerfamilie des Dorfes. Er zeichnet zwar letztendlich für sein Dorf verantwortlich, doch werden alle dörflichen Belange vor der Versammlung aller Dorfältesten debattiert, beratschlagt und beschlossen. Der Ältestenrat kann als demokratisches Parlament der Dorfgemeinschaft angesehen werden.

Die Compound-Familie, die Stammesfamilie und die Dorfgemeinschaft waren traditionell autonome Verwaltungs- und Regierungskörperschaften für die speziellen Bereiche ihrer jeweiligen Gemeinschaft.

Traditionelle Sozialstruktur

Im senegambischen Gebiet hatten die Mandingo, die Wolof und die Fulbe ein ähnlich gefügtes Gesellschaftssystem, das in vier wichtige soziale Klassen eingeteilt war: 1. den Adel, 2. die Bürger, 3. die Kasten und 4. die Sklaven. Innerhalb jeder dieser Kategorien gab es außerdem verschiedene Rangordnungen.

Adel

Zum Adel gehörten die regierenden und königlichen Familien, beispielsweise die Nyanchos von Kabu und die großen Kriegerfamilien. Diese hielten an den traditionellen animistischen Stammeskulturen fest und wurden Soninke genannt. Später verwandte man die Bezeichnung Soninke als Synonym für Animisten allgemein.

Bürger

In diese Klasse waren die freien Bauern, die Händler und Muslime eingegliedert. Die Händler brachten dem Adel Wohlstand sowie ökonomischen und politischen Erfolg; auch die islamischen Marabuts stärkten seine Machtposition erheblich. Die Adligen begegneten diesen beiden Gruppen mit großem Respekt; sie unterstützten und beschützten sie als Gegenleistung für ihre wertvollen Dienste. Erst in den Soninke-Marabut-Kriegen änderte sich dieses Verhältnis drastisch.

Kasten

Die dritte Sozialklasse war streng nach Berufen gegliedert. Die Kasten der Mandingo waren die Schmiede, die Musikanten *(griots)* und die lederverarbeitenden Handwerker (Schuhflicker);

die Wolof und Tukolor hatten außer diesen noch die Kasten der Weber und Holzverarbeitenden. Die Mitglieder einer Kaste durften nur ihr traditionsgemäßes Handwerk ausführen. Als Kastenangehörige war es ihnen nicht gestattet, in eine andere soziale Klasse einzuheiraten. Obgleich die Kastenfamilie frei war, gehörte jede zu einer Familie ihrer Wahl aus den beiden übergeordneten Sozialklassen. Von ihrer Herrschaft erhielt sie für ihre treuen Dienste eine umfassende Versorgung und einen guten Lohn. Die Kasten gehörten zwar einer niederen Sozialklasse an, doch genossen sie wegen ihrer besonderen Fähigkeiten hohes Ansehen. Die Schmiede waren eine wichtige Berufsgruppe, weil sie Waffen und landwirtschaftliche Geräte herstellten; sie hatten nach dem Glauben der Bevölkerung übernatürliche Kräfte. Die *griots* waren äußerst einflußreiche und wohlhabende Mitglieder der Gemeinschaft (S. 121, 122).

Sklaven

Diese unterste soziale Schicht war in zwei grundverschiedene Kategorien aufgeteilt: in Haussklaven und Handelssklaven. Die Haussklaven, in der Familie ihres Herrn geboren, waren geachtet, genossen festgesetzte Rechte und hatten das Ansehen der jungen Familienmitglieder, mit denen sie auch gemeinsame Arbeit verrichteten. Sie durften nicht verkauft werden, es sei denn, daß sie kriminelle Handlungen begangen hatten. Unter den Haussklaven gab es verschiedene Rangstufen. Die Sklaven des Königshauses hatten oftmals höheres Ansehen als die freien Bürger, sie galten als weise und ehrenhaft, und ihr politischer Einfluß auf den Herrscher konnte sehr groß sein. Aus ihren Reihen sind besonders königstreue und hervorragende Generäle hervorgegangen. Diese ranghöheren Sklaven hielten sich – ebenso wie

einige Kastenfamilien – wiederum ihre eigenen Haussklaven.

Die Handelssklaven konnten gekauft und verkauft werden. Sie waren meistens gefangengenommene feindliche Krieger oder Kriminelle, die zu Sklaven gemacht worden waren. Wenn ein Handelssklave von seinem Herrn behalten wurde, konnten dessen Kinder und Frauen den Status von Haussklaven erhalten. Auch die Eigentümer der Handelssklaven waren durch das Gesetz der Vorfahren dazu verpflichtet, die Rechte ihrer Sklaven zu respektieren und die Pflichten ihnen gegenüber nicht zu vernachlässigen; nur bei ehemaligen Kriminellen waren körperliche Strafen erlaubt. Die Tatsache, daß sich arme Familien aus freien Ständen während großer Hungersnöte reichen Familien als Sklaven anboten, ist vielleicht bezeichnend für das hohe Maß an Menschlichkeit, die diesem niedrigsten sozialen Stand zuteil wurde. Im 18. und 19. Jh. sollen ca. 75 % der Gesamtbevölkerung Senegambias Sklaven gewesen sein. Eingebettet in den traditionellen sozialen Kollektivismus, unterschieden sie sich sehr von den Sklaven, die in dem brutalen europäischen und amerikanischen Sklavenhandel eine traurige Berühmtheit erlangten.

Die Frau in der gambischen Gesellschaft

Die frühen Völker Gambias, wie die Serer und Bainounka, hatten eine mutterrechtliche Gesellschaftsordnung. In den historischen westafrikanischen Reichen waren die verschiedenen Völker mehr oder weniger matriarchalisch orientiert. Das Ghana-Reich hatte eine mutterrechtliche Kultur; und die Wolof-Staaten besaßen – mit Ausnahme vom Jolof-Reich – eine mutterrechtliche Thronfolge. Oberhaupt aller Frauen im Wolof-Reich war die Mutter

Junge Reiseleiterin

(Schwester oder Cousine) des Königs, *linger* genannt, d. h. Königin oder Prinzessin. Sie spielte eine bedeutende politische und gesellschaftliche Rolle; in einigen Wolof-Reichen konnte sie sogar den Thron besteigen. Die berühmten und wohlhabenden Señoras (S. 56) zeugten ebenfalls von dem hohen sozialen Status, den die Frau bei den Wolof innehatte. Obgleich die Sozialstruktur in den großen Mandingo-Reichen patriarchalisch war, genossen dort die Frauen hohes Ansehen, wie z. B. die politisch sehr einflußreichen Nyancho-Frauen von Kabu. Niumi, Baddibu, Jarra und andere Mandingo-Staaten kannten auch weibliche Herrscher.

Die Kolonisierung und Islamisierung Gambias haben der animistischen und matriarchalisch bestimmten Gesellschaftsstruktur eine nichtafrikanische patriarchalische Ordnung aufgezwungen. Seit der Islam die Ehegesetze bestimmt, hat sich die Stellung der Frau drastisch verändert; die Frauen haben viele ihrer Rechte aus früheren Zeiten eingebüßt. Da sich der Islam

Zu bestimmten Terminen kommen Händlerinnen in das Senegambia Beach Hotel, um Stoffe anzubieten

jedoch teilweise den traditionellen animistischen Sitten anpassen mußte und in einer zwar tief religiösen, jedoch abgeschwächten Form praktiziert wird, haben sich verschiedene matriarchalische Sitten bis heute erhalten. In der gambischen Polygamie herrscht weiterhin Gütertrennung vor; die Frau hat ihren persönlichen Besitz, oftmals ein eigenes Feld und meist ihre privaten Handelsgeschäfte. Der Handel ist für die legendären westafrikanischen Marktfrauen von großer Bedeutung. Die Geschäftstüchtigkeit dieser Händlerinnen geht beispielsweise so weit, daß viele ihre eigenen Visitenkarten haben. Frauen, die sich keinen Verkaufsstand mieten können, verdienen sich ihr Taschengeld vielleicht dadurch, daß sie am Straßenrand stehen und den Passanten, vor allem Schülern, Portionen ihres selbstgekochten Essens anbieten. Der eigene Verdienst verschafft ihnen wirtschaftliche Unabhängigkeit vom Mann und garantiert ihnen damit ein hohes Maß an Freiheit. Die Frau bleibt weiterhin Mitglied ihres Clans, behält ihren Nachnamen und hat jederzeit die Möglichkeit, zu ihrer Familie zurückzukehren. In der matriarchalischen Vergangenheit wurden die Kinder als Nachkommen der

Näherin am Kotu-Strand

Batikverkäuferin

Auf dem Gemüsemarkt

Mutter angesehen, heute dagegen erhalten sie den Namen des Vaters.

Das Gesellschaftssystem räumt den Frauen eigene, nur für sie bestimmte Interessensgebiete und spezifische Rechte ein. Eine typische Erscheinung des traditionellen Status der Frau sind die weiblichen Solidargemeinschaften; die Frauen sind untereinander solidarisch in der Wahrung ihrer Rechte, sowohl in der Vielehe – oft sogar gegen den gemeinsamen Mann gerichtet – als auch in den regionalen Compound-Frauenorganisationen und den überregionalen Gewerkschaften. Das älteste Mitglied der weiblichen Compound- oder Dorf-Kooperation kann auf örtlicher Regierungsebene politisch und ökonomisch sehr einflußreich sein, was die Belange der Frauen betrifft. Die Frau spielt im heutigen Dorf- und Familienleben immer noch ihre eigene wichtige und nicht durch den Mann zu ersetzende Rolle, z. B. bei Hochzeit, Namensgebung und andere traditionellen Zeremonien. Vor dem gambischen staatlichen Gesetz sind die Frauen gleichberechtigt und erhalten auch den gleichen Lohn wie die Männer für die gleiche Arbeit.

Zwar haben Islamisierung und Kolonisierung eine neue Lebensweise eingeführt und den traditionellen Status der gambischen Frau geschwächt, doch erst in den vergangenen Jahrzehnten hat ein regelrechter kultureller Zersetzungsprozeß durch den fremden Einfluß der westlichen Welt eingesetzt, der die Frau in eine untergeordnete Rolle in Familie und Wirtschaftsleben drängt. Im städtischen Milieu setzt sich die Einehe immer mehr durch, in der die Frau allein auf den Mann fixiert ist, während sie im Compound als eine von mehreren gleichberechtigten Frauen persönlich unabhängig blieb. Das westliche Emanzipationsverständnis ist auf die Afrikanerin nicht übertragbar, denn dieses bedeutet nicht mehr Freiheit für sie, sondern Einschränkung ihrer Rechte, wirtschaftliche Abhängigkeit und Verlust ihrer traditionellen Schlüsselstellung in der Gemeinschaft. Durch die Übernahme westlicher Schönheitsideale verleugnet die moderne Afrikanerin ihre eigene Identität, z. B. durch Haarglättungsmittel und Cremes zum Aufhellen der Gesichtshaut. Allerdings macht sich in der letzten Zeit durch vermehrtes Zurückgreifen auf traditionelle Frisuren und Kleidung ein verstärktes Identitätsbewußtsein bemerkbar.

Die weitere Entwicklung des gesamten Soziallebens hängt davon ab, ob sich die gambische Frau ihr traditionsgebundenes Selbstbewußtsein und ihre Würde erhalten kann. Bisher prägen im wesentlichen zwei matriarchalische Spuren mit für eine Mutterkultur typischen Merkmalen das Erscheinungsbild der gambischen Bevölkerung: Die Menschen sind friedliebend und tolerant, Fremdenfreundlichkeit herrscht vor, ein sozialer Kollektivismus bestimmt das Zusammenleben, und die Frauen sind noch relativ frei und unabhängig.

Mandingo-Frau im Festkleid

Traditionelle Kleidung und Frisuren

Sowohl die Frauen als auch die Männer legen allgemein großen Wert auf ihre äußere Erscheinung, soweit ihre finanziellen Mittel dies zulassen. Die meist farbenprächtige Kleidung der Gambier zeigt eine Fülle von Stilrichtungen. Überwiegend bei den Mandingo und Fulbe war bisher ein knielanger talarähnlicher Überwurf mit offenen Seiten, *fatara* oder Djellaba genannt, verbreitet. Die Frauen tragen dazu einen langen Wickelrock und ein rechteckiges, geschlungenes Kopftuch aus demselben Stoff, die Männer kurze bauschige Hosen *(jatta)*.

Als eine Art Nationaltracht setzt sich heute mehr und mehr der für die Wo-

Marabut mit reich besticktem bubu und einem Fez als Kopfbedeckung

Kunstvolle Flechtfrisuren

lof typische Kleidungsstil durch, der durch die arabischen Muslime ins Land gebracht worden ist: ein sehr weiter Kaftan, dessen Stofffülle über den Schultern zusammengerafft getragen wird; *dappay* oder *bubu* wird er allgemein genannt oder auch *waramba,* was »sehr groß« heißt. Die Kaftane der Männer können mit reicher Stickerei geschmückt sein und haben eine tiefe Brusttasche. Die Mohammedaner tragen dazu lange oder knielange weite Hosen und als Kopfbedeckung einen Fez, kunstvoll gehäkelte oder gestickte runde Kappen, gestrickte Pudelmützen oder den *tendado,* einen auffälligen Spitzhut, der ursprünglich nur von den arabischen Fulbe-Kuhhirten getragen wurde. Bei den Frauen ist auch noch der Empire-Stil anzutreffen. Besonders auf die Stadtbevölkerung hat in den letzten Jahren teilweise der westliche Stil Einfluß, wird aber oft mit traditionellen Kleidungsstücken kom-

biniert. Westliche Mode setzt sich eher bei Kindern und einem Teil der jungen Männer durch, während die größere Anzahl der Frauen die farbenfrohen afrikanischen Kleider mit ihren ausgeprägten Mustern vorzieht. Nur noch in abgelegenen Dörfern findet man die alte Sitte, daß Kinder bis zum Alter von etwa fünf Jahren unbekleidet sind und Frauen nur mit einem Wickelrock bekleidet ihre Feld- oder Hausarbeit verrichten.

Die sprichwörtliche Eitelkeit der Gambierin zeigt sich auch in ihren kunstvollen Flechtfrisuren, mit Namen wie *dundubale, berti, jerreh* usw. In mühevoller stundenlanger Arbeit angefertigt, halten diese Frisuren einige Wochen lang. Als New Look scheinen sich diese an die Tradition anknüpfenden Frisuren gegen Haarglättung und Glatthaar-Perücken zu behaupten. Selbst die Aku-Frauen geben ihre Vorliebe für den europäischen Stil zuneh-

*Die goldenen Ohr-
ringe sind Schmuck
und Wertanlage
zugleich*

mend auf und identifizieren sich
durch afrikanische Kleidung und Frisuren mit den traditionellen Volksgruppen. In ländlichen Gegenden werden oft heute noch den kleinen Mädchen die Haare in einer für die jeweilige Familie spezifischen Art geschoren.

Hautnarben sind ein anderes typi-
sches Merkmal zur Identifizierung der
Stammesmitglieder mit ihrem Clan. So
finden wir z.B. bei einigen Fulbe Narben an den Schläfen. Der Brauch, daß

Mütter ihren sechs- bis achtjährigen
Kindern zu diesem Zwecke Schnitt-
oder Brandwunden zufügen, hat sich
im Landesinneren noch teilweise erhalten. Stadtkinder lehnen diese Pro-
zedur jedoch heutzutage ab.

Bemerkenswert ist der mehr oder
weniger wertvolle Gold- und Silberschmuck (Ohrringe, Ketten, Reifen,
Ringe), mit denen sich die Gambierinnen schmücken und der zugleich ihren – oft einzigen – Reichtum doku-

ju jus schützen das Kind vor bösen Einflüssen

nen Lederbeuteln, die einen Koranvers oder ein Zaubermittel enthalten können.

Feste und Brauchtum

Gambia kennt seit alters her eine große Anzahl geselliger Unterhaltungen, Spiele, Sport- und Tanzveranstaltungen für Kinder und Erwachsene. Einer der ältesten Bräuche ist das Geschichtenerzählen. Aber auch der Tanz hat als ursprünglichstes Ausdrucksmittel des Afrikaners bis heute seine große Bedeutung behalten. Jeder Volksstamm hat seine eigenen Tänze, die meistens von rhythmischen Trommelschlägen und Händeklatschen, auch vom Gesang der Frauen, begleitet werden.

Typische Tänze der Mandingo sind z. B. *siko* und *sairuba,* der Jola *bukarabu* und der Wolof *tama, ndanti ndong* und *ndaga.* Diese Tänze spielen vor allem bei religiösen und traditionellen Familienfesten, wie Namensgebungszeremonien, Hochzeiten, Initiationsriten, eine Rolle. Initiationsriten werden von

mentiert. Besonders die Muslime, aber auch Andersgläubige, tragen vom Babyalter an sog. *gris-gris* oder *ju-jus;* diese Amulette bestehen vielfach aus kleinen

Initiationsfest der Mädchen

den Wolof nicht praktiziert, doch bei den Jola werden sie manchmal noch genauso wie vor Hunderten von Jahren als bedeutende gesellschaftliche Ereignisse gefeiert, meist zu Beginn der Regenzeit. Viele Eltern bringen heute ihre Kinder zur Beschneidung ins Krankenhaus. Die Namensgebungsfeste werden bei Erstgeborenen und jungen Müttern besonders großartig zelebriert. Bis zum achten Tag nach der Geburt dürfen Mutter und Kind das Haus nicht verlassen. Einer der Bräuche bestimmt, daß sowohl dem Baby als auch der Mutter bei der Zeremonie ein Büschel Haare abgeschnitten und vom Marabut zu einem Amulett für das Kind verarbeitet wird.

Das Tanzen ist in Gambia Sache der Frauen. Sie übernehmen auch das improvisierte Musizieren, während die Berufsmusiker Männer sind. Wer es noch nicht gesehen hat, empfindet die Art und Weise des Tanzens in Gambia als ungewöhnlich. Die Frauen und Kinder stehen im großen Kreis und

Dorfälteste beim Initiationsfest

Der senko ist nach der Tradition der Beschützer der Mädchen bei ihrer Initiation

klatschen oder klopfen den Rhythmus mit Holz- oder Bambusklötzchen; abwechselnd lösen sich aus den dichtgedrängten Reihen einzelne Frauen und treten in die Kreismitte zu kurzen, aber atemberaubenden Solo-Tanzauftritten: Mit nach vorne abgeknicktem Oberkörper und nach hinten geschwenkten Armen stampfen sie mit den Füßen ihren schnellen Rhythmus in den Sand.

Die Fulbe haben zur Unterhaltung traditionelle Akrobatengruppen, die in den bauschigen *jaiya*-Hosen (mit einer Stoffülle bis zu 30 m) ihrer farbenprächtigen Tracht und mit großen halbierten Kürbisschalen, die sowohl als Musikinstrumente als auch für akrobatische Darbietungen benutzt werden, auf.

Bei verschiedenen sozialen und religiösen Festen finden auf den Straßen und Plätzen Maskentänze statt. Am bekanntesten sind bei den Mandingo die *kankurang*-Tänzer, bei denen Kopf und Körper mit Blättern und Rinde vom African Rosewood Tree (Pterocarpus erinacaeius Papilion) umwickelt sind. Der Fest-*kankurang* verhüllt Gesicht und Oberkörper mit der roten Rinde und trägt Beinkleider aus den grünen Blättern. Der *bansango-kankurang* fungiert als Beschützer des Dorfes z.B. gegen den bösen Blick und tritt bei Beschneidungs-Zeremonien auf; er ist nur mit roter Rinde eingehüllt, während die Maske des *jambo-kankurangs* überwiegend aus grünen Blättern besteht. Bekannt bei den Jola ist der *kumpo*-Tänzer, dessen Maske wie ein riesiger Grasbüschel wirkt, aus dem eine lange spitze Stange nach oben herausragt; diese bohrt der Tänzer in den Bo-

Der Jambo-kanku-rang tritt zum Abschluß des Initiationsfestes auf

kumpo-Tänzer der Jola. Die Bekleidung ist aus den Blättern der Rhun-Palme gefertigt

Aku-Kinder mit gesse gesse-Masken

den und dreht sich mit großer Geschwindigkeit um die eigene Achse.

Die *gesse-gesse*-Masken der Aku-Kinder sind besonders häufig in Banjul anzutreffen. In der Zeit von Weihnachten bis Neujahr finden die berühmten *fanal*-Umzüge statt. Der Ursprung dieser mehrere hundert Jahre alten Tradition geht auf die christlichen Portugiesen zurück, die zu Weihnachten mit Lampions zur Kirche gingen. Daraus hat sich bei den einheimischen Bootsbauern der Brauch entwickelt, in nächtlichen Prozessionen mit großen gebastelten Booten (sog. *fanals*), die mit Kerzen und farbigen Laternen geschmückt sind, durch die Straßen zu ziehen; es werden jedoch auch gebastelte Flugzeuge, Häuser usw. in diesen Umzügen mitgeführt. Eine andere Bootsprozession, die am Tage stattfindet, ist *rulehutumba*.

Als eines der bedeutendsten religiösen Ereignisse wird von den Muslimen das Ende des Fastenmonats Ramadan begangen. Nach 29 Tagen strengen Fastens feiert die Bevölkerung am 30. Tag in farbenprächtiger Kleidung das große Fest Id-el-Fitri, das mit einem gemeinsamen Gebet beginnt, dem Festschmaus und Tanz bis in die Nachtstunden hinein folgen. Größtes islamisches Fest – in seiner Bedeutung vergleichbar mit dem christlichen Weihnachtsfest – ist *tobaski* (Id-el-Kebir), an dem jeder Haushaltungsvorstand als Opfertier ein Schaf schlachtet.

Soziale Wandlungen

Trotz der sozialen Veränderungen, die Islam und Kolonisierung bewirkt haben, konnte sich das traditionelle Familien- und Gemeinschaftsleben in dem senegambischen Hinterland über Jahrhunderte relativ unverändert erhalten. Erst seit dem Zweiten Weltkrieg setzte der entscheidende Wandel in den sozialen und ökonomischen Funktionen der dörflichen Familienstruktur ein. Der Eintritt vieler junger Männer aus dem Landesinneren in die britische Armee bezeichnete den Anfang einer bis heute anhaltenden Landflucht. Nach Kriegsende brachten die ehemaligen Soldaten die fremden Zivilisationsgüter und Ideen mit in ihre Heimatdörfer. Seit dieser Zeit halten die westlichen Konsumartikel und das westliche Ideengut von den städtischen Bezirken ausgehend kontinuierlich Einzug in das Landesinnere. Mehr und mehr wird die traditionelle Sozialstruktur aufgebrochen. Ein Wirtschaftsleben, das vom sog. Neokolonialismus bestimmt wird, ausländische Filme und Tourismus verschärfen den Widerstreit zwischen Tradition und Moderne. Die Ältesten, aber auch Frauenorganisationen, wie The National Women's Bureau, äußern immer heftiger ihre Befürchtungen, daß der Tourismus einen negativen Einfluß auf die Traditionen der Gambier ausübt. In den größeren Städten, wie Banjul und Serekunda, richtet sich das Leben schon zeitweilig nach westlichem Vorbild.

Viele der ehemaligen Landbewohner kehren nicht mehr in ihre Heimatdörfer zu der schweren Feldarbeit zurück. Wenn sich eine große Anzahl von Angehörigen einer Stammesfamilie in der Stadt niedergelassen hat, vereinen sie sich für gewöhnlich zu einer neuen »*kabila*-Dorfgemeinschaft«; der Älteste aus ihrer Mitte wird zum *kabila* Head. Darin sind die modernen Kernfamilien genauso eingeschlossen wie alleinstehende Individuen und traditionsgemäße Compounds. Zu neuen Dorfgemeinschaften können sich auch Mitglieder verschiedener Stammesfamilien zusammenschließen, wenn sie nur wenige Verwandte in der Stadt antreffen. Bemerkenswert ist, daß auch viele städtische Jugendliche an dieser Familienbindung festhalten. Da die Städte für die Landbewohner immer attraktiver werden, insbesondere durch die besseren Ausbildungsmöglichkeiten, schicken viele Dorfbewohner ihre Kinder zu den Verwandten in die Stadt. Nach alter Sitte ist es selbstverständlich, daß die gesamte Versorgung dieser jungen Leute von ihren Verwandten übernommen wird. Dies übersteigt jedoch meist die finanziellen Kräfte einer städtischen Compound-Familie oder gar eines unverheirateten Anverwandten.

Stadtbewohner, die ihren Familien in den Heimatdörfern Besuche abstatten oder evtl. ganz zurückkehren, stören vielfach das soziale Gleichgewicht im Dorfleben. Ihr relativ hoher Lebensstandard, der sich vor allem im Besitz moderner westlicher Kleidung, von Radios, Armbanduhren, Fahrrädern, modischen Betten und in einem ungewöhnlich hohen Lohn dokumentiert, bringt die traditionell angestrebte Gleichheit unter den Dorfbewohnern aus der Balance. Die jungen Städter werden zum Mittelpunkt des Dorflebens, und die Autorität der Ältesten wird untergraben. Die größte Gefahr

---

badinja/family
(Griot-Lied, s. Jamano S. 280)
this song we made it for all the gambia.
family let's love one another, in a family, in love.
wolof and mandinka, let's love one another as a family.
jola and mandinka, let's love …; fula and sarahule, let's love …
aku and haussa, let's love …; the gambia as a whole, …
we're all born in the gambia, gambia from the top to the bottom: we're all from the same mother and father.
let's love one another as a family, love.
since over the centuries the gambia never knew difficulties
family, family etc. etc.

---

für die traditionelle Sozialstruktur ist die westliche Idee vom Individuum. Der einzelne, der seit Menschengedenken in Afrika ein Glied seiner Gemeinschaft mit wichtigen sozialen Funktionen war, versucht nun, der schweren ökonomischen Last des Compound-Lebens in ein Leben mit persönlicher Freiheit zu entfliehen. Immer mehr junge Leute strömen vom Land in die Stadt, angezogen von der Möglichkeit eines gut bezahlten Jobs und den attraktiven westlichen Konsumgütern. Die Städte können die Massen der jungen Menschen jedoch längst nicht mehr fassen; die große Zahl arbeitsloser Jugendlicher ist bereits zum Problem geworden. Ohne Rückhalt in der Sippe fallen viele von ihnen dem weltweiten Laster der Drogen (Alkohol, Rauschgift) anheim, werden zu Bettlern oder Kriminellen. Nur wo das traditionelle Zusammengehörigkeitsgefühl mit der Familie erhalten bleibt, können arbeitslose, kranke, verwaiste und hilfebedürftige Angehörige in der sozialen Gemeinschaft aufgefangen werden – so wie es seit Generationen ungeschriebenes Gesetz ist.

Gambias Beziehungen zu den deutschsprachigen Ländern

Allgemeines

In der langen, wechselvollen Kolonialgeschichte Gambias, die im wesentlichen durch Portugiesen, Franzosen und Briten geprägt wurde, haben die Deutschen nur ein kurzes Intermezzo von rund 10 Jahren gespielt. Im Jahr 1651 konnte Herzog Jakob von Kurland strategisch günstig gelegene Grundstücke in der Gambia-Mündung erwerben bzw. pachten: die heutige Insel James Island, ein Stück Land bei Juffure und die damalige Insel Banjol. Zur Absicherung der Handelswege, insbesondere des Sklavenhandels, errichtete Major Fock die ersten Forts auf den beiden Inseln. Die deutsch-baltischen Siedler waren von Herzog Jakob zur Toleranz und Freundlichkeit gegenüber den Afrikanern und ihren Königen angehalten. Sie erlernten die Sprache der Einheimischen und respektierten ihre Sitten und ihre Religion; daher lebten sie im besten Einvernehmen mit der Bevölkerung. Doch schon 1661 wurden sie durch die Briten vom Gambia-Fluß vertrieben (S. 65).

Wirtschaftliche und technische Zusammenarbeit

Erst in den letzten Jahrzehnten haben sich Deutsche wieder in Gambia engagiert. Sie sind in der Tourismusbranche tätig (z. B.: Rheakunda Tanz- und Trommelschule, Sukuta Reitschule), initiieren und unterstützen soziale Projekte (z. B. die Botropp- und Wattenscheid-Kinderdörfer) oder leisten Hilfe in wirtschaftlichen Bereichen

(z. B. bei der Errichtung und Führung der Jul Brew-Brauerei). Die Bundesrepublik Deutschland unterzeichnete schon 1976 ein Rahmenabkommen über wirtschaftliche und technische Zusammenarbeit mit Gambia. Eines der populärsten und erfolgreichsten Projekte betreiben die Gesellschaft für Technische Zusammenarbeit (GTZ) und der Deutsche Forstservice (DFS) in Zusammenarbeit mit Gambian-German Forestry Projekt; in umfangreichen Waldschutzprogrammen werden u.a. Restbestände als National Forest Parks unter Schutz gestellt, wie z.B. der auch für Besucher geöffnete Bijilo-Forest Park.

Im Rahmen eines Kapital- und Beratungshilfe-Abkommens mit Gambia beteiligte sich die Bundesrepublik Deutschland u.a. an der Verbesserung der Wasser- und Elektrizitätsversorgung, der Verkehrswege (z. B. durch neue Fährschiffe), und der Fachausbildung von Hotelpersonal. Die Deutsche Welthungerhilfe förderte u. a. Programme zur Erschließung neuer Reisanbauflächen.

Die Handelsbeziehungen zwischen der BRD und Gambia konnten in den letzten Jahren ausgebaut werden. Die deutschen Exporte nach Gambia (Spinnstofferzeugnisse, Nahrungsmittel, Straßenfahrzeuge, Teile für Fabrikationsanlagen) waren im Jahr 1991 auf 31 Mill. DM angestiegen; das waren 7 % von Gambias Importvolumen. Dagegen blieben die deutschen Importe aus Gambia (Fische und Fischprodukte, Obst und Gemüse) mit einem Gesamtanteil, der 1 Mill. DM unterschreitet, weiterhin unbedeutend.

*Zuschauer bei einem
großen Dorffest*

Anreise und Verkehr

Reisen nach Gambia
Flugverbindungen und Veranstalter

Gambia wird zwar von verschiedenen westafrikanischen Airlines direkt angeflogen, doch von Europa aus sind die Linienflugverbindungen noch etwas spärlich. Direkte Verbindungen bestehen z. Zt. von London-Gatwick mit British Airways, von Brüssel mit Sabena und aus der Schweiz mit Swissair. Eine Alternative dazu bietet ein Flug nach Dakar (Senegal) und von dort weiter nach Banjul mit Air Afric, Gambia Air Shuttle oder Gambia Airways. Die staatliche Gesellschaft Gambia Airways (87, Hagan Street, Banjul, Tel. 22 77 78), die zunächst nur die Funktion einer Handelsagentur hatte, startete im Herbst 1990 einen täglichen Flugverkehr nach Dakar mit in Amerika gemieteten Maschinen; außerdem bedient sie die Verbindungen nach Freetown (Sierra Leone), Conakry (Guinea), Bissau (Guinea-Bissau) und Nouakchott (Mauretanien). Mit eigenen Flugzeugen (Airbus) operiert inzwischen Air Gambia (bzw. Gambia Air Shuttle, 23, Buckle Street, Banjul); sie fliegt nach Dakar, Bissau, Timbuktu (Mali), Nouakchott und Las Palmas (Gran Canaria).

Am bequemsten ist der Charterflug; folgende internationale Reiseveranstalter haben Gambia z. Zt. im Programm: von Deutschland aus im Sommer TUI (mit Sabena) und CA Ferntouristik (mit Futura Int.) und in der Wintersaison Kreutzer und Neckermann (ebenfalls mit Condor) sowie The Gambia Experience in London und Aquasun-Holland und -Belgien; weitere Flugangebote gibt es zeitweise in der Schweiz sowie in Schweden, Dänemark und Frankreich. Da sich der Tourismus in Gambia noch im Aufbau befindet, sollte man den aktuellen Stand im Reisebüro erfragen. Die Flugzeit beträgt von Deutschland aus ca. 6 Std.

Es veranstalten u. a.:

Naturkundliche Studienreisen in Gambias Vogelwelt: Kosmos-Magazin Reisen, Neckarstraße 121, 70190 Stuttgart, Tel. 0711/2 63 10, Fax 263 11 07 oder DNV-Touristik, Max Planck-Straße 10, 70806 Kornwestheim, Tel. 07154/13 18 30

Workshops und Begegnungsreisen: Cool Running Tours, Eisenachstraße 71, 10823 Berlin, Tel. 030/781 20 48

Individuelle Gruppenreisen: Reiselust (M. Schmidthuber), Ainmillerstraße 50, 80801 München, Tel. 089/ 272 08 97, Fax 34 97 22

Verschiedene Veranstalter bieten als Ergänzung zum Badeurlaub einwöchige Rundreisen durch Gambia an, z. T. mit Einschluß der südsenegalesischen Casamance oder des Niokolo Koba National Park.

Einen interessanten Alternativ-Urlaub offeriert das deutsch-gambische Ehepaar Sanneh mit der Rheakunda-Tanz- und Trommelschule. Anmeldungen über das Reisebüro Ernst Grieder Konstanzer Str. 7, CH-8280 Kreuzlingen. Tel. 071/672 13 15, Fax 672 11 69

Gambias Flughafen Yundum wurde für große Düsenmaschinen ausgebaut (sogar die Concorde ist dort schon gelandet!). Seit im Dezember 1996 das neue Flughafenterminal eröffnet worden ist, gilt Yundum als der modernste Flughafen in Westafrika. (Die NASA hat für Weltraummissionen des »Space Shuttle« den gambischen Flughafen als Ausweichflughafen vorgesehen.) Yundum liegt ca. 30 km sowohl von Banjul als auch von den Hotels an der Atlan-

tikküste entfernt. Einen Zubringerbus
gibt es nicht. Die Taxifahrt kostet ca.
150 Dalasi (z. B. zum Senegambia Hotel). Bei der Ausreise muß pro Person
eine Flughafengebühr von z. Zt. ca.
150 Dalasi entrichtet werden.

Schiffsverbindungen

Passagierschiffe laufen auf Kreuzfahr-
ten den Haupthafen Banjul gelegent-
lich an. Von Hamburg, Rotterdam und
Antwerpen kommen alle 14 Tage
Frachter der Polish Ocean Lines nach
Gambia. Fast regelmäßig wird der senegalesische Hafen von Dakar ange-
steuert, beispielsweise von der Schweizer Nautilus Line (Keller Shipping SA,
Holbeinstr. 68, Basel), die ihre Route
über die Kanarischen Inseln nimmt.
Reguläre Schiffsverbindungen werden
von den West African Conference Lines (Elder Dempster, Nigerian National Shipping Line, Black Star Line u.a.)
durchgeführt. Auskunft und Vermittlung von Reisen auf Frachtschiffen erhält man von der Reiseorganisation
der NAVIS GmbH, Billhorner Kanalstr.
69, 20539 Hamburg, Tel. 040/78 94 80.

Überlandverbindungen

Gambia besitzt keine Eisenbahnlinie.
Für die Fahrt mit dem Pkw vom senegalesischen Dakar nach Banjul (gut
300 km) ist die günstigste Verbindung
die asphaltierte Überlandstraße über
Kaolack und Toubacouta nach Barra.
Die senegalesische Grenzstation befindet sich in Karang; auf die gambische
Grenze trifft man nach weiteren 2 km.
Seit Aufhebung der senegambischen
Konföderation wird die Aus- bzw. Ein-
reiseprozedur von senegalesischer Seite teilweise recht zeitraubend bürokra-
tisch gehandhabt. Auch unterwegs
wird man häufig von Polizeikontrollen
aufgehalten. Geschwindigkeitsübertre-
tungen in Ortschaften können Geld-
strafen nach sich ziehen, die sofort an
Ort und Stelle bezahlt werden müssen.

Oftmals kann sich das Mitführen kleiner Geschenke, wie Kugelschreiber o.ä.
als nützlich erweisen. In Senegal besteht Anschnallpflicht. Die letzte Fähre
am Abend über den Gambia River
nach Banjul verläßt Barra normalerweise um 19 Uhr. – Wenn man die
Fahrt von Gambia nach Dakar mit
dem Buschtaxi zurücklegen möchte, so
muß man in Karang in ein senegalesi-
sches Buschtaxi nach Kaolack oder Dakar umsteigen.

An sich sind der nationale Führerschein und die nationale Zulassung
ausreichend; jedoch empfiehlt es sich
zum besseren Verständnis einen internationalen Führerschein zu besit-
zen. Am Kraftfahrzeug soll sich das
Nationalitätszeichen befinden. Es besteht die Auflage, in Gambia eine
Haftpflichtversicherung abzuschlie-
ßen. Die Grenzdokumente sind bei
den Automobilclubs der Bundesrepublik Deutschland, von Österreich und
der Schweiz erhältlich.

Reisen in Gambia

Auf dem Wasserweg

Der Gambia-Strom ist einer der wichtigsten und schönsten Verkehrswege
in Gambia. Doch leider gibt es zwischen der Hauptstadt Banjul und der
größten Stadt im Osten, Basse Santa
Su, z. Zt. keine reguläre Schiffsverbin-
dung, nachdem der Flußdampfer
»Lady Chilel Jawara« am 7. Dezember
1984 bei Bellengho (in der Nähe von
Mansa Konko) in den Fluten des Gambia versank. Im Augenblick sind Fluß-
fahrten nur mit Booten lokaler Reiseveranstalter möglich. Die Samba River
Venture Ltd. betreibt einen wöchentli-
chen Bootsverkehr zwischen der Lamin Lodge am gleichnamigen Bolong
(in der Nähe des Ortes Lamin) und Georgetown, Tel. 99 69 03 (S. 197).

Da der Gambia-Fluß bisher noch
keine Brücken hat, sind zahlreiche

Fährdienste eingerichtet. Die wichtigsten sind die Autofähre zwischen Banjul und Barra sowie die zwischen Bamba Tenda–Yelli Tenda, die die Orte Farafenni und Soma verbindet und wo es oft lange Wartezeiten gibt. Letztere soll durch einen kombinierten Brücken-Damm-Bau ersetzt werden. Mit Hilfe eines Darlehens von der Bundesrepublik Deutschland hat die Fähre Banjul–Barra zwei moderne Fährschiffe erhalten. In der Regenzeit (Juni–September) ist der allgemeine Fährbetrieb – mit Ausnahme der Fähren von Banjul nach Barra und bei Farafenni-Soma – stark eingeschränkt.

Auf dem Luftweg

Innerhalb Gambias gibt es keinen allgemeinen Flugverkehr.

Auf dem Landweg

Die Länge des gambischen Straßennetzes beträgt 3 083 km, davon sind 462 km befestigt. Die 396 km lange Süduferstraße – wichtigste Verbindung von Banjul nach Basse Santa Su – ist inzwischen durchgehend asphaltiert, allerdings gibt es z. Zt. Straßenschäden zwischen Sibanor und Soma. Die Norduferstraße von Barra nach Sutokoba ist bis Georgetown Allwetterstraße. Diese zu beiden Seiten des Gambia-Ufers in West-Ost-Richtung verlaufenden Hauptstraßen werden von den beiden Verkehrswegen gekreuzt, die Nord- und Süd-Senegal miteinander verbinden: die Trans-Gambia-Straße über Barra–Banjul (Fähre) und der eigentliche Trans Gambia Highway von Dakar nach Ziguinchor, der über die Fährverbindung bei Farafenni und Soma führt. Durch den Anschluß an das senegalesische Verkehrsnetz sind diese Orte wichtige Handelsknotenpunkte. Wie bereits erwähnt, gibt es bisher keine Brücken über den Gambia-Strom.

Entfernungstabelle (Straßenkilometer)

Banjul	0 km
Bakau	12 km
Serekunda	15 km
Bakau – Serekunda	7 km
Sukuta	18 km
Brufut	23 km
Tanje	28 km
Sanyang	38 km
Gunjur	50 km
Gunjur – Brikama	18 km
Brikama	36 km
Kartung	61 km

Die kursiven Namen, bezeichnen Orte, die sich nicht an der Nord- oder Südufer-Straße befinden

Banjul	0 km
Serekunda	15 km
Abuko Nature Reserve	23 km
Yundum Airport	30 km
Brikama	36 km
Sibanor	97 km
Kwinella	150 km
Tendaba	*155 km*
Soma	185 km
Mansa Konko	*187 km*
Yelli Tenda	*195 km*
Pakaliba	233 km
Jerreng	243 km
Brikama Bah	282 km
Sapu	*285 km*
Yoroberry Kunda	315 km
Sankule Kunda-Fähre	*319 km*
Georgetown	*323 km*
Bansang	335 km
Bakadaji	371 km
Basse Santa Su	396 km
Fatoto	436 km
Kristi Kunda	439 km
Koina	446 km

Der Straßenverkehr in Banjul und Umgebung ist relativ dicht und unfallträchtig, insbesondere während der Rush-hour zwischen 8 und 9 Uhr sowie 15 und 17 Uhr. Das Landesinnere ist dagegen im wesentlichen verkehrsarm. Mit der Erlangung der Unabhängigkeit wurde in Gambia 1965 der Rechtsverkehr eingeführt. In Ortschaften gilt eine Geschwindigkeitsbegrenzung von 50 km/h und auf dem Highway von 90 km/h. Wegen der zahlreichen Fußgänger, Tiere u. a. auf der Fahrbahn ist es jedoch meist sinnvoll, die Geschwindigkeit noch weiter zu reduzieren.

Unfälle oder Pannen werden gewöhnlich durch eine Reihe von abgebrochenen Zweigen, Steinen oder durch mit Ästen versehenen Schüsseln gekennzeichnet, die in den meisten Fällen hinterher auf der Straße liegenbleiben. Viehherden haben auf allen Straßen absolute Vorfahrt. Immer nur hinter den Rindern langsam vorbeifahren! Die meisten Tiere auf der Fahrbahn, insbesondere Schafe und Rinder, reagieren auf Hupen nicht. Achtung, wenn ein Tier aus dem Busch auf die Straße heraustritt, muß man unbedingt damit rechnen, daß andere folgen. Besondere Umsicht ist des Nachts auf den Straßen geboten, da viele Fahrzeuge nicht beleuchtet und die dunkelhäutigen Fußgänger, aber auch die Tiere, sehr schwer zu erkennen sind.

Öffentliche Verkehrsmittel

Zwischen Banjul, Bakau, Serekunda, Brikama, Soma, Basse Santa Su und Fatoto bestehen regelmäßige, preisgünstige Busverbindungen (S. 250). Wichtige Transportmittel für die Personenbeförderung sind im ganzen Land die Sammeltaxis, die jeweils bestimmte Routen fahren. Aufgrund ihrer niedrigen Preise sind sie sehr beliebt und meist überfüllt.

Entfernungstabelle (Flußkilometer)

Barra	0 km
Karang (Senegal)	*21 km*
Essau	3 km
Buniadu	8 km
Albreda	*25 km*
Juffure	*27 km*
Berending	11 km
Kerewan	51 km
Farafenni	112 km
Kataba	122 km
Balanghar	142 km
Kaur	152 km
Panchang	175 km
Kerr Batch	183 km
Nyanga Bantang	191 km
Wassu	215 km
Kuntaur	218 km
Lamin Koto	237 km
(Georgetown)	*1,6 km)*
Bansang	*259 km*
Karantaba	265 km
Sutokoba	341 km
Koina	361 km

Banjul	0 km
Albreda	30 km
Kemoto	61 km
Kerewan	69 km
Tendaba	102 km
Ballengho	127 km
Yelli	132 km
Kaur	193 km
Kudang	223 km
Kuntaur	248 km
Sapu	276 km
Georgetown	292 km
Bansang	309 km
Karantaba	330 km
Basse Santa Su	396 km
Fatoto	477 km
Koina	489 km

Für kürzere Strecken stehen eine große Anzahl von Local Taxis zur Verfügung, die allerdings oft in einem schlechten technischen Zustand sind. Taxi Garage werden landesüblich die Sammelplätze der Taxistände genannt, die je nach Bestimmungsort in gesonderte Bezirke unterteilt sind – allerdings meistens für den Fremden unüberschaubar, deswegen bitte man die einheimischen Fahrgäste um Auskunft. Im Landesinnern findet man nur in solchen Orten Taxistände, die direkt an der Nord- bzw. Süduferstraße liegen. Der Fahrpreis der Local Taxis (etwas höher als bei den Linienbussen) ist im Unterschied zu den Tourist Taxis allgemein festgesetzt und sollte erst nach Beendigung der Fahrt entrichtet werden. Man muß damit rechnen, daß sich viele Taxifahrer nicht in Englisch verständigen können. Die Local Taxis pendeln ausschließlich zwischen bestimmten Orten hin und her.

In den Hotelzentren stehen für Charterfahrten Tourist Taxis (S. 268) bereit. Hier sollte der Fahrpreis *vor* Antritt der Fahrt ausgehandelt werden! An den meisten Taxistandplätzen bei den großen Hotels befindet sich eine Tafel mit Richtpreisen zu den gängigsten Zielen.

Die Märkte liegen oft direkt neben der Hauptstraße, wie hier bei der Abzweigung zum Tendaba Camp

Die Hauptstadt Banjul

Auf der Spitze der Mangroven-Halbinsel liegt Gambias Hauptstadt Banjul

Lage und Geschichte

Banjul liegt in der Gambia-Mündung auf einer ehemaligen Sandbank-Insel, die der Strom im Laufe der Zeit aus dem Schlick gebildet hat, den er seit Menschengedenken aus dem Landesinneren mitführt. In früheren Zeiten war diese kleine Insel dicht bewaldet und sumpfig und als Banjol (d. h. Bambusinsel) bei den Einheimischen bekannt. Die Legende erzählt von Madiba, einem Mann aus Bakau, der hier regelmäßig Bambus schnitt und daraufhin allgemein Madiba Banjol gerufen wurde. Auf diese Weise soll die Insel zu ihrem Namen gekommen sein. Die Leute von Kombo holten sich mit ihren Booten auch die Fasern der Affenbrotbäume, die auf Banjol wuchsen, um daraus Taue zu fertigen. Sonst bot die Insel wenig ökonomischen Nutzen für die Bevölkerung. Das dschungelartige Gelände war ein idealer Schlupfwinkel für entflohene Sklaven und Kriminelle. – Der westliche Teil ist noch immer ein unwegsames Mangrovensumpfgebiet, durchzogen von zahlreichen Wasserläufen. Die heutige Halbinsel wird vom Festland durch den Oyster Creek getrennt, über den nur die Denton Bridge führt.

Die ersten portugiesischen Eroberer des 15. Jh. gaben dem ganzen Landvorsprung westlich des Gambia-Deltas den Namen Cabo de Santa Maria, vermutlich weil sie hier am Feiertag Mariä Verkündigung gelandet waren. Danach nannten auch die Briten die kleine Insel St. Mary's Island. Damals gehörte sie zu dem Ort Bakau (Cape St Mary) im Königreich Kombo. Banjol gelangte zu seiner historischen Bedeutung erst durch die Briten, die hier nach Abschaffung des Sklavenhandels (1807) einen strategisch günstigen Militärstützpunkt fanden, um die Einhaltung des Verbots zu überwachen. Am 23. April 1816 schloß Kapitän Alexander Grant vom Royal African Corps mit dem König von Kombo einen Vertrag, in dem dieser den Briten Banjol für eine jährliche Zahlung von hun-

dert Spanischen Dollars abtrat. Innerhalb von drei Monaten hatte Grant mit seinen Leuten den Busch gerodet und mit Steinen von der nahe gelegenen Dog Island sowie Holz und gebrannten Austernschalen eine Garnison für 80 Soldaten errichtet. Durch die Lage an der engsten Stelle der Gambia-Mündung konnte kein Sklavenschiff von den Briten unbemerkt die offene See erreichen. Die um diese Militärbasis herum schnell anwachsende Siedlung bekam den Namen Bathurst, nach dem damaligen britischen Kolonialminister, dem 3. Earl of Bathurst. Erst 1973 erhielt die Hauptstadt der

unabhängigen Republik im Zuge der Afrikanisierung wieder ihren ursprünglichen Namen.

Schon zehn Jahre nach der Gründung war die Einwohnerzahl auf 1800 gestiegen. Bathurst erwies sich als ein guter windgeschützter Naturhafen mit einem tiefen Kanal im Gambia-Fluß zum Atlantik. Allerdings lag der Ort sehr tief und bereitete den Siedlern besonders während der Regenzeit große Schwierigkeiten, weil er oft vom Meerwasser überflutet wurde. Die Straßen von Bathurst wurden dann häufig zu Wasserwegen, auf denen die Einwohner Boote einsetzen mußten. Nicht selten konnten die Bewohner auf den Straßen Fische fangen. Der englische Historiker Gray berichtete, daß noch vor hundert Jahren von Zeit zu Zeit auch Krokodile dort erschienen, deren Verfolgung für die Städter jedesmal ein herrliches Amüsement war.

Viel Anstrengung und Geld mußte in die Drainage von Bathurst gesteckt werden. Seit 1949 wird die Stadt bei Half Die durch einen Deich gesichert. Half Die – der Name soll an die grausame Cholera-Epidemie von 1869 erinnern, die in dem Stadtteil Moka Town unter den hier lebenden Ärmsten am schlimmsten wütete. Durch die angrenzenden Sümpfe wurde Bathurst oft von Seuchen heimgesucht. Außerdem schleppten die zahlreichen Immigranten, wie z. B. die befreiten Sklaven von Freetown, Infektionskrankheiten ein. Die unter britischem Militärschutz stehende Stadt zog viele Menschen an, so auch britische Kaufleute aus Nord-Senegal, die ihre Wolof-Frauen und deren Bedienstete mitbrachten. Die Wolof konnten schnell Einfluß gewinnen und bilden heute den größten Teil der Einwohner der Hauptstadt.

Die verschiedenen Völker und Gruppen lebten in den Anfangsjahren von Bathurst in separaten Siedlungen, die meist durch landwirtschaftliche Anwesen getrennt waren (Portugiese Town, Wolof Town, Soldier Town usw.). Erst als die Bevölkerung mehr und mehr zunahm, schmolzen sie zu einer Stadt zusammen. Während die Hauptstadt 1911 nur 7 700 Einwohner zählte, hatte sich ihre Zahl zwanzig Jahre später fast verdoppelt, betrug 21 150 im Jahre 1944 und stieg innerhalb der nächsten 30 Jahre auf 39 179.

Banjul heute

Banjul mit heute vielleicht 150 000 Einwohnern hat sich im Erscheinungsbild noch viel von der beschaulichen britischen Kolonialsiedlung erhalten. Nach unseren Maßstäben entspricht die Hauptstadt eher einer mittleren Provinzstadt. Das Stadtbild wird von zwei- bis dreigeschossigen getünchten Wohnhäusern geprägt. Im meist schattigen, vielfach von Arkarden gesäumten Parterre befinden sich Geschäfte, teilweise noch sehenswerte ältere Faktoreien und Handwerksbetriebe; die oberen Stockwerke sind oft mit vorspringenden Balkonen versehen. Aus dieser flachen Silhouette ragt das Hochhaus der Central Bank als Wahrzeichen Banjuls heraus. Sehenswürdigkeiten im Sinne europäischer Baudenkmäler hat die Hauptstadt kaum zu bieten. Den eigentlichen Charme dieser Stadt prägen die Menschen, eine ethnische Vielfalt, wie sie für das ganze Land typisch ist, und wer etwas von dem Charakter Banjuls einfangen möchte, begebe sich in das Herz der Stadt, auf den Albert Market, um buntes afrikanisches Geschäftstreiben zu erleben. Unter den schattigen Bäumen der Marina Parade entsteht am deutlichsten das Bild der britischen Kolonialstadt. Die Hauptgeschäftsstraßen und den Hafen findet man im Süden Banjuls. Und das gemächliche, fast verträumte Leben des gambischen Alltags kann man in allen Seitenstraßen und sogar in den Hauptstraßen der Stadt beobachten, wenn man einmal von dem zeitweise lärmenden Autoverkehr absieht.

Die einzige Zubringerstraße nach Banjul verläuft von Cape St. Mary (Cape Point) aus etwa parallel zur Küstenlinie und überquert auf der neuen Denton Bridge den Oyster Creek, der Banjul vom Festland trennt. Die alte, nun stillgelegte und die neue, 1986 zum 21. Jahrestag der Unabhängigkeit offiziell eröffnete 210 m lange doppelspurige Brücke sind die einzigen Verbindungen zwischen der Hauptstadt und dem übrigen Landesteil auf dieser

Seite des Flusses. Vom Ankerplatz südwestlich der Brücke werden täglich Exkursionen durch die malerische verästelte Flußlandschaft bis nach Lamin oder Mandinari angeboten. Hat man die Brücke überquert, so fährt man auf der Küstenstraße an einer Erdnußfabrik und den Hotels Wadner Beach und Palm Grove vorbei. Das Gefängnis, vor dem zwei Steinsoldaten Wache halten, liegt rechts der Straße, und auch nach rechts zweigt die Bund Road ab, die zu den Anlegestellen der Gambia Ports Authority im südlichen Teil Banjuls führt. Die ca. 3 km lange Deichstraße mit einer Pumpstation in der Mitte wurde zu Beginn der fünfziger Jahre zur endgültigen Trockenlegung der Stadt erbaut. Wenn man auf der Küstenstraße bleibt, passiert man linker Hand den auf schwedische Initiative hin errichteten Privatsender Radio SYD und die sich über viele hundert Meter zwischen Strand und Straße erstreckenden Friedhöfe für Christen und Muslime. Jedes Jahr reißen die heranrollenden Atlantikwellen ein Stück des Sandstrandes und dadurch auch Teile der alten Grabstätten mit sich fort. So ist auch das alte Pfadfinderhaus inzwischen von der Flut zerstört worden.

Eines der ersten ins Auge fallenden Gebäude am Stadtrand ist die neue Gambia High School auf der rechten Seite. Davor biegt ebenfalls nach rechts ein Weg zur National Library und zur École Sénégalaise ab. Der Lagerplatz auf der linken Seite der Zubringerstraße ist Teil der Catholic Relief Services, die mit einem Hilfsprogramm die Ernährung von Säuglingen und Kleinkindern in den Dörfern sicherstellen. Die mit blühender Bepflanzung gesäumte Zubringerstraße mündet bei einem Verkehrskreisel in den Independence Drive, der bis zur Unabhängigkeit Clifton Road genannt wurde, und führt kerzengerade ins Zentrum.

Drei Stadtrundgänge

**Erster Rundgang:
Vom Atlantic Hotel zum MacCarthy Square**
Jammeh Mosque – House of Parliament – National Museum – Anglican Cathedral – MacCarthy Square – Quadrangle – Atlantic Hotel
(s. Karte S. 156)

Das Atlantic Hotel, das zwischen dem feinsandigen Strand und der

Die Jammeh-Moschee in Banjul

baumbestandenen **Marina Parade** gelegene führende Hotel der Hauptstadt, eignet sich recht gut als Ausgangs- und Endpunkt für einen Spaziergang ins Zentrum. Auf dem vorgeschlagenen Rundgang geht es zunächst stadtauswärts nach Nordwesten ein Stück die Marina Parade entlang. Nach links einbiegen in die erste Querstraße; sie führt zum **Independence Drive,** der Hauptverkehrsader der Stadt. Zwischen Marina Parade und Independence Drive liegt der alte **European Cemetry** (europäische Friedhof), dessen verwitterte Grabsteine ein Stück Kolonialgeschichte widerspiegeln. Eine Gedenktafel außerhalb der Stätte erinnert an die Eröffnung der heute Independence Drive genannten Hauptstraße. Auf der gegenüberliegenden Straßenseite befindet sich die **muslimische Gebetsstätte,** und noch ein bißchen weiter zweigt beim Verkehrskreisel nach Süden die Box Bar Road ab. Läuft man einige hundert Meter in die Straße hinein, so kommt man zur **Jammeh Mosque,** zur Großen Moschee, die bis zu 6 000 Gläubigen Platz bietet. Dieses im Februar 1988 eingeweihte Bauwerk – ein Geschenk Saudi-Arabiens – besticht durch eine Architektur, die traditionelle und moderne Stilelemente auf eindrucksvolle Weise verbindet. Außerhalb der Gebetszeiten kann die Moschee auch von Nicht-Muslimen besichtigt werden. Bitte nur in angemessener Kleidung und ohne Schuhe betreten!

Nun geht es auf der gleichen Straße zurück zur Verkehrsinsel. Richtung Stadtmitte läuft man den Independence Drive nach rechts entlang, vorbei an den einfachen Stadthotels Kantora und Carlton und erreicht alsbald eine ältere kleinere **Moschee,** die bis zur Fertigstellung der Jammeh Mosque als Hauptmoschee diente. Kurz danach er-

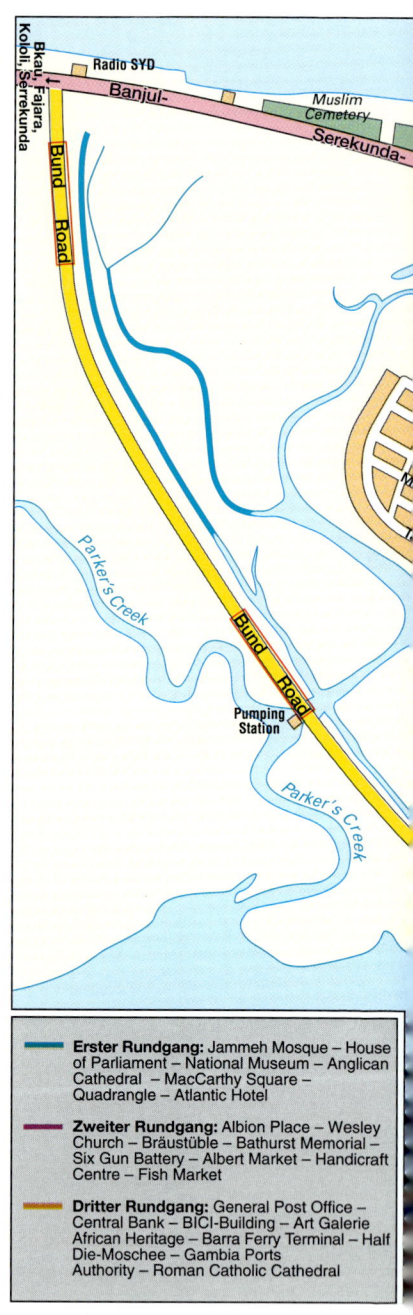

Erster Rundgang: Jammeh Mosque – House of Parliament – National Museum – Anglican Cathedral – MacCarthy Square – Quadrangle – Atlantic Hotel

Zweiter Rundgang: Albion Place – Wesley Church – Bräustüble – Bathurst Memorial – Six Gun Battery – Albert Market – Handicraft Centre – Fish Market

Dritter Rundgang: General Post Office – Central Bank – BICI-Building – Art Galerie African Heritage – Barra Ferry Terminal – Half Die-Moschee – Gambia Ports Authority – Roman Catholic Cathedral

Stadtplan Banjul

Zoo	Sehenswürdigkeit	B	Bibliothek
M	Museum		Restaurant
P	Polizei		Kirche
+	Krankenhaus	C	Moschee
Post	Post	B	Busbahnhof
Bank	Bank		
Hotel	Hotel		
B	Botschaft		

0   150   300 m

River Gambia

Banjul Point

lighway

Gambia High School
European Cemetery
Muslimische Gebetsstätte
Kanifra
Marina Parade
Atlantis
House of Parliament
National Library
Carlton
Independence Drive
Banjul Mosque
Banjul City Council
Gamtel Office
Marina Parade
Royal Victoria Hospital
Lancaster Street
Dawda Corr Street
A.M. Jayoury St.
State House
Six Gun Battery
Jammeh Mosque
Perseverance Street
Lancaster Street
Georgetown Drive
National Museum
Taxi Park
Quadrangle
Fish Market
Ranklin Street
Jones Street
Ingram
Mc&Donnell Street
Hope Street
Stanley
Haddington Street
James Senegal St.
Wellesley
Thompson
Imam Omar Sowe Avenue
Anglican Cathedral
Victoria Recr. G.
Albert Market
General Post Office u. Gamtel Office
Bathurst Memorial
Central Bank
Handicraft Centre
Guinea
Brunnen
Bräustüble
Methodist Bookshop
Monument
Nelson Mandela St.
Gamtel H.
Nigeria St.
Senegal
Old Government Wharf
Lasso Wharf Market
Lasso Wharf St.
Roman Catholic Wesley Cathedral Church
Picton
Fire Station
Low Courts
Customs Headquarters
GTI Building
Clarkson Street
Immigration Office
Anglesea Street
CFAO Supermarket
African Heritage Art Galerie
SICI
Thailand
Crab Island Ponding Area
Guinea Bissau Street
Sierra Leone
Adonis
William St.
Banjul-Barra Ferry
GPTC Bus Station (Up Country)
Blanc St.
King George V Memorial Park
Orange St.
Apollo
Sonnar Stores
Canoes to Barra or for Creek Trips
Barra Ferry Terminal
Bund Road
Chellarams Supermarket
Map Shop Department of Surveys
Gambia Ports Authority
Cotton Street
Half Die Moschee

Gambia

River Gambia

Dockyard Point

Königliche Hoheits-
insignien im Museum
von Banjul

Eine Steinhandmühle
für Hirse
(Museum Banjul)

Antilopen-Initiati-
onsmaske der Jola.
Jungen tragen sie bei
der Abschlußzeremo-
nie. Rechts im Bild:
Rituell verwendete
Holzspeere, »kanya-
lang« genannt,
die bei den Jola als
Symbole für die
weibliche Frucht-
barkeit verstanden
werden

blickt man auf der linken Straßenseite das **House of Parliament,** den **Banjul City Council** und – etwas zurückliegend – den großen Gebäudekomplex des **Royal Victoria Hospital,** des modernsten staatlichen Krankenhauses von Gambia, das schon 1853 von den Briten gegründet wurde. Auf Höhe der Jack Terrace, wo sich rechter Hand der **Taxi Park** (Taxistand) für Local Taxis nach Bakau befindet, mündet der Independence Drive in die **Gloucester Street** ein.

Schon in der Gloucester Street sieht man gleich auf der linken Seite das **National Museum,** das im Gebäude des ehemaligen British Council eingerichtet wurde und wegen seiner reichhaltigen und gut dokumentierten archäologischen, ethnographischen und historischen Sammlung sehenswert ist. Das im Februar 1985 eröffnete Museum richtet sich mit seinen Exponaten nicht nur an ausländische Besucher, sondern will vor allem der eigenen Bevölkerung die Kenntnis von ihrer Kultur und Geschichte vermitteln; insbesondere ist für Schulklassen eine kleine Naturkunde-Abteilung eingerichtet, die über die heimische Flora und Fauna und ökologische Zusammenhänge berichtet. – Man sollte Sie sich nicht durch den ersten, etwas verstaubten Eindruck der Räumlichkeiten täuschen lassen! Geöffnet Mo–Do 8.30–16.00 Uhr, Fr und Sa 8.30–12.30 Uhr, Eintritt 10 D.

Auf der gleichen Straßenseite folgt ein Stück weiter die im neugotischen Stil erbaute, wie eine ehrwürdige englische Dorfkirche wirkende **Anglican Cathedral,** die sich an der Ecke zum **MacCarthy Square** erhebt. Dieser von schattenspendenden Bäumen umsäumte, eingezäunte Platz, der das Herz der Stadt bildet, stammt aus den Gründerjahren Banjuls und trägt den Namen des damaligen britischen Gouverneurs von Westafrika. Heute finden auf dem Platz mit den Victoria Recreation Grounds in der Mitte sportliche und politische Veranstaltungen statt.

Der Grundriß Banjuls sowie die Einteilung in Regierungs- und Verwaltungsbezirk im Nordosten und Handelsstadt im Südwesten – und folgerichtig auch der MacCarthy Square – gehen auf die Planung des Stadtbegründers Kapitän Grant zurück. Zum Gedenken an ihn gibt es heute noch die Grant Street, die wie der Mittelscheitel Banjuls von Südosten her auf den MacCarthy Square zuläuft. Auch andere Straßen tragen nach wie vor die Namen europäischer Feldherren und Persönlichkeiten. Erst in den letzten Jahren wurden einige Straßen umbenannt, so heißt die Cameron Street heute Nelson Mandela Street, und sucht man die Leman Street, so findet man statt dessen den OAU Boulevard.

Neben der Anglikanischen Kathedrale führt links ein kleines Gäßchen nach Nordosten zu dem im typischen britischen Kolonialstil erbauten **Quadrangle.** Wie der Name verrät, reihen sich die Gebäude dieses Verwaltungskomplexes wie in einem englischen College um einen viereckigen Innenhof mit Säulengängen. Nordwestlich davon liegt – wieder an der Marina Parade, die wir nun zurücklaufen – das **State House,** der heutige Regierungssitz. Das Bauwerk mit Blick auf den Gambia River wurde 1824 unter MacCarthy erbaut und war lange Zeit die Residenz der britischen Gouverneure. Nur der äußere Sandweg darf benutzt werden; die kleinen Gartenanlagen vor dem Gebäude dürfen nicht betreten werden. So wie z.B. das Telegrafenamt, **Gamtel Office,** linker Hand bei der Telegraph Road, liegen die meisten Regierungsgebäude und Büros unter den schattigen Bäumen der **Marina Parade.** Viele der Gebäude sind Kolonialbauten des 19. Jh., für die Außentreppen, die in das obere Stockwerk füh-

Das Bräustüble in Banjul

ren, typisch sind. Der Rundgang führt nun zurück zum Ausgangspunkt: Das Atlantic Hotel liegt jetzt zum Fluß hin auf der rechten Seite.

Zweiter Rundgang:
Um den MacCarthy Square
Albion Place – Wesley Church – Bräustüble – Bathurst Memorial – Six Gun Battery – Albert Market – Fish Market – Handicraft Centre
(s. Karte S. 156)

Der Verwaltungskomplex Quadrangle und die Anglican Cathedral of St. Mary auf der Nordwestseite des MacCarthy Square wurden als Besichtigungspunkte schon im vorher beschriebenen Rundgang erwähnt. Wenn Sie nun Richtung Südosten in die **Gloucester Street** durch das dichte Gedränge gehen, das hier an den Bushaltestellen und Taxiständen nach Serekunda und Brikama herrscht, stoßen Sie an der Ekke des Platzes auf die **Clarkson Street.** Ein kleiner Abstecher nach

rechts führt zum **Albion Place,** wo ein **Monument** an Edward Francis Small (1891–1958), den Begründer der westafrikanischen Gewerkschaftsbewegung, erinnert. Am Anfang der Dobson Street sieht man rechter Hand die **Wesley Church** von 1835, und gegenüber befindet sich die Methodistenschule. Zurück zur Gloucester Street, geht es nun weiter den MacCarthy Square entlang. Auf dieser Seite verdient das **Bräustüble** besondere Aufmerksamkeit. Vor allem mittags ist es wegen der guten Küche ein bei Ausländern und Einheimischen beliebter Treffpunkt. Man erreicht das unter deutsch-libanesischer Leitung stehende Gasthaus mit Biergarten durch den OAU Boulevard, die erste Querstraße nach rechts. Wieder am Square angelangt, blickt man auf das **Bathurst Memorial** auf der Längsseite des Platzes; es ist dem Andenken der Gambier gewidmet, die in den beiden Weltkriegen gefallen sind und unter britischem Kommando dienten. Unmittelbar an der Ecke des MacCarthy Square, aber

Auf dem Albert Market in Banjul

auf der anderen Straßenseite zwischen Buckle Street und Nelson Mandela Street, steht ein rosa **Brunnen,** der aus Anlaß der Krönung König Georgs VI. und Königin Elizabeths errichtet wurde. An die Auseinandersetzungen um die Verteidigung der Flußmündung erinnern die Geschütze der **Six Gun Battery** aus dem frühen 19. Jh., die etwas weiter entfernt zum Gambia-Fluß hin nordwestlich des Platzes aufgestellt sind.

Auf keinen Fall sollte man einen Besuch des **Albert Market** versäumen, des größten und geschäftigsten Einheimischenmarktes von Gambia. Schon seit 1855 gibt es, wie die Tafel am Eingang berichtet, diesen typisch afrikanischen Handelsplatz, der Käufer aus allen Landesteilen anlockt. 1986 brannte er völlig ab, ist inzwischen aber wieder aufgebaut. In unmittelbarer Nähe des MacCarthy Square gelegen, ziehen sich seine zweistöckigen Arkaden fast die ganze Russell Street entlang. Schmale Öffnungen führen zunächst in den basarartigen Teil, in dem man in schattigen Gängen vor allem Haushaltsgegenstände, Uhren, Schmuck und Elektronikartikel kaufen kann, denn Gambia ist Freihafen! Herrschen hier die männlichen, über-

Der Fischereihafen von Banjul liegt hinter dem Albert Market

wiegend senegalesischen Händler vor, so findet man in dem sich anschließenden offenen Lebensmittelmarkt die meist in attraktive Gewänder gehüllten anmutigen Frauen, für die Gambia bekannt ist. – Bitte immer daran denken, Personen stets nur mit deren Erlaubnis zu fotografieren. Das erspart unerfreuliche Diskussionen. Die Vielfalt der angebotenen und teilweise schon verarbeiteten Früchte, Gemüse, Gewürze, Kräuter, Teesorten gibt einen Einblick in die gambische Küche und Naturheilkunde.

Hinter dem Albert Market verbirgt sich zum Flußufer hin der kleine **Fish Market,** wo man viele bunt bemalte Einbaumboote und Pirogen am Strand liegen sehen und Fischer beim Netzeflicken und Fischeräuchern beobachten kann.

An den Albert Market schließt sich das eher für Touristen gedachte **Handicraft Centre** an. Auf diesem mehrmals verlegten Markt findet man ein buntes Mosaik kunstvoller Holzschnit-

zereien, farbenfroher Batikstoffe und -kleidung, Lederwaren, Töpferarbeiten, gambische Puppen sowie Gold- und Silberschmuck. Es werden jedoch nicht nur Produkte aus Gambia angeboten, sondern auch aus anderen Ländern Afrikas, wie z. B. die mit Kaurimuscheln und Perlen verzierten Masken aus Mali. (Eine oftmals interessante Verkaufssammlung von ausgefallenen, z. T. älteren Holz- und Bronze-Objekten bietet Mr. Seikh Mbaye Mbasu an, Stand Nr. 1 D, Block Nr. 8.) Beim Einkauf sind viel Zeit und Geduld zum Handeln wichtig! Leider werden »unter dem Ladentisch« immer noch Waren aus Krokodilleder, Schildkrötenpanzern, Schlangenhäuten und Tierfellen geschützter Arten angeboten. Käufer dieser Produkte machen sich schon in Gambia strafbar und riskieren außerdem bei der Rückreise die Beschlagnahmung der Waren sowie erhebliche Zollstrafen. Abgesehen davon lohnt sich der Kauf schon deshalb nicht, weil die Häute und Felle im Regelfall außerordentlich schlecht präpariert sind.

*Mutter mit Kind am
MacCarthy Square*

Vom rosa Brunnen an der Nordostecke
des MacCarthy Square zweigt nach
Südosten die schon erwähnte **Russell
Street** ab und mündet kurz hinter der
General Post Office (Hauptpost)
und **Gamtel Office** in die **Welling-**

ton Street ein. Die Fassade der Hauptpost wurde dem Kolonialstil angepaßt,
aber das Gebäude ist kaum älter als 30
Jahre. In den im Parterre gelegenen Geschäften der Russell, Nelson Mandela
und Wellington Street bieten libanesi-
sche Kleider- und Stoffhändler ihre
Ware feil – eine nicht überschaubare
Fülle von afrikanischen Mustern und
Farben! Die Wellington Street, die den
Namen des britischen Feldherrn und
Siegers gegen Napoleon bei der
Schlacht von Waterloo trägt, verläuft
parallel zum Gambia-Ufer geradewegs
nach Süden. Sie bildet mit dem angrenzenden Stadtbezirk das Hauptge-
schäftsviertel Banjuls, in dem sich die

Banken befinden, wie z.B. das moderne Hochhaus der **Central Bank** in der Buckle Street. Angesiedelt in der Wellington Street sind u.a. am Beginn der Straße die Gambia Airways (links) und die Import-Organisation National Trading Corporation (rechts), im weiteren Verlauf dann die **Law Courts** (Gerichtshof, rechts) sowie die **Customs Headquarters** (Hauptzollamt, links) mit dem Containerhafen am Old Government Wharf, außerdem das als **BICI-Building** (rechts) bekannte ultra-moderne Gebäude der Banque Internationale de Commerce et Industrie und der **CFAO Supermarket** (rechts). Im selben Gebäudekomplex wie der CFAO-Supermarkt befindet sich im 1. Stock die **Art Galerie African Heritage,** die ein dänisch-gambisches Ehepaar betreibt; hier werden auserlesene ältere und neue afrikanische Kunst- und kunsthandwerkliche Gegenstände gut präsentiert zum Verkauf angeboten. Dazu gehört noch ein Restaurant mit einem verhältnismäßig kühlen Speiseraum und einem Balkon mit Ausblick auf das bunte Treiben in der Wellington Street. Kurz darauf liegt auf der rechten Straßenseite das einfache **Hotel Adonis** und etwa auf halber Strecke zwischen den Einmündungen zur Hill Street und Orange Street eine Anlegestelle, wo man kleine Boote zu Ausflügen in die Mangroven Creeks, aber auch nach Barra mieten kann. Bald danach passiert man die Anlegestelle der Flußfähre nach Barra, **Barra Ferry Terminals.**

An den Einkaufsmärkten, **Sonnar Stores** und **Chellarams Supermarket** (beide rechts) vorbei, erreichen wir nun am Ende der Straße den Hafen und damit gleichzeitig die Südspitze der Stadt. Die Tatsache, daß Banjul einen geschützten natürlichen Hafen mit einem tiefen Kanal zum Atlantik hat, spielte schon während der Koloni-

Eine kleine Spielszene in den Straßen Banjuls

alzeit eine bedeutende Rolle. Auch heute legen regelmäßig große Übersee- und Containerschiffe im Hafen an. Wir befinden uns jetzt im Half Die genannten Teil Banjuls, dessen ärmere Bevölkerung in der Vergangenheit häufig von Seuchen heimgesucht wurde (S. 154). Wellblechhütten beherrschen hier das Stadtbild. Zwei Minarette an der Brown Street machen auf die **Half Die-Moschee** aufmerksam. Die Hafenbehörde, **Gambia Ports Authority,** liegt an der Schmalseite des nahe gelegenen **King George V. Memorial Park,** der aber kein Park ist, sondern ein großer sandiger Platz, auf dem sich während des Zweiten Weltkriegs die größte westafrikanische Luftabwehrbasis der britischen Armee befand. An seiner westlichen Ecke beginnt die **Bund Road.** Diese in den fünfziger Jahren zum Schutz der

Hauptstadt vor Überflutungen gebaute Deichstraße führt in einem großen Bogen durch die Mangrovensümpfe um Banjul herum und mündet nach ca. 3 km beim Gefängnis wieder auf die Uferstraße, die Banjul mit dem eigentlichen Festland verbindet. Auch wer nicht diesen ganzen Weg zurücklegen möchte, kann hier, selbst auf einem kürzeren Spaziergang, besonders bei Ebbe, unzählige Vogelarten beobachten (S. 236).

Für den Rückweg ins Stadtzentrum wählt man am besten eine der vom King George Park nach Norden führenden Parallelstraßen zur Wellington Street. Geht man die schon erwähnte **Buckle Street** zurück, so passiert man Ecke Orange Street das **Apollo Hotel,** das nach dem Umzug des National Tourist Office ins Quadrangle vergrößert und renoviert wurde. Etwas

weiter westlich, Ecke Hagan und Picton Street, erhebt sich die **Roman Catholic Cathedral** Mariä Himmelfahrt, die bedeutend größer als die Anglikanische Kathedrale (S. 159) ist. Ansonsten sind in der Buckle Street höchstens noch die Polizei und Feuerwache nahe der Picton Street und der **Methodist Bookshop** mit gutem Material über Gambia an der Ecke Nelson Mandela Street erwähnenswert. Auf diesem Rundgang stößt man immer wieder auf Häuser, deren Baustil Zeugnis für die koloniale Vergangenheit Banjuls ablegt.

Ist Banjul tagsüber mit dichtem, farbenfrohem afrikanischem Leben erfüllt, so leeren sich die Geschäftsstraßen mit der Rush-hour am Nachmittag schnell, denn die meisten der in der Hauptstadt Beschäftigten wohnen in Serekunda, Bakau, Fajara oder Kololi.

Die Kombo-
St. Mary Area

Allgemeines

Das touristisch am besten erschlossene Gebiet Gambias ist die Kombo-St. Mary Area mit ihren herrlichen Stränden und den am meisten besuchten Hotelanlagen – sieht man einmal von den in der Nähe Banjuls gelegenen Strandhotels Wadner Beach und Palm Grove sowie den Stadthotels ab. Auf dem Weg vom Flughafen Yundum (rund 30 km südwestlich von Banjul) zu den Strandhotels der Tourism and Hotel Development Area (TDA) mit den Ortschaften Fajara und Bakau kommt man beim Abuko Nature Reserve (S. 191) und der

Festlich gekleidete Frau in Serekunda

Abuko Satellite Earth Station vorbei, ehe man das geschäftige Serekunda erreicht.

Serekunda

Der Ort ist durch seine günstige Lage, durch die zunehmende Landflucht und durch Eingemeindungen in den letzten Jahren so rasch angewachsen, daß er heute bereits als größte Stadt Gambias gilt. Amtliche Daten über den derzeitigen Bevölkerungsstand liegen allerdings nicht vor; Schätzungen sprechen von etwa 200 000 Einwohnern, vielleicht liegt die Zahl aber weit höher. Täglich treffen neue Zuwanderer vom Land ein, aber auch Flüchtlinge aus anderen afrikanischen Staaten. Ein großer Teil der in Banjul Arbeitenden hat sein Zuhause in Serekunda. In Gambias geschäftigem Westen führen alle Wege durch und nach Serekunda: Die Stadt ist Verkehrsknotenpunkt mit dem größten Depot (»garage«) für Buschtaxis und Handelszentrum mit beträchtlichem Warenaustausch. Wer nach einem speziellen Ersatzteil oder Handwerker sucht, findet das, was er benötigt, bestimmt in einem der zahlreichen Geschäfte, vielleicht auch in einem Handwerksbetrieb in Serekunda oder im Industriegebiet von Kanifing.

Die relativ junge Stadt geht auf eine Siedlung zurück, die der einstige *alkalo* vom Kombo-Gebiet Sere Jobe gründete; Sere Jobe Kunda bedeutet: Compound von Sere Jobe. Diese Ortschaft wuchs in kurzer Zeit mit sechs umliegenden Dörfern zum heutigen Serekunda zusammen. Die Grenzen zum Nachbarort Bakau sind inzwischen fließend.

Das Erscheinungsbild von Serekunda ist typisch für neue Siedlungen in ärmeren Gebieten Afrikas. Es wird viel häßliches Wellblech als einigermaßen billiges und haltbares Baumaterial verwendet. Die bekannte Zoologin Jane

*Junger
Wrestling-Fan*

van Lawick-Goodall nennt diesen modernen Baustoff Afrikas mit Recht »Fluch der heutigen afrikanischen Landschaft«. In den von unbefestigten Pfaden durchzogenen Außenbezirken drängt sich dicht an dicht Compound an Compound, und die Anzahl der einfachen Behausungen nimmt ständig zu.

Interessant für ausländische Besucher ist Serekundas geschäftiges Stadtzentrum **Churchills Town.** Um etwas vom gambischen Alltagsleben mitzubekommen, empfiehlt sich ein Bummel durch das bunte Gedränge des Marktes mit seinen zahllosen Händlern, Marktfrauen, Handwerkern und den eitlen, farbenfroh gekleideten Kundinnen. Ein anderer Anziehungspunkt – nicht nur für Touristen, sondern in erster Linie für die Gambier selbst – sind die berühmten, regelmäßig stattfindenden Wrestling-Wettkämpfe (S. 127). Die bekannteste und größte **Wrestling-Arena** liegt in **Bakoteh** im Südwesten Serekundas an der Straße nach Sukuta. Eines der auffälligsten Bauwerke ist die neue weiße

Kombo - St. Mary Area

Barra

0   1   2   3km

Toll Point

Denton
Bridge
Oil Mill

SEREKUNDA   HIGHWAY

Wadner Beach
Palm Grove

Radio Syd

Gefängnis

Kantora
Carlton
Atlantic

BANJUL

Banjul
Point

Banjul-Barra-Ferry

Oyster Creek

Turnbull-Bolong

Chitabong-Bolong

Dockyard Point

Chitabong Island

Daranka Island

Daranka Bolong

Lamin-Daranka-Channel

River Gambia

Lamin Island

Lamin Bolong

Mandinari-Bolong

Mandinari Flats

Lamin Lodge

kt

Lamin

Mandinari Point

k Vegetable
ng Project

Korowan

Mandinari

Mandina
Point

Kunkujan
Jataya

169

Ahmadiyya-Moschee mit ihren hoch aufragenden schlanken Minaretten. Wenn man auf der Hauptstraße nach Süden Richtung Abuko, Airport oder Brikama fährt, ist dieses Gotttteshaus auf der linken Straßenseite kaum zu übersehen.

Im nordöstlichen Teil von Serekunda liegt an der Straße nach Banjul **Old Jeshwang.** Auf dem Gelände des heutigen Gewerbegebiets hatte die Lufthansa 1933 einen Flugplatz errichtet, der etwa sechs Jahre lang bei Transatlantik-Flügen nach Südamerika als Zwischenstation diente. Vorbei am Industrieviertel **Kanifing** verläuft die inzwischen autobahnmäßig ausgebaute Ausfallstraße nach Banjul, an der sich auch der Gebäudekomplex der Jul Brew-Brauerei entlangzieht.

Wenn man auf diesem Highway von Banjul kommt, befindet sich an der er-sten Hauptkreuzung gegenüber der Kirche die **Westfield Clinic.** Hier zweigt in nordwestliche Richtung die Kairaba Ave (früher Pipeline Road) ab, an der u.a. die US-Botschaft und viele bekannte gute Restaurants wie das Straßenrestaurant »Zum Berliner« angesiedelt sind. Den auf der linken Seite liegenden Stadtteil nennen die Gambier auch **Latrikunda German.**

Rund um die Hotelanlagen der nordwestlichen Kombo-St. Mary Area s. Karte S. 168

Bevor die Kairaba Ave auf die Atlantik Road von Fajara stößt, führt linker Hand die Kotu Road zu den neueren Strandhotel-Anlagen sowie zum Ort **Kololi** und zum **Bijilo-Forest Park.** Folgt man dieser Straße und biegt bei der ersten größeren Kreuzung

Zuschauer und Musiker beim Wrestling-Kampf

Die neu erbaute Ahmadiyya-Moschee in Serekunda

Zwei Brief-marken vom SOS-Kinder-dorf

nach links in die Hermann Gmeiner-Street ein, so erreicht man das **SOS-Kinderdorf**. An der gleichen Straßenkreuzung geht es nach rechts zu den Hotels am Mangroven-Delta des kleinen Flüßchens Kotu. Die in gepflegten Gärten liegenden Hotels **Bungalow Beach, Bakotu** und **Kotu Strand Village** wurden in den siebziger Jahren von skandinavischen Teams finanziert und gestaltet. Neuere Hotels am Kotu Strand sind das **Kombo Beach Novotel** direkt am feinsandigen Palmenstrand und das **Palma Rima Hotel**.

Durch leicht hügeliges Gelände führt die Straße geradeaus weiter zu

Gambias größtem Hotel, dem **Club-hotel Senegambia Beach,** mit einer üppigen Gartenanlage, die sich zu einem der schönsten Strände hinunterzieht. Hier ist in den letzten Jahren ein neues touristisches Zentrum entstanden. Neben dem Senegambia Beach Hotel wurde das Fünf-Sterne-Hotel **Kairaba Beach** errichtet, das über ein Konferenzzentrum und Präsidentensuiten verfügt und zur Saison 1990/91 eröffnet wurde. Auch die Time Sharing-Anlage **Kololi Beach Club** hat sich in der Nachbarschaft etabliert. Ehe man die Hotels erreicht, kommt man an einigen neuen Geschäften, einer Zweigstelle der Standard Chartered Bank, an dem Restaurant Weinstube, einem Taxistand-platz sowie einem Souvenirmarkt vorbei.

Die **Fajara**-Region ist nicht nur für ihren herrlichen Sandstrand bekannt, sondern auch für ihre blühenden Gärten mit den versteckten Villen, diplomatischen Residenzen, Ministerien Missionsstationen. Auf einem Hang erhebt sich das **Fajara Hotel** mit reihenförmig angeordneten Bungalows und einem Souvenirmarkt sowie den Fajara Club. Offiziell ist der Club mit diversen Freizeitangeboten und einem 18-Loch-Golfplatz nur Mitgliedern zugänglich, doch erhalten ausländisch Besucher gegen Gebühr als Gastmitglied Zutritt. Von hier aus können Sie zu Fuß am Strand entlang zu den Hotelanlagen vom Kotu Strand wandern

Das Senegambia Beach Hotel hat einen sehenswerten botanischen Garten geschaffen. Im Hintergrund die Bungalow-Anlage

Freiluftgalerie am Fajara-Strand

In der Atlantik Road liegt inmitten eines parkartigen Geländes das **Medical Research Council Fajara** (MRC). In dem ursprünglich von den Briten gegründeten Forschungszentrum findet man eine moderne Ambulanz und eine Krankenstation, die Gambias ähnliche Einrichtungen dieser Art weit übertrifft.

Die Atlantik Road führt nach Nordosten zu dem alten Fischerdorf **Bakau,** einem Ort, der bis Mitte der 70er Jahre relativ unbedeutend war und der erst in den vergangenen Jahren zunehmend durch den Tourismus verändert wurde. Bakau – in der Mandinka-Sprache bedeutet das »Küste« – erhebt sich an einer imposanten Steilküste, von der man eine prächtige Aussicht auf

das Meer und die Buchten hat. Der Ort zieht jedoch nicht nur Touristen und Sonnenhungrige an, sondern ist auch beliebter Wohnsitz für hohe Beamte und reiche Geschäftsleute. An der Küste mit herrlichem Blick auf das Meer liegen in üppigen Gartenanlagen die Hotels **Tropic Gardens** und **African Village,** letzteres mit Night Club. Eine Treppe führt hinunter zum schmalen Sandstrand.

Dort, wo die Straße von Banjul in die Atlantic Road einmündet, befindet sich der Ortskern mit zwei Banken, einem modernen Supermarkt, der Kirche, dem Taxistand, dem Postamt sowie einem **Souvenirmarkt** und dann gibt es da den **Batikmarkt,** für dessen reizvolle Erzeugnisse Bakau bekannt ist. Außerdem gehört Bakaus Obst- und Gemüsemarkt zu den am besten sortierten, wenn auch nicht gerade zu den preiswerten des Landes.

Am südlichen Ortsrand läßt sich mit etwas Spürsinn das **heilige Krokodilbecken von Kachikally** auffinden (Beschreibung S. 179). Nordöstlich von Bakau erstreckt sich etwas landeinwärts ein **Botanischer Garten,** der seine Glanzzeit allerdings schon hinter sich hat. Dieses Relikt aus britischer Kolonialzeit ist aber ein angenehmer, schattiger Ort, an dem man sehr gut Vögel beobachten und sich mit den einheimischen Zierpflanzen vertraut machen kann.

Das weiter nördlich gelegene **Cape St. Mary** – auch Cape Point genannt – erhielt seinen Namen im 15. Jh. von portugiesischen Seefahrern, die es Cabo de Santa Maria nannten. Das britische Militär unterhielt auf dem Kap lange Zeit eine Radarstation. Heute wird Cape St. Mary vom **Sunwing Hotel** beherrscht, das sich hauptsächlich bei Skandinaviern großer Beliebtheit erfreut. Gründung und Gestaltung gehen auf schwedische Initiative zurück. In der weiträumigen exotischen Gartenanlage liegt das muschelverzierte **Grabmal des Imam Sait Matty Bah,** Sohn eines einstigen Königs und Imams. Läuft man am Sandstrand entlang von Cape Point in Richtung Ba-

Der feinsandige Strand lädt zum Spielen ein

Mit Schnitzereien verzierter Balken in einem Hotel

Liebe Leserin, lieber Leser,

vor Ihnen liegt ein MAI'S WELTFÜHRER der neuen Generation. Ihr Urteil interessiert uns. Darüber hinaus sind wir dankbar für Verbesserungsvorschläge und ergänzende Anregungen, die einer Neuauflage zugute kommen können. Wir bitten Sie, diese Karte ausgefüllt an uns zurückzusenden. Als kleines Dankeschön erhält jede(r) 100. Einsender(in) einen MAI'S WELTFÜHRER

Wodurch wurden Sie zum Kauf von MAI'S WELTFÜHRER angeregt?

☐ Empfehlung einer Buchhandlung   ☐ Hinweis aus Bekanntenkreis
☐ Schaufensterwerbung   ☐ Interesse für das betreffende Land
☐ Prospekt   ☐ Verlagsname
☐ Rezension   ☐ _____

Finden Sie den landeskundlichen Teil

☐ sehr gut   ☐ zu ausführlich
☐ gut   ☐ zu knapp

Was würden Sie ändern? _____

_____

Finden Sie den praktischen Reiseführer mit den Routenvorschlägen

☐ sehr gut   ☐ zu ausführlich
☐ gut   ☐ zu knapp

Was würden Sie ggf. ändern, ergänzen oder korrigieren? _____

_____

_____

Ist das Kartenmaterial (Detailkarten, Stadtpläne, Reiseatlas)

☐ gut aufbereitet   ☐ zu knapp
☐ ausreichend   ☐ _____

Diese Karte habe ich dem Band _____ entnommen.

Bitte kreuzen Sie an, ob Sie in Zukunft regelmäßig unsere kostenlosen Verlagsverzeichnisse erhalten möchten.   ☐ ja ☐ nein

Mai Verlag
Quellenweg 10

D-63303 Dreieich-Buchschlag

Absender (bitte in Druckschrift ausfüllen):

Name und Vorname

Beruf

Straße

PLZ, Ort

kau, so eröffnet sich eine wunderbare Aussicht auf die wildromantische Steilküste von Bakau, während man bei einem Spaziergang in entgegengesetzter Richtung die breite Mündung des Gambia in den Atlantischen Ozean überblickt.

Die Fahrt von den oben beschriebenen Strandhotels nach Banjul dauert etwa 30 Minuten. Die wichtigen Hotels sind auf S. 253–259 noch einmal ausführlich beschrieben.

Noch eine Anmerkung zum Thema Strandhotel: Die Gambier sind herzlich, offen und hilfsbereit, aber auch ausgesprochen würdevoll. In den Touristenzentren kann sich dieses Bild allerdings ändern und aus Geschäftssinn die selbstlose Hilfsbereitschaft in Aufdringlichkeit dem Fremden gegenüber umschlagen. Unangenehm, insbesondere für allein spazierengehende Frauen, können die Beach Boys (auch »bumsters« oder »bumsas«) werden, die mit dem Angebot ihrer diversen Geschäfte, Waren und Dienste leider viel zu oft Erfolg haben. Von Regierungsseite werden verstärkte Gegenmaßnahmen ergriffen. Tagsüber ist man auf jeden Fall an den Hotelstränden sicher, denn zum Schutz der Gäste patrouilliert die Touristen-Polizei, die bei Sonnenuntergang jeden darum bittet, bei Dunkelheit keine Strandspaziergänge mehr zu unternehmen, schon gar nicht allein.

Vier Ausflüge in die Umgebung von Banjul

Vorbemerkung

Touren auf eigene Faust können in Gambia leicht unternommen werden und bieten oft unvergleichliche Eindrücke und Erlebnisse. Während die nachfolgend beschriebenen Tagesexkursionen mit jedem ordentlichen Taxifahrer gemacht werden können, müssen bei mehrtägigen Fahrten in abgelegene Landesteile unbedingt einige Regeln beachtet werden, damit man von unliebsamen Zwischenfällen verschont bleibt. Hierzu gehört für den unerfahrenen Afrikabesucher als erstes die Empfehlung, eine solche Tour nie ohne zuverlässigen gambischen Führer und ohne Straßenkarte anzutreten. Außerdem ist die Reiseapotheke äußerst wichtig: Malariaprophylaxe, Salz- und Wasseraufbereitungstabletten nicht vergessen! Reiseproviant kann in allen größeren Orten auf den Märkten ergänzt werden. Für die jeweilige Tagesetappe sollte man aber immer genügend zu essen und zu trinken dabei haben. Denken Sie auch an Auto-Ersatzteile und Benzinreserven. Nicht jede Tankstelle kann Ihnen jederzeit den kostbaren Stoff nachfüllen! Und weil die Stromversorgung im Landesinneren noch über lokale Generatoren laufen kann, die meist nur einige Stunden des Tages in Betrieb sind, ist die Mitnahme einer Taschenlampe ratsam. Ein entscheidendes Hindernis bei Mehrtagestouren in das Landesinnere kann die Frage der Übernachtung werden, denn selbst in größeren Orten fehlen oft akzeptable Möglichkeiten.

Sorgfältige Planung, Vorbestellung und rechtzeitige Ankunft sind deshalb unerläßlich. Die Dunkelheit bricht in äquatornahen Gebieten schnell herein, und die Rasthäuser sind dann geschlossen.

Gambia verfügt im Landesinneren bisher nur über wenige wirklich empfehlenswerte Unterkunftsmöglichkeiten mit angeschlossenem Restaurant. Das Kemoto Hotel, das Tendaba Camp am mittleren Flußabschnitt, das Baobolong Camp in Georgetown sowie das Lamin Koto Camp am gegenüberliegenden Nordufer können z. B. für viele Ausflüge als Stützpunkt dienen. Darüber hinaus gibt es in größeren Or-

Überall werden Touristen von Kindern begrüßt

ten teilweise einfache Hotels und schlichte Regierungsgästehäuser, welche zwar kein Restaurant, aber meistens Küchenbenutzung anbieten. Da diese in der Regel nur wenige Betten haben, ist eine Reservierung unbedingt ratsam.

Bis auf wenige Ausnahmen, wie z. B. Juffure, Abuko oder den Holzschnitzermarkt in Brikama, besitzt Gambia kaum touristisch erschlossene Sehenswürdigkeiten. Trotzdem, Gambia ist ein westafrikanisches Kleinod und mehr als nur eine Reise wert! Der Reiz der Touren liegt in einer großenteils abwechslungsreichen Landschaft, im Besuch weiter, einsamer Sandstrände,

einer meist leicht zu beobachtenden Tier-, insbesondere Vogelwelt, vor allem aber im Zusammentreffen mit der liebenswürdigen westafrikanischen Landbevölkerung, die in oft malerisch schönen Dörfern heute noch fast genauso wie vor Jahrhunderten lebt. Es lohnt sich, hin und wieder kurz die Hauptstraße zu verlassen, um seitab auf unverfälschtes Landleben mit einer Fülle alter westafrikanischer Traditionen zu stoßen. Historische Baudenkmäler und Sehenswürdigkeiten sind in Gambia dünn gesät, und nur wenige kann man als attraktiv bezeichnen, wie z.B. James Island (S. 198) oder die Stone Circles (S. 212 ff).

Nochmals ein Wort zur gambischen Bevölkerung: Wie schon mehrfach erwähnt, sind die Völker dieses westafrikanischen Landes sehr freundlich und kontaktfreudig. Sie pflegen seit Jahrhunderten die Sitte einer herzlichen Gastfreundschaft. Fremden gegenüber sind sie sehr tolerant und sehen ihnen Verstöße gegen die Landesbräuche allgemein nach. Deshalb bedarf es im Grunde keiner detaillierten Verhaltensempfehlungen für den Besucher. Wie überall auf der Welt, ist es das Wichtigste, die Menschenwürde zu respektieren! Dann versteht sich z. B. ein taktvolles Vorgehen beim Fotografieren und Filmen von selbst. Lieber einmal auf ein schönes Motiv verzichten, als ohne Erlaubnis oder gar gegen Bezahlung (!) zu fotografieren! So fällt mir zu diesem Thema eine kleine Szene auf dem Frankfurter Flughafen ein: Ein sehr dunkelhäutiger Afrikaner schritt mit seiner Kamera eine längere Sitzreihe von wartenden weißen Fluggästen ab und fotografierte eine Person nach der anderen. Interessant war die Reaktion der Betroffenen, denn keiner wagte aufzubegehren. Sichtlich nervös schlugen sie nur die Augen nieder. Sie hatten die Demonstration verstanden.

Bei jedem Halt wird man sofort von einer Anzahl Kinder umringt, die nicht nur freudig »*towabo, towabo*« (Fremder) rufen, sondern auch um Bonbons, Kugelschreiber, Geld betteln. Das Betteln haben sie erst durch die Freigebigkeit der Besucher gelernt. Und die Geschenke verteilenden Touristen müßten auch die Verantwortung dafür übernehmen, daß diese Kinder nicht mehr zur Schule gehen, weil sie durch Betteln mehr »verdienen« als ihre Väter durch reguläre Arbeit. Hinzu kommt, daß schon tödliche Unfälle passiert sind, weil Kinder die vom Geländewagen heruntergeworfenen Süßigkeiten aufheben wollten und dabei vom Fahrzeug überrollt wurden.

Wenn Sie den Kindern etwas Gutes tun wollen, geben Sie den Kindern selbst nichts! Gastgeschenke entsprechen durchaus der Landessitte. Doch ist es sinnvoll, wenn Sie Geschenke aller Art wie Kleidung, Kugelschreiber, Hefte, Süßigkeiten, Medikamente, auch Geld für die Kinder, die Schule, das ganze Dorf in Gegenwart von anderen Dorfbewohnern dem *alkalo*, Imam oder Lehrer überreichen; vielleicht auch einem der Dorfältesten, die immer im Schatten eines großen Baumes sitzend anzutreffen sind.

Eine Selbstverständlichkeit ist es, daß man nicht in Shorts oder gar in Badehose bzw. Bikini auf Fahrt geht. Strandkleidung gilt außerhalb der Hotelanlagen als anstößig (s. auch Kleidung, S. 260). Denken Sie daran, daß Gambia ein islamisches Land ist! Und noch etwas: Versuchen Sie, sich auf die afrikanische Lebensweise einzustellen, in der Streß und Pünktlichkeit nicht die dominierende Rolle spielen. In Ihrem eigenen Interesse sollten Sie sich während des Urlaubs diesen Luxus leisten!

Die Zeitangaben für die Touren sind als Anhaltspunkt gedacht. Angaben über Preise und andere Daten können sich auch in Gambia schnell ändern. Reisen im Landesinneren sollte man nach Möglichkeit auf den Vormittag legen, insbesondere während der heißen Jahreszeit von März bis Mai. Bitte beachten Sie weiterhin, daß während der Regenmonate viele Pisten zumindest teilweise unpassierbar sind. Alle vorgeschlagenen Routen haben Banjul als Ausgangs- und Endpunkt. Viele dieser Ausflüge können bei den Reiseveranstaltern gebucht werden, meist mit Deutsch sprechenden Führern, die auch gute biologische, geographische und ethnische Kenntnisse haben. An den Hotelrezeptionen ist man außerdem gerne bei der Vermittlung eines Mietwagens und Führers behilflich.

Ausflug 1: Das heilige Krokodilbecken Kachikally und der heilige Baobab von Bakau
Banjul – Bakau – Kachikally – Bakau – Baobab Ndeban
(s. Karte S. 168)

Trotz der Islamisierung ist in der gambischen Bevölkerung der Glaube an mystische Kultstätten trotz Islamisierung lebendig geblieben. So spielen heilige Gräber, Bäume und Wasserbecken bis heute eine wichtige Rolle. Kachikally gehört zu den bedeutenden traditionellen Kultstätten in Gambia. Da dieses heilige Krokodilbecken für den ausländischen Besucher recht anschaulich ist und außerdem leicht zu erreichen ist, soll ihm exemplarisch für die vielen anderen Kultstätten ein ausführlicheres Kapitel gewidmet werden.

Das heilige **Krokodil-Becken von Kachikally** liegt etwa 12 km von Banjul entfernt am südöstlichen Ortsrand von **Bakau.** Es ist nicht ganz leicht, durch Bakaus Straßen dorthin zu finden und deshalb sinnvoll, einen Einwohner zu fragen. Der Eintritt beträgt 10 Dalasi, inklusive Führung durch ein Mitglied der Bojang-Familie, auf deren Land sich die Kultstätte befindet. Der Guide wird Sie auch zum Krokodil Charlie führen, dem man unter Aufsicht die Pfote schütteln, aber bloß nicht übers Maul streichen darf. Mit stoischer Gelassenheit nimmt es Charlie hin, das meistfotografierte Krokodil in Gambia zu sein.

Der mit einer Mauer eingefaßte und von Wasserhyazinthen überwucherte Teich wird von einem unterirdischen Flüßchen gespeist. Während der Trockenzeit ist der Wasserstand relativ niedrig. Von Zeit zu Zeit ist es daher notwendig, die Quelle weiter auszugraben. Das geschieht dann in einer speziellen heiligen Zeremonie, in der braune und schwarze Stiere geschlachtet werden. Den größten Teil des Opferfleisches bekommen die hungrigen Krokodile, die sich sonst von Fröschen und anderen kleinen Tieren ernähren. Weil diese Krokodile heilig und geschützt sind, können sie sich ungestört

Am heiligen Krokodilbecken von Kachikally

*Blühende Wasser-
hyazinthe im heili-
gen Krokodilbecken
von Kachikally*

vermehren. Ihre Anzahl wird einschließlich der Jungtiere auf etwa siebzig geschätzt. Getarnt durch den oft dichten Blätterteppich der Wasserhyazinthen, lassen sich jedoch nur wenige Krokodile ausmachen.

Seit Generationen, vielleicht seit 700 Jahren, ist der heilige Platz im Besitz der Familie Bojang. Damals ließ sich Ncooping Bojang im heu..igen Bakau nieder. Eines Tages kam eine Frau mit Namen Kachikally zu ihm und erzählte seiner Familie von den Geheimnis um den Teich: »Die übernatürlichen Kräfte seines Wassers helfen bei Unfruchtbarkeit und gegen Krankheit, sie wirken sich aber auch positiv auf das Erlangen von Wohlstand und politischer Macht aus.« Kachikally befahl daraufhin den Bojangs, den heiligen Platz für alle zugänglich zu machen und sich bis ans Ende der Zeit um den Pool zu kümmern, ihn zu pflegen und zu säubern. Dann schickte sie die Söhne von Ncooping zum Fischen und trug ihnen auf, das erste, was sie fangen, in den Teich zu tragen. Sie fingen zwei kleine Krokodile. Seit der Zeit leben und vermehren sich hier die heiligen Krokodile. Bis zum heutigen Tage soll die Kultstätte Wunder bewirken, und immer noch, so heißt es, erscheint unter bestimmten Voraussetzungen Kachikally als menschliches Wesen aus den Wassern.

Die alten Frauen der Bojang-Familie nehmen an einem kleinen eingemauerten Platz die heiligen Waschungen an den unglücklichen Frauen vor, die z.B. keine Kinder bekommen können oder deren Kinder durch irgendeinen Fluch gestorben sind. Für Hilfe suchende Männer sind die älteren Bojang-Männer zuständig. Das Wasser wird mit Eimern aus dem heiligen Pool geschöpft und über den Betenden gegossen. Bei einigen dieser zeremoniellen Handlungen werden auch Geldmünzen auf einem der schuppigen Krokodilrücken plaziert und das Tier damit ins Wasser geschoben. Welche Bedeutung dem heiligen Krokodil zuteil wird, spiegelt sich auch darin wider, daß es als Wasserzeichen im Geldschein abgebildet wird.

Auch heilige Bäume spielen in der gambischen Mythologie immer noch eine wichtige Rolle. In **Bakau** ist es der **Baobab Ndeban,** der an der Küste steht. (Man wird Ihnen gern den Weg dorthin zeigen.) Der Glaube an diesen heiligen Baum geht auf die Gründerjahre von Bakau zurück. Die Legende erzählt von Serern aus Joal im heutigen Nord-Senegal, die an dieser Küste gelandet sind. Es waren Fischer auf der Suche nach Feuerholz. Ihr großer Schutzgeist, Ndeban, war ihnen gefolgt. Vor Erschöpfung nach der anstrengenden Expedition ließ sich der Geist in der Gestalt eines Affenbrotbaumes am Strand nieder. Daraufhin beschlossen die Serer, in diesem Gebiet, das unter dem Schutz ihres guten Geistes stand, zu siedeln und gründeten den Ort Bakau. Bis zum heutigen Tag ist es tabu und gilt als todbringend, Früchte des Baobabs woanders zu essen als einzig und allein unter seiner Baumkrone.

Ausflug 2: Zum heiligen Krokodil-Pool von Berending
Banjul – Barra – Essau – Berending (etwa 3 Std. oder länger – je nach Dauer des Fährbetriebs Banjul – Barra; von Barra nach Berending ca. 11 km, gut 20 Min. Fahrzeit, s. Karte S. 182)

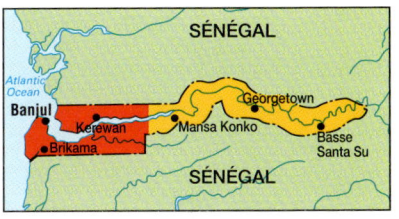

Der kleine Ort Berending liegt in der Nähe von Barra am Nordufer des Gambia-Stromes gegenüber von Banjul. An der **Trans-Gambia-Fähre** in Banjul in der Wellington Street herrscht immer reger Betrieb. Wenn man mit dem Auto übersetzen will, ist es daher ratsam, nach Möglichkeit schon vor 8 Uhr an der Anlegestelle zu sein, weil sonst Wartezeiten von 3 Std. und mehr, oft in glühender Mittagshitze, in Kauf genommen werden müssen. Die letzte Fähre zurück geht in der Regel um 19 Uhr. Der Preis für eine Überfahrt beträgt z.Zt. für einen Pkw 50 Dalasi, einen Geländewagen 100 D oder einen Minibus 125 D und pro Person 3 D. Für den Fährdienst werden die beiden in Germersheim am Rhein gebauten Fährschiffe »Niumi« und »Banjul« eingesetzt. Nur selten verkehrt noch die alte Fähre, die dem Betrachter ein besonders farbenprächtiges Bild bietet. Nach ca. 30 Minuten Transfer ist **Barra** erreicht. Der Name dieses Ortes stammt aus den frühen Kolonialjahren, denn so nannten die Portugiesen das Küstengebiet nördlich der Gambia-

Banjul – Tendaba Camp

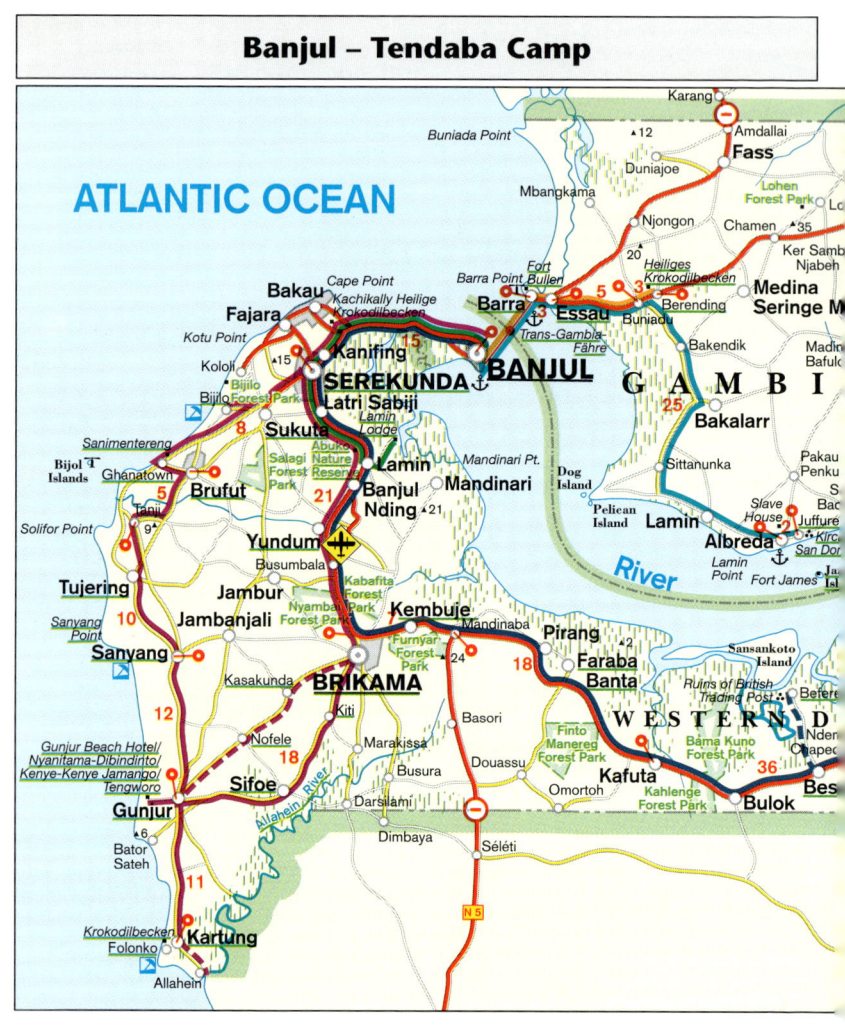

Mündung. Heute bestimmen Erdnuß-anlagen den Charakter des Ortes. (Von Barra aus sind Taxi- und Busfahrten in die gut 300 km entfernte senegalesische Hauptstadt Dakar möglich.) Nach Verlassen der Fähre biegt man auf die Asphaltstraße nach rechts ein und fährt 3 km bis **Essau.** An der Straßen-gabelung im Ort hält man sich aber-

mals rechts (links führt die Straße nach Senegal) und gelangt auf der Norduferstraße über Buniadu nach **Berending.** Etwa 50 m hinter dem Ortsschild führt an einem großen Wollbaum, im spitzen Winkel rechts abzweigend, der Weg zu einem Teich hinunter, dem **heiligen Krokodil**-Pool (Eintrittsgebühr). Mit etwas Glück

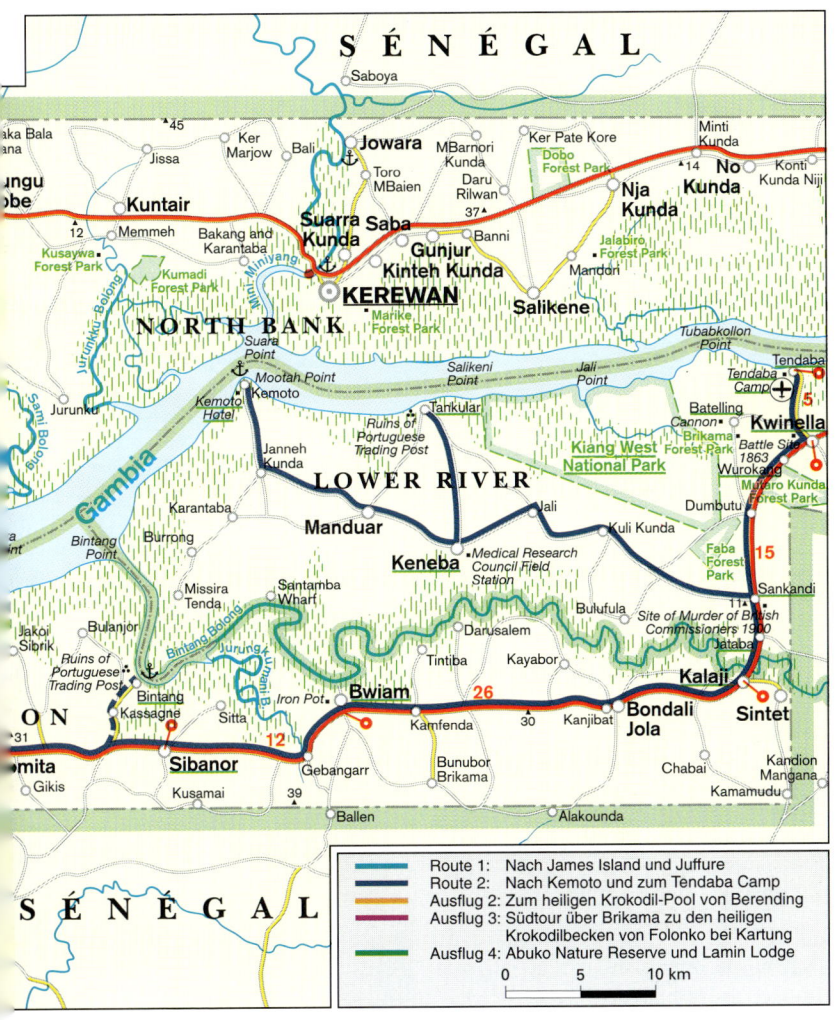

Route 1:	Nach James Island und Juffure
Route 2:	Nach Kemoto und zum Tendaba Camp
Ausflug 2:	Zum heiligen Krokodil-Pool von Berending
Ausflug 3:	Südtour über Brikama zu den heiligen
	Krokodilbecken von Folonko bei Kartung
Ausflug 4:	Abuko Nature Reserve und Lamin Lodge

0   5   10 km

sieht man eines der Krokodile getarnt zwischen Seerosenblättern schlafen. Im Wasser planschende Kinder und Wäsche waschende Frauen zeigen keine Angst vor den Tieren. Der Teich führt während der trockenen heißen Monate nur sehr wenig Wasser. Erst wenn die heftigen Regenfälle der Sommermonate den Wasserspiegel merk-

lich ansteigen lassen, kommen die Leute zu der Kultstätte, die nach überliefertem Glauben demjenigen Glück bringen soll, der hier Geschenke macht, z. B. Geld, Kola-Nüsse oder Kerzen. Umwoben von Legenden, werden den heiligen Krokodilen Wunderwirkungen zugesprochen. Mit den Opfergaben, rituellen Waschungen und dem

Ein heiliges Krokodil

Trinken des Wassers erhoffen auch hier kinderlose Frauen, erfolglose Geschäftsleute und andere Bittsteller, die oft von weither gepilgert kommen, ihr Schicksal günstig zu beeinflussen. Fremden flößt vielleicht der unbekümmerte Umgang mit den gefürchteten Tieren Angst ein, doch gelten die heiligen Krokodile als absolut menschenfreundlich.

(Wenn Sie von Berending noch nach Juffure und Albreda fahren möchten, finden Sie die weitere Wegbeschreibung unter Route 1 (S. 198).

Vorbei an eingezäunten Gemüsegärten, die zu Berending gehören, und durch die reizvolle Savannen-Landschaft führt der Weg wieder zurück nach Barra. Von hier aus kann man einen Abstecher zum etwa 800 m entfernten **Fort Bullen** machen. Die Festung wurde 1826 von den Briten zum Schutz ihrer Kolonie errichtet und im Zweiten Weltkrieg noch einmal benutzt. Außer der rechteckigen Anlage mit runden Bastionen und einigen verstreut herumliegenden Kanonen gibt es eigentlich nicht mehr viel zu sehen. Interessant

Im Haar der jungen Frau sind ju-jus mit eingeflochten

ist allerdings die beherrschende Lage an der Engstelle der Gambia-Mündung.

Der Wochenmarkt in Lamin

Ausflug 3: Südtour über Brikama zu den heiligen Krokodilbecken von Folonko bei Kartung
Banjul – Serekunda – Yundum – Brikama – Gunjur – Kartung (etwa 5–6 Std. einschließlich Rückfahrt; hinzu kommt nach Belieben die Zeit für einen Badeaufenthalt; Banjul – Kartung ca. 60 km, s. Karte S. 182)

Auf diesem Ausflug in den südlichen Teil Gambias kann man u.a. den bekanntesten Holzschnitzermarkt des Landes besuchen, einen der schönsten gambischen Strände kennenlernen und unterwegs Einblick in das dörfliche Leben nehmen.

Von Banjul fährt man auf der Süduferstraße durch Serekunda (S. 166), vorbei am Abuko Nature Reserve (S. 191) und am Flughafen Yundum sowie durch den Ort Yundum. In den Gebäuden einer ehemaligen Hühnerfarm, den Relikten eines fehlgeschlagenen englischen Großprojektes, befand sich seit 1935 das Yundum Colle-

ge für die Lehrerausbildung; heute ist darin eine Kaserne eingerichtet. Hinter Busumbala passiert man die staatlich aufgeforsteten Forest Parks Kabafita auf der linken Seite und Nyambai rechts der Straße (Sägewerk). Kurz vor dem als Straßenknotenpunkt wichtigen Ort Brikama (36 km von Banjul) verläßt man die nach links in weitem Bogen weiterführende Süduferstraße und biegt rechts in die Straße ein, die zum Ortszentrum führt.

Brikama ist die drittgrößte Stadt Gambias, Hauptort der Western Division und war bis zu den Soninke-Marabut-Kriegen (S. 67) Sitz eines bedeutenden Soninke-Häuptlings. Im Zuge der kriegerischen Auseinandersetzungen wurde der Ort 1854 und nochmals 1874 zerstört. Am Ortseingang liegt rechter Hand der Holzschnitzermarkt (etwa ab 8.30 Uhr Betrieb). Die Holzschnitzkunst in Brikama ist seit Generationen in den Händen derselben Familien; und ein großer Teil der gambischen Holzschnitzarbeiten, die auf den Souvenirmärkten des Landes angeboten werden, stammt aus ihren Werkstätten. Meist wird Mahagoni oder an-

Kola-Nüsse sind ein vielgehandeltes Produkt

*Holzschnitzermarkt in Brikama. Die ten-
dado-Spitzhüte der Holzfiguren waren
ursprünglich ein Merkmal der Fulbe-Hirten*

*Anlandende Fischer-
boote am Strand bei
Gunjur*

deres einheimisches Holz verwendet, selten das teure, importierte Ebenholz, das man allerdings mit schwarzer Creme zu imitieren versucht (falsches Ebenholz ist auffallend leicht!). Am häufigsten werden Gebrauchsartikel, Tierfiguren und afrikanische Masken mit den verschiedenen Stammesemblemen geschnitzt. Es handelt sich allerdings nicht um Nachbildungen von Kultgegenständen, denn die gambischen Völker kennen traditionsgemäß keine Tanzmasken aus Holz. Zwar spricht sich der Koran gegen die Abbildung von Menschen aus, für die westafrikanischen Muslime jedoch ist die Menschendarstellung von ihrer Tradition her nichts Ungewöhnliches. Man findet Skulpturen von Jägern, Kriegern oder Frauen und sogar von ganzen Fischerbooten mitsamt Besatzung.

Etwa in der Mitte des Ortes ist der Obst- und Gemüsemarkt nicht zu übersehen. In Brikama haben sich zwei sehr interessante deutsche private Hilfsprojekte etablieren können: das **Wattenscheid-Kinderdorf,** dem eine weiterführende Schule angeschlossen ist, und das **Botropp-Kinderdorf.** Beide Projekte arbeiten mit der permanenten finanziellen Unterstützung dieser beiden Städte. Man passiert sie, wenn man weiter auf der Süduferstraße durch Brikama fährt. Auf unserer Tour in den Süden kommen wir nicht daran vorbei.

Brikama ist auch berühmt für seine traditionellen Musiker-Familien, aus denen so bekannte *kora*-Spieler wie Foday Musa Suso und Malamini Jobateh stammen. Nach vorheriger Absprache kann Besuchern Kora- und/oder Balla-

phon-Unterricht (c/o Jobateh, Sanchaba, Brikama) erteilt werden.

Von Brikama führt eine nur in der Trockenzeit befahrbare Lateritstraße in südwestlicher Richtung über **Kiti** und **Sifoe** und von da ab westlich nach **Gunjur** (ca. 18 km). Man ist erstaunt, hier einen relativ großen Ort mit zwei Moscheen, einem Markt und einer Tankstelle vorzufinden. Allerdings wirken die Straßen Gunjurs wie Hohlwege, weil die hohen Zäune – vielfach aus Mahagonibohlen – kaum Einblick in die Grundstücke gestatten.

Variante über Kasakunda und Nofele

Nur unter Führung eines Ortskundigen kann man von Brikama aus eine schmale Piste nach Gunjur nehmen, die sich an einsamen kleinen Dörfern und Erdnußfeldern vorbei durch reizvolle Savanne zieht. Man fährt

Kleiner Zaungast

*Tanzplatz der Rhea-
kunda-Tanz-
und Trommelschule*

vom Markt in Brikama Richtung **Kasakun-da** (freundliche Fulbe- und Jola-Einwohner) über Busurandi und **Nofele** nach Gunjur.

Am Strand westlich von Gunjur liegen drei heilige Stätten, die man nur zu Fuß erreicht und für die man sich nach einem ortskundigen Führer umsehen sollte. Bedeutend ist **Kenye-Kenye Jamango** an einem schönen Strand mit einer Fischersiedung (ca. 5 km). Ähnlich wie zu den heiligen Krokodilbecken kommen Pilger mit verschiedenen Anliegen hierher, um an dieser Stätte Opfer zu bringen, zu beten und zu fasten. Nördlich von Kenye-Kenye Jamango liegt versteckt die Kultstätte **Nyanitama-Dibindin-to** und südlich davon das ebenfalls schwer auffindbare **Tengworo.**

Ganz in der Nähe ist 1995 das **Gunjur Beach Motel** von dem Schweizer Louis Hügli eröffnet worden. Mit den einfach, aber originell und mit afrikanischen Bauelementen errichteten Bungalows möchte Louis u.a. Gäste ansprechen, die einen längeren ruhigen Strandurlaub bevorzugen und Naturliebhaber sind. Er hält auch eine Campingmöglichkeit bereit (s. Hotels, S. 258).

Die Straße nach Kartung biegt etwas außerhalb von Gunjur an einem Wegweiser nach links ab. Man fährt auf rötlicher Piste durch Gebiete mit dichter Waldsavanne bis **Kartung,** nahe der Grenze zu Senegal. Der Ort ist wegen seiner heiligen Krokodile bekannt. Zu den **Krokodilbecken von Folonko** geht nahe am Ortsausgang, gegenüber der katholischen St. Martins Primary School (kurz vor der Kirche) auf der rechten Seite, ein Fußpfad hinunter. Da diese recht unscheinbaren Tümpel einen dichten Pflanzenbewuchs aufweisen, hat man nur selten das Glück, auch wirklich Krokodile zu sehen. Wie an allen anderen heiligen Stätten suchen die Leute Hilfe bei Unfruchtbarkeit und Krankheiten, indem sie in dem Tümpel baden, den Kopf waschen oder daraus trinken; auch die Wrestling-Kämpfer kommen zu rituellen Waschungen hierher und beten für ihren Sieg.

Abstecher zum Allahein River

Von Kartung aus kann man einen Abstecher zum mangrovengesäumten Grenzflüßchen **Allahein River** unternehmen. Hier am südlichsten Punkt des Landes erwarten Sie einige wenige Verkaufsstände mit Muscheln, Haifischzähnen etc. und ein kleiner Grenzverkehr mit Booten. Ganz in der Nähe befindet sich eine Bonga-Fisch-Räucherei, ein von der Europäischen Gemeinschaft gefördertes Projekt.

Dächer werden häufig mit getrockneten Palmwedeln von Fächerpalmen gedeckt

Die Rückfahrt erfolgt von Kartung durch Gunjur nordwärts über Sanyang, Brufut und Sukuta. In **Sanyang** hat das deutsch-gambische Ehepaar Rosemarie und Siaka Sanneh die inzwischen auch in Deutschland bekannte **Rheakunda-Tanz- und Trommel-Schule** eingerichtet. In einem palmenumstandenen Compound liegen malerisch die aus Naturmaterialien im typischen Jola-Stil erbauten Gäste- und Aufenthaltshäuser. Der Musik- und Tanzunterricht wird von geübten Lehrern aus Guinea-Bissau auf einem schattigen Platz im Freien erteilt (S. 258).

Nordwestlich von Sanyang führen Pisten zur Atlantikküste. Direkt am feinsandigen, flach auslaufenden Badestrand finden wir ein kleines Restaurant mit schattenspendenden offenen Hütten vor. Die von einem Palmenwäldchen eingerahmte herrliche weite Bucht erstreckt sich bis zum **Sanyang Point**, von dem aus man einen weiten Ausblick auf die Atlantik-Küste, bei klarem Wetter bis zur Casamance, hat.

Etwa auf halber Strecke zwischen Sanyang und Brufut kann man in **Tujereng** zu einem Abstecher in das Fischerdorf **Tanji** abbiegen. Von weitem riecht man, daß in den großen Holzschuppen die Fische für den heimischen Markt und den Export geräuchert werden.

Brufut bedeutet in der Mandinka-Sprache »rötlichbraune Erde«. Ob dieser Name auf die Eisenerzvorkommen in der Nähe des Ortes hindeutet, bleibt Spekulation. An der Küste wurde 1953 Ilmenit (S. 96) gefunden. Der Abbau des Titanerzes durch ein britisches Unternehmen bescherte Brufut zwischen 1956 und 1959 eine kurze Blütezeit, bevor die Ausbeutung wegen niedriger Weltmarktpreise wieder aufgegeben wurde. Ebenfalls an der Küste westlich von Brufut liegt die winzige, einen strengen Fischgeruch verbreitende Siedlung **Ghanatown,** in der sich – wie der Name schon verrät – Einwanderer aus Ghana niedergelassen haben, die den Einheimischen Fisch abkaufen. Die Fische werden geräuchert und in der Sonne getrocknet, ehe sie von Banjul aus nach Accra verschifft werden. Etwa 3 km nördlich von Brufut lohnt die heilige Stätte **Sanimenterang** einen Besuch, da sie relativ leicht zugänglich ist. Von der Küstenpiste führt ein Fußweg hinunter auf eine Lichtung zu einer vom Dorfoberhaupt errichteten Grashütte unter einem riesigen Affenbrotbaum. Dieser sehr alte Baobab, so heißt es, beherbergt einen mächtigen guten Geist, der dem Menschen, der unter der Krone betet oder schläft, in Trance oder im Traum erscheint und den ersten Gedanken oder Wunsch des Bittstellers in Erfüllung gehen läßt. Unter dem Baum liegt ein Stein, auf dem die Besucher ihre Opfergaben oder Geld plazieren. In der Hütte kann man Gebete verrichten und im Schlaf den Geist erwarten. Für rituelle Waschungen oder Bäder ist ein kleiner Obolus zu entrichten.

Von Ghanatown kann man auf der von der Bergwerksgesellschaft gebauten sogenannten Ilmenit-Straße geradewegs nach Sukuta fahren. **Sukuta** hieß früher Sabiji, bis es Mitte des 19. Jh. während der Auseinandersetzungen mit den Marabuts von anglofranzösischen Truppen dem Erdboden gleichgemacht wurde. Als der Ort später wieder errichtet wurde, nannte man ihn Sukuta, was soviel wie »neues Heim« bedeutet.

Sehr lohnend ist von hier aus ein Badeaufenthalt bei dem freundlichen Dörfchen **Bijilo**. Man zweigt in Sukuta nach links ab und kann in Bijilo auf der rechten Piste direkt bis zum Palmenstrand fahren. Es empfängt Sie ein weitläufiger, sehr breiter heller Sandstrand, der meist völlig menschenleer ist. Die Rückfahrt nach Banjul schafft man dann in einer guten halben Stunde.

> **Ausflug 4**: **Abuko Nature Reserve und Lamin Lodge**
> Banjul – Serekunda – Abuko Nature Reserve – Laming Lodge (mindestens 3 – 4 Std. für den Parkbesuch; Entfernung 23 km von Banjul; Fahrzeit ca. 30 Min., geöffnet Mo – Sa 8 – 18.30 Uhr, So 9 – 18.30 Uhr; Eintritt ca. 30 Dalasi, s. Karte S. 182, 193

Das 1968 gegründete **Abuko Nature Reserve** erreicht man auf der Süduferstraße über Serekunda. Wenn man den Ausgang des Parks auf der rechten Straßenseite passiert hat, gelangt man ca. 400 m danach zum Eingang, der etwas von der Straße zurück liegt.

Die besten Zeiten für die Tierbeobachtung sind zwar vom Wetter abhän-

Rote Colobusaffen sieht man fast nur in den Baumkronen

Grüne Meerkatzen klettern sehr gut, suchen aber auch häufig den Boden auf

191

Den Galerie-Urwald von Abuko kann man nur zu Fuß durchstreifen

Husarenaffen sind typische Boden- und keine Baumbewohner

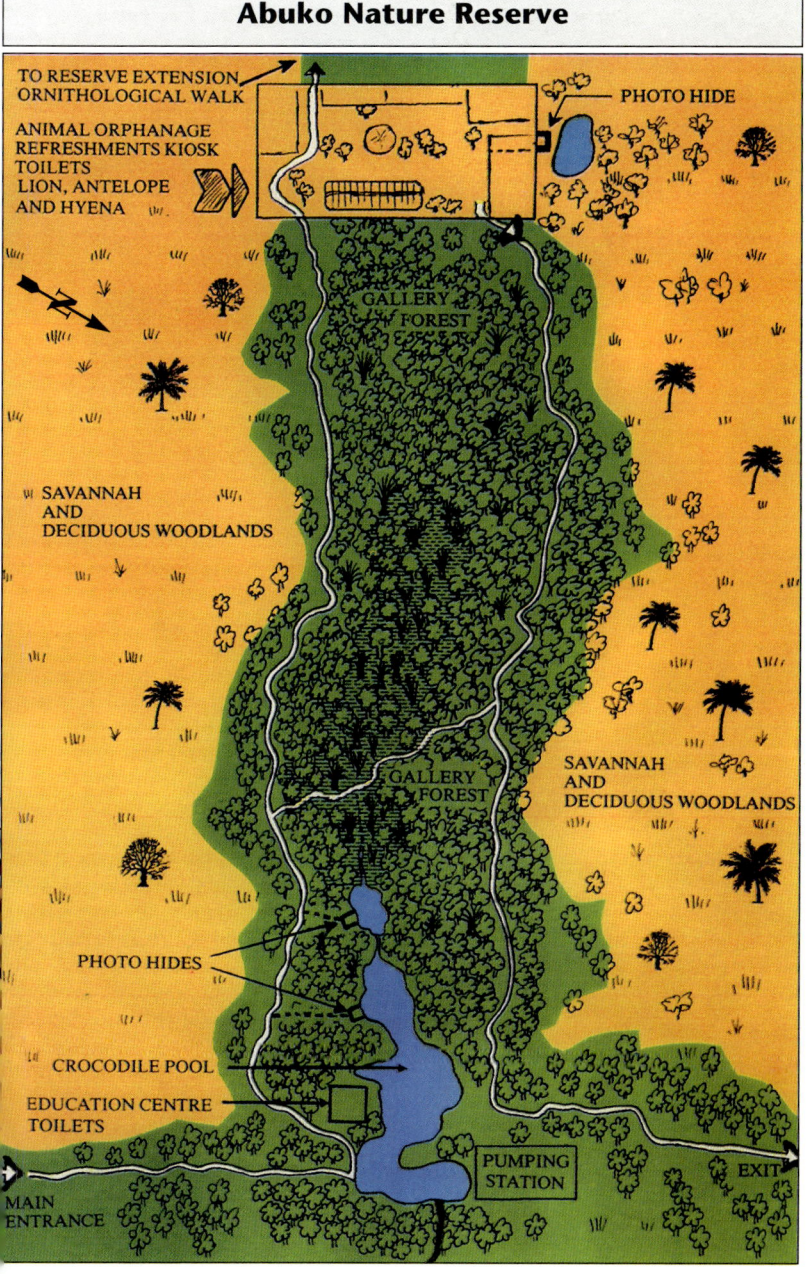

Abuko Nature Reserve

TO RESERVE EXTENSION
ORNITHOLOGICAL WALK

PHOTO HIDE

ANIMAL ORPHANAGE
REFRESHMENTS KIOSK
TOILETS
LION, ANTELOPE
AND HYENA

GALLERY
FOREST

SAVANNAH
AND
DECIDUOUS WOODLANDS

GALLERY
FOREST

SAVANNAH
AND
DECIDUOUS WOODLANDS

PHOTO HIDES

CROCODILE POOL

EDUCATION CENTRE
TOILETS

PUMPING
STATION

EXIT

MAIN
ENTRANCE

Auf dem Weg in die Freiheit

Stella Marsden, die Begründerin des Schimpansen-Auswilderungsprojektes

gig, allgemein günstig sind jedoch der frühe Vormittag (8–10.30 Uhr) und – noch besser – der späte Nachmittag (17.30–18.30 Uhr).

An der Kasse erhält man Informationsschriften über Flora und Fauna sowie eine farbige Broschüre mit einem Lageplan. Dieses nur etwas über 100 ha große Naturreservat kann man nur zu Fuß erkunden – ein eindrucksvolles Erlebnis von Galerie-Urwald und natürlicher Waldsavanne. Der etwa 2,9 km lange Fußpfad ist leicht erkennbar gekennzeichnet (laufende Wegmarken bis Nr. 116) und führt an einem gut ausgestatteten Informationshaus und mehreren beschilderten Fotoverstecken vorbei. Toiletten sind ebenfalls ausgeschildert.

Auf halber Wegstrecke stößt man auf einen kleinen Zoo, der als Waisenhaus für hilfebedürftige Tiere eingerichtet worden ist. Wo immer möglich, werden diese Tiere wieder in ihrer ursprünglichen Heimat ausgewildert. Für die Rehabilitation von Schimpansen z. B. entwickelte Stella Marsden, geb.

Nur selten findet
man eine so schöne
Blüte auf dem
Busch Strophantus
sarmentosus

Brewer – Tochter des ehemaligen britischen Naturschutzdirektors und Begründers von Abuko – ein Projekt, das
von diesem Nationalpark seinen Ausgang nahm. Mutterlose Schimpansen-
kinder lernten hier auf ihren täglichen
Spaziergängen durch den Urwald vom
Menschen die ersten Verhaltensweisen
für die Wildnis. Es dauerte mehrere
Jahre und erforderte viel Geduld, bis
funktionsfähige Sozialgruppen zusam-
mengestellt waren und die Schimpansen unabhängig vom Menschen leben
konnten. Erst dann wurden sie auf
den Baboon Islands, einem der Öffentlichkeit nicht zugänglichen Tierreser-
vat inmitten des Gambia River, sich

selbst überlassen. – Im Zentrum des
Zoos, in dem einige Löwen, Antilopen
und Hyänen zu sehen sind, werden in
einer schattig gelegenen kleinen
Schutzhütte Erfrischungsgetränke angeboten.

Über die Pflanzen- und Tierwelt von
Abuko wird auf S. 43 berichtet. Für
Tierbeobachtungen empfiehlt es sich,
viel Zeit und Geduld mitzubringen,
nur einzeln oder in kleinen Gruppen
in nicht zu auffälliger Kleidung leise
den Park zu durchwandern und die
ausgeschilderten Pfade – schon wegen
der eigenen Sicherheit – nicht zu verlassen. Speziell für Vogelbeobachter
gibt es im neu angegliederten nördli-

Die Lamin Lodge

Am Landesteg der Lamin Lodge

chen Teil des Nationalparks einen erweiterten Rundgang und einen Beobachtungsstand. Hier findet man einige prachtvolle Vogelarten der offenen Waldsavannenlandschaft.

Das Reservat von Abuko und das Schimpansen-Auswilderungsprojekt werden übrigens von der Frankfurter Zoologischen Gesellschaft von 1858 besonders gefördert.

Sollte anschließend an die Besichtigung von Abuko noch Zeit bleiben, so wird ein Besuch des Pfahlbau-Restaurants **Lamin Lodge** empfohlen. Man fährt von Abuko weiter nach Süden und biegt im nächsten Ort, **Lamin** (auch Lameng geschrieben), kurz vor dem Markt bei einem Wegweiser links in eine teilweise etwas rauhe Sandpiste ab. Diese führt zunächst an Com-

pounds und Gärten vorbei und dann durch offene Savannenlandschaft. Wenn man z.B. mit öffentlichen Verkehrsmitteln in Lamin ankommt, kann man diesen Weg in gut 30 Minuten zu Fuß zurücklegen, denn der Weg eignet sich auch gut zur Vogelbeobachtung. Die am mangrovengesäumten Ufer des Lamin Bolong, eines Seitenarms des Gambia River, gelegene Lodge wurde von einem Deutschen namens Peter errichtet, der vor Jahren in Gambia vor Anker ging. Das schön gelegene Restaurant steht – vergleichbar den es umgebenden Mangroven – auf Stelzen bzw. Pfählen über dem Wasser und hat eine ansprechende interessante Architektur mit mehreren übereinanderliegenden und ineinander verschachtelten Stockwerken. Die

gute Küche mit à la carte-Angeboten ist von 8–20 Uhr geöffnet.

Von der Lodge aus werden in Einbaum-Booten und Pirogen Fahrten durch die Bolongs angeboten. Es geht durch eine friedvolle Mangrovenlandschaft mit ihrer urtümlichen Flora und reichhaltigen Fauna, allem voran die Vogelwelt (Mangrovensümpfe, S. 30). Neben den kürzeren örtlichen Rundfahrten kann man beispielsweise auch eine etwa zweistündige Passage durch den Oyster Creek bis zur Denton Bridge (S. 154) buchen und sich dort von (s)einem Wagen abholen lassen, um wieder zum Hotel zu gelangen. Ganztägige Creek- sowie Sunset-Touren oder »Bird and Breakfast«-Fahrten können Sie auch über die Hotelrezeptionen buchen oder über Samba River Venture Ltd., Tel. 996903, P.O. Box 664, Banjul. Für mehrtägige Fahrten flußaufwärts, z.B. bis zum Lamin Koto Camp nach Georgetown, stehen die Pirogen »Jamond« und »Alhajie«, die zu komfortablen Zweimast-Segelbooten ausgebaut wurden, zur Verfügung. Sie bieten eine romantische Übernachtungsmöglichkeit für bis zu 15 Personen auf dem Sonnendeck. Es gibt eine regelmäßige wöchentliche Verbindung: Mittwoch früh legt das Boot von Lamin Lodge ab. Die Up-River-Fahrt bis Georgetown dauert drei Tage, und man kann an jeder Anlegestelle das Schiff verlassen. Für die Rückfahrt von Georgetown legt das Boot am Samstag früh ab, und die Ankunft in Lamin Lodge ist am Sonntag abend (Buchung s.o.).

Fünf Routen den Gambia stromaufwärts

Route 1: Nach James Island und Juffure

Banjul – James Island – Juffure
(Fahrzeit mit dem Schiff von Banjul nach James Island etwa 1–2 Std., ca. 32 km stromaufwärts; mit dem Auto Banjul – Barra – Juffure rd. 30 km, s. Karte S. 182)

Allgemeines

Von allen Reiseveranstaltern werden organisierte Touren per Schiff nach James Island/Juffure angeboten. Will man sich unabhängig machen, so kann man über die Landroute nach Juffure gelangen: Man muß allerdings die Fähre Banjul – Barra benutzen, dann auf die Norduferstraße fahren und kurz vor Berending rechts nach Juffure abbiegen. Die Fahrzeit Barra – Juffure beträgt ca. 50–60 Minuten. Die Route kann auch als Erweiterung des Ausflugs nach Berending (S. 182 ff.) unternommen werden. In Juffure besteht meist die Möglichkeit, mit dem Boot nach James Island überzusetzen. Ferner werden auch vom Kemoto Hotel (S. 205) Bootstouren nach James Island angeboten.

Seit Alex Haley im Frühjahr 1977 das kleine Dorf besuchte, in dem er seine familiären Wurzeln (»Roots«) gefunden zu haben glaubte, hat sich ein ununterbrochenes Besucherspektakel abgespielt. Zunächst waren es vor allem schwarzamerikanische Wallfahrer, dann kamen auch afrikanische und andere westliche Touristen. Die anfangs euphorische Begeisterung für Alex Haley ließ in Gambia bald nach, weil ihm überhebliches Verhalten gegenüber seinen gambischen »Brüdern« vorgeworfen wurde. Die durch den Medienrummel ausgelösten Besucherströme nach Juffure veränderten die Dorfbevölkerung so sehr, daß z. Zt. die Reiseveranstalter diese Tour zwar anbieten, aber im Grunde genommen von einer Fahrt dorthin abraten.

James Island

Mit dem Boot von der Mündung des Gambia River stromaufwärts fahrend nähert man sich James Island auf dem historischen Weg, den schon vor einem halben Jahrtausend die ersten portugiesischen Abenteurer segelten. Die Fahrt verläuft anfangs südwärts und wendet sich dann auf halbem Wege bei den linker Hand am Nordufer gelegenen **Dog Island** und **Pelican Island** gen Osten geradewegs auf **James Island** zu. Die winzige Insel war der erste Stützpunkt für die Europäer, und für viele, die an Fieber starben, wurde das Eiland auch die letzte Ruhestätte. Zum Gedenken an einen der hier beerdigten Seeleute wurde der Insel der Name St. Andrew's Island gegeben. Erst 1661 nannten die Engländer sie zu Ehren ihres Königs James II. in James Island um. Die ersten Fremden, die die strategisch günstige Lage nutzten und hier 1652 ein Fort errichteten, waren Balten, Untertanen des Herzogs von Kurland (S. 65). Danach wurde James Island bis 1779 zum Spielball der Geschichte in den Machtkämpfen zwischen Briten, Franzosen, Holländern und auch der einheimischen Bevölkerung.

Heute ist James Island die Insel der Affenbrotbäume, die ihre Äste über den Ruinen des Forts ausbreiten. In Erinnerung an die grausamen Geschäfte des Sklavenhandels wurde die Insel in

James Island zur Zeit von 1755

Alter Lande-platz

Kanonen

Boots-haus

Vorrats-räume

Kanonen

Hütten für die Sklaven

Nord-Bastion

Treppe

Zisternen

Wohnräume

Wohnräume

Wohnräume

Gouverneurs-Zimmer

Hof

Kanone

Ost-Bastion

Treppe

Kanone

Alter Lande-platz

Hütten für die Sklaven

Kanone

West-Bastion

Treppen

Eingang

Kanonen

Kanone

Hütten für die Sklaven

Süd-Bastion

Kanonen

Sklavenhof für Männer

Sklavenhaus für Männer

Sklavenhaus für Frauen

Sklavenhof für Frauen

Kanonen

Vorrats-räume

Hütten für die Sklaven

Senkgruben

Eingangstor u. Landeplatz

0   12,5   25 m

Die Gambia-Insel James Island

Juffure, das Heimat-dorf von Alex Haley, dem amerikanischen Autor des Buches »Roots«

Die Anlegestelle von Albreda

zwischen für viele Afrikaner und Schwarz-Amerikaner zu einer Art Wall-fahrtsort. Ungezählte Sklaven fanden in den Gemäuern des Forts einen qual-vollen Tod, und Tausende wurden von hier nach Übersee verschifft.

Juffure

Durch die Identitätssuche und Ahnen-forschung des US-Amerikaners Alex

Haley, des Nachkommen eines gambi-schen Sklaven, und seinen in viele Sprachen übersetzten Roman »Roots« (Wurzeln) geriet Gambia zeitweilig in das Blickfeld der Weltöffentlichkeit. Vor etwa 200 Jahren soll Haleys Vor-fahre Kunta Kinte aus Juffure entführt und als Sklave nach Amerika deportiert worden sein.

Im Brennpunkt der Kolonialge-schichte stand Juffure allerdings schon,

seit die Kurländer zur Trinkwasser- und Brennholzversorgung ihres Forts am Nordufer gegenüber von James Island Land erwarben. Bald jedoch wurde Juffure zur britischen Handelsniederlassung, während sich im Nachbarort Albreda zunächst Franzosen festsetzten, was notgedrungen zu andauernden Auseinandersetzungen führen mußte. Albreda, das direkt am Gambia-Ufer angesiedelt ist, brachte nach dem britischen Erlaß über die Abschaffung der Sklaverei vielen entlaufenen Sklaven die Freiheit. Sobald sie den Mast der britischen Flagge (Flag of Freedom) berührt hatten, waren sie frei.

In Albreda hat die Regierung 1996 ein kleines Museum mit Dokumenta-

tionen über den einstigen Sklavenhandel in dieser Gegend eröffnet. Von Albreda nach Juffure sind es nur einige hundert Meter Weg. Meist wird man bei der Landung von Kindern bestürmt, die einen an der Hand in Kunta Kintes Dorf führen wollen und ihre hölzernen Schnitzarbeiten zum Kauf anbieten.

Juffure ist ein kleines von Mandingo und Wolof bewohntes Dorf, das aus ungefähr zehn Compounds besteht. Im Zentrum hinter der Moschee liegt der Compound der Kinte-Familie. Und Binta Kinte, die angebliche gambische »Verwandte« Alex Haleys, läßt sich meist recht gern fotografieren. Im Mai 1996 wurde vom Tourismus-Ministerium erstmals ein einwöchiges »Roots Homecoming Festival« organisiert. Die Bewohner des Dorfes haben sich voll auf das Geschäft mit dem Fremdenverkehr eingerichtet. Es gibt in Gambia unzählige ähnliche Dörfer wie Juffure, die jedoch abseits vom Tourismus liegen und in denen die Bewohner ihre Ursprünglichkeit und Gastfreundschaft bewahren konnten.

Etwas außerhalb des Dorfes sind an der Straße nach Sika die Ruinen der alten portugiesischen **Kirche San Domingo** zu finden, die Mitte des 16. Jh. im Zuge der ersten – mißglückten – Missionierung erbaut wurde.

Route 2: Nach Kemoto und zum Tendaba Camp
Banjul – Brikama – Faraba Banta – Beferet – Sibanor – Bitang – Bwiam – Kemoto-Hotel – Kiang West National Park – Kwinella – Tendaba Camp (nach Kemoto ca. 190 km, davon etwa 50 km Piste; zum Tendaba Camp insgesamt 155 km, davon 5 km Piste, s. Karte S. 182)

Das Kemoto Hotel und Tendaba Camp, die beiden einzigen Touristenunterkünfte flußaufwärts bis Georgetown, erreicht man von Banjul auf der gut ausgebauten Süduferstraße. Allerdings ist die asphaltierte Strecke zwischen Sibanor und Soma z. Zt. mit tiefen Schlaglöchern versehen und kann nur entsprechend langsam und vorsichtig befahren werden. Auf dieser Strecke verkehrt auch eine regelmäßige Busverbindung.

Man fährt von Banjul über Serekunda (S. 166) nach Brikama (36 km) und weiter durch eine Landschaft mit Obstgärten. Gleich hinter Brikama kommen wir durch das Dorf **Kembuje,** bekannt durch seinen bedeutenden Häuptling, der einen Bezirk bis nach Brikama regiert. Im nächsten Ort **Mandinaba** passiert man die Abzweigung der Lateritpiste nach Ziguinchor/Süd-Senegal. Danach fällt **Faraba Banta** durch seine am Straßenrand zum Verkauf aufgestellten Tonwaren auf. Traditionell formen die Bainunka hier ihre Gefäße ohne Töpferscheibe. Palmenhaine wechseln mit Erdnuß- und Reisfeldern

*Töpferwaren in
Faraba Banta*

*Compound in einem
Fulbe-Dorf*

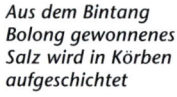

Aus dem Bintang Bolong gewonnenes Salz wird in Körben aufgeschichtet

Kemoto Hotel

und Savannenlandschaft. Immer wieder erblickt man die malerischen Dörfer, die von Jola, Mandingo, Manjago und Fulbe bewohnt sind. Bei **Bessi** kann man links zu einem kleinen Abstecher nach **Beferet** abzweigen (6 km). An einem hübschen Seitenarm (Bolong) des Gambia liegen unter Affenbrotbäumen die längst vergessenen Reste eines Handelsposten aus dem 17. Jh.

Die Hauptstraße geht weiter nach **Sibanor** (97 km von Banjul), wo Sie eine Tankstelle und einen Markt finden. Anna von Latrikunda German (Serekunda), eine deutsche Ordensschwester, leitet hier eine Sozialstation für elternlose und kranke Kinder. Zu den Überbleibseln eines ehemaligen portugiesischen Handelskontors in **Bintang** führt ein kurzer Abstecher nach links (6 km Lateritpiste). Die Reste des Bauwerks und einer kleinen Kapelle sind auf einer sanften Anhöhe links vom Landungssteg am Bintang

Bolong gerade noch wahrnehmbar.

Das Jola-Dörfchen **Bwiam** (km 109) an der Hauptstraße hütet einen merkwürdigen großen Eisentopf, der geschichtenumrankt ist und beinahe wie ein Heiligtum verehrt wird. Bestimmung und Herkunft des Topfes sind unklar, doch die Dorfbewohner kommen hierher, um zu beten und Opfer zu bringen. Das Eisengefäß liegt gut 200 m südöstlich der katholischen

*Blühender Flam-
boyant im Hotelgar-
ten von Kemoto*

Schule. Hinter der Ortschaft **Kalaji** (km 135), die von der Gewinnung von Flußsalz lebt, wie die aufgeschichteten Körbe mit den weißen Kristallen verraten, führt eine neue Brücke (Brumen Bridge) über den Bintang, den größten Nebenfluß des Gambia River.

In **Jataba** können wir wieder malerische Fulbe-Rundhütten bewundern, ehe wir **Sankandi** erreichen, das im Jahr 1900 durch einen Vergeltungs-

schlag der Briten vollständig vernichtet wurde. Im Jahr zuvor waren hier zwei englische Commissioners und ihre Begleitmannschaft bei Verhandlungen von Marabuts ermordet worden. Nach links führt eine Lateritpiste ins Hinterland nach **Keneba, Tankular** und zum 1992 eröffneten **Kemoto Hotel,** auf das ein Schild an der Abzweigung hinweist. Für die etwa 50 km lange Piste zum Hotel muß man ca.

1 Std. Fahrzeit veranschlagen. In dem Dorf Keneba, das wir durchfahren, besteht seit 1948 ein Medical Research Council, der sich vorwiegend der Erforschung von Malaria in dieser davon hart betroffenen, abgelegenen Gegend widmet. Mit starker finanzieller Unterstützung aus England und einem britischen Ärzteteam werden die Patienten kostenlos behandelt. Von Keneba führt ein Weg genau nach Norden zu einem ehemaligen Handelsposten der Portugiesen am Flußufer. Erhalten geblieben sind der Brunnen und eine Glocke aus dem Jahr 1711, die noch heute in dem Dorf Tankular bei Gefahr geläutet wird. Wenn Sie zum Kemoto Hotel wollen, fahren Sie am besten zurück zur Hauptpiste nach Keneba und folgen dann der relativ guten Ausschilderung (im Zweifelsfall fragen Sie die Dorfbewohner, das neue Hotel ist hier allgemein bekannt).

Kemoto ist bislang das einzige komfortable Touristen-Hotel im Landesinneren. Es liegt neben einem Fischerdorf auf einer Landzunge am Gambia-Fluß, allerdings einige hundert Meter vom Ufer zurückgesetzt. Per Boot sind es von hier nach Banjul ca.60 km. Die im afrikanischen Stil errichteten Rondavels und Reihenbungalows gruppieren sich um einen größeren Swimmingpool in einer blühenden Gartenanlage und bieten 133 Gästen Platz. Kemoto will mit seiner ruhigen Lage sowie den Boots- und Jeep-Touren in die Fluß- und Savannenlandschaften (auch zum Kiang West National Park) vor allem Individual-Touristen und kleinere Reisegruppen ansprechen, die selbst im »Busch« auf einen gewissen Komfort nicht verzichten möchten. Von hier aus kann man auch eine Exkursion auf dem Gambia-Strom nach James Island buchen. An den Abenden werden Ausflüge zu traditionellen Tanzveranstaltungen in umliegende Dörfer angeboten. (Buchung Kemoto: Tel. 99 00 31, Fax 49 66 34, oder über das Reservierungsbüro in Kololi: Tel./Fax 46 06 06, P.O. Box 2785, Serekunda). Vom Kemoto Hotel zurück nach Banjul sind es rund 150 km, davon, wie oben erwähnt, 50 km Lateritpiste.

Folgen wir von Sankandi der Süduferstraße weiter landeinwärts, erstreckt sich westlich der neue **Kiang West National Park.** An seiner Einrichtung ist u. a. die Bundesrepublik Deutschland beteiligt. Zu den Mangro-

Tendaba-Buschcamp

ven- und Savannenlandschaften, in denen auch Gebiete mit Lateritgestein vorkommen, gibt es drei Eingänge. Die Parkbesucher, die vom Kemoto Hotel kommen, werden den Eingang bei Jali benutzen. Der Eingang bei Dumbutu führt schnell ins Zentrum und in die attraktivsten Park-Gebiete. Von Jali und Dumbutu aus sind Parktouren sowohl zu Fuß als auch mit dem eigenen Auto möglich. Den dritten Eingang zum Park erreicht man vom Tendaba Camp aus (siehe unten). Die Eintrittsgebühr beträgt 75 Dalasi.

Wer sich für weitere Überbleibsel der Kolonialzeit interessiert, kann in **Wurokang** nach links abbiegen und auf einer Asphaltstraße 4 km bis **Batelling** fahren. Im Sand liegen vereinzelt

Kanonen und führen die Zeit vor Augen, als europäische Mächte entlang des Gambia befestigte Außenposten unterhielten.

In **Kwinella,** das 1863 der Schauplatz der großen Schlacht in den Soninke-Marabut-Kriegen (S. 67) war, deutet ein Hinweisschild mit Buschschwein-Zeichnung unübersehbar zum **Tendaba Camp** (5 km). Der Ort **Tendaba** war zu Beginn des 19. Jh. das wichtigste Handelszentrum am Fluß für europäische und afrikanische Geschäftsleute. Auf diesem »geschichtsträchtigen« Boden errichtete der Schwede Nils Johansen 1972 ein Buschhotel im afrikanischen Stil, das Ende 1976 von Wille Karlsson, ebenfalls einem Schweden, übernommen

Im Hof von Tendaba Camp

Tendaba-Bootsexkursion

wurde. Als Pionier im Gambia-Tourismus bot er seinen Gästen, die zunächst hauptsächlich Schweden waren, naturnahen Abenteurerurlaub. Tendaba war über lange Zeit die einzige Touristenunterkunft im Landesinneren, und Wille Karlsson ist zu einem über die Landesgrenzen hinaus bekannten Original geworden. Seine Liebe zum Land ist bis heute ungebrochen; und obwohl er 1990 aus Altersgründen das Camp in jüngere, gambische Hände gegeben hat, trifft man ihn immer wieder in Tendaba an, hat er hier doch noch seinen Bugalow, sein Boot, sein Motorrad ...

Der neue Manager Sarjo Touray führt nicht nur das Touristen-Camp und seinen Ausbau weiter, sondern auch die von Karlsson begonnenen sozialen Projekte im Tendaba-Dorf. Ein Teil der Einnahmen vom Camp kommt beispielsweise der Unterhaltung des von Wille aufgebauten Kindergartens zugute. Die Dorfbevölkerung wird außerdem kostenlos mit Wasser und Strom versorgt. Und um möglichst viele Menschen zu erreichen, wurde ein anderes Dorf hierher umgesiedelt, dessen neue Häuser man gleich am Anfang der Siedlung sieht.

Wegen seiner besonders ansprechenden Lage direkt an den Ufern des Gambia-Stroms ist Tendaba Camp schon immer Treffpunkt für viele interessante Leute gewesen. Im Gegensatz zu Kemoto darf der Besucher hier keinen größeren Komfort erwarten, dafür aber urspüngliche afrikanische Atmosphäre und intensives Naturerlebnis. Die weißen, grasgedeckten Rundhäuser sind aufgeteilt in schlichte Ein- bis Dreibettzimmer mit insgesamt 130 Betten. Auf dem etwa 8000 m² großen Areal befinden sich ein inzwischer renovierter Swimmingpool, ein Kinderspielplatz und einige kleinere Tiergehege, über deren Notwendigkeit inmitten dieser herrlichen Natur man unterschiedlicher Meinung sein kann. Einmalig ist die Lage des großen Eßplatzes mit Blick auf die Gambia-Fluten und zu empfehlen die gambische Küche mit Wildschwein- und Fisch-Spezialitäten. Die abendliche Lagerfeuer-Romantik wird noch abgerundet durch Trommelklänge, Gesang und Tanz der Dorfbevölkerung.

Was Tendaba aber auch auszeichnet, sind die Bootstouren in die umliegen-

Der Hammerkopf baut ein riesiges Nest

Rötelpelikane
sieht man bei Tenda-
ba regelmäßig

Mit 1,50 m Stand-
höhe ist der Goliath-
reiher eine impo-
sante Erscheinung
der Vogelwelt

*Den Graufischer
trifft man nicht nur bei
Tendaba an*

Große Krokodile sind auch in den Mangroven bei Tendaba sehr scheu

Terminal 3 auf dem Tendaba-Flugplatz

den landschaftlich reizvollen Mangro-
ven-Bolongs. Bei der Naturbeobachtung profitieren die Teilnehmer von
der jahrzehntelangen Erfahrung der
Bootsführer. Es werden auch Jeep-Touren, z. B. in den Kiang West National
Park, angeboten. Für eine Exkursion
per Boot oder Jeep zahlt man pro Person 90 Dalasi (Trinkgeld, Vorschlag:
5–10 D pro Teilnehmer). Angenehmste Reisezeit: November bis Januar/Fe-
bruar; telefonische Anmeldung: Ten
daba Camp, c/o Kwinella, Tel. 54 10 41.

Tendaba hat einen eigenen kleinen
Buschflugplatz. Da das Camp nur 5 km
von der Hauptstraße entfernt liegt, eignet es sich gut als schnell zu erreichen-
des Nachtquartier. Empfehlenswert ist
jedoch ein längerer Aufenthalt.

Route 3: Zu den Steinkreisen bei Kerr Batch und Wassu

Banjul – Tendaba Camp – Mansa
Konko – Soma – Yelli Tenda –
Bamba Tenda – Farafenni – Kaur –
Panchang – Kerr Batch – Wassu
(Banjul – Wassu knapp 300 km auf
der Süd- und der Norduferstraße; es
empfiehlt sich eine Zwei- oder
Drei-Tage-Tour, s. Karte S. 214

Allgemeines

Dieser Ausflug führt zu den bekanntesten und eindrucksvollsten präkolonia-
len Funden in Gambia. Es handelt sich
um ringförmig angeordnete Steinset-

Geheimnisvolle historische Funde

Das Alter der ältesten Steinkreise schätzen Wissenschaftler auf ca. 2100 Jahre. Die Errichtung des Megalithenfeldes bei Wassu datiert man auf 750 n. Chr. Bis heute konnten noch nicht alle Geheimnisse dieser historischen Funde gelöst werden. Der Volksmund erzählt, die Säulen seien in Stein verwandelte Menschen. Diese und andere mystische Legenden verzögerten zunächst die Forschungsarbeiten. Ein Fluch sollte jedem, der mit den Ausgrabungen beginnt, den Tod bringen. Tatsächlich starben 1931 drei Ausgräber auf unerklärliche Weise, doch alle weiteren archäologischen Arbeiten, die seit Mitte der 60er Jahre systematisch durchgeführt werden, blieben unbehelligt.

Durch Skelettfunde und Grabbeigaben, wie Tongefäße, Eisenwaffen, kupfernen Armschmuck, ist erwiesen, daß es sich um historische Königs- und Häuptlingsgräber handelt, um die die Steine später in Kreisform errichtet worden waren. Man schreibt sie einem eisenbenutzenden Bauernvolk zu, Vorfahren der heutigen Jola und Serer. »Cassu«, der frühere Name für Wassu, bedeutet in der Sprache der Serer »Grab«. In altafrikanischen kultischen Zeremonien brachten diese frühen Völker in den Steinkreisen Früchte als Opfer für die heilige Mutter Erde dar, denn die Erde versorgte sie mit Nahrungsmitteln und nahm ihre Toten auf. Es wird angenommen, daß sie einem Sonnenkult huldigten. In der gleichen Art wie hier hat man auch im alten Ghana-Reich die Könige und Fürsten bestattet.

Die heiligen Steinkreise bei Wassu

zungen aus Laterit. Solche geheimnisvollen Steinkreise hat man am mittleren Nord- und Südufer des Gambia bis hinein nach Senegal gefunden. Ähnliche Kultdenkmäler sind vereinzelt aus dem Gebiet südlich der Sahara bis nach Guinea bekannt. Die größte Kultstätte dieser Art in Gambia liegt bei Wassu mit einem Dutzend Steinkreisen. Daneben ist man auch in Kerr Batch, Palan Mandika, Nianimaru und Njaikunda auf konzentrische Anordnungen mit bis zu 10 t

Tendaba Camp – Wassu

Kaymor

S É N É G A L

Nioro Du Rip

Diemballa Ker Jah

19
Genge Wollof

Ndiba
Ndiayène

Passi Ngayène

Jahawur
Mandinka

Jumba Yaka
Forest Park

10

Belel
Forest Park

N 4

10

Bao Bolong

K. Ayip

**Médina
Sabakh**

Balanghar
Ker Nderry

Jes

Maka
Farafenni

11   Yallal Ba

Jamal
MBallo

34   **Ngeyen
Sanjal**

Si Kunda

Walalan

Rakala

Palen Wollof

Dankur

Konti
Kunda Niji

Illiassa

31   Yallal   Nema

Pakala
Forest
Park

Farafenni

Sukoto
Fula

Fort
Kataba

Dipa
Kunda
Wollof

20

Kumbijae

Kani Kunda

Dankuniku
Island

Alicali
Kunda

7

Bamba Tenda

**Sara
Kunda**

Samban
Samb
Ten

Katchang

Krul Point   Balingho

Yelli Tenda

3

River Gambia

Kunjetta

Bamba

N O R T H   B A N K

GAMBIA TRANS HWY

Jasabo

Devil Point

Yenoi

7

Jabisa

**Elepha
Island**

Katchang
Point

**Pakali Nding
Soma**

**MANSA
KONKO**

Kani Kunda

Buiba
Mandinka

Bai Tenda

Tendaba
Camp
Battle Site
1863

5

Jiroff

Mandina

12

Konowo
Forest Park

Toniataba

Round House

Karantaba

Nyanberi
Forest Park

13   **Jappeni**

16

Beriko
Forest

27

Genieri

Kolior

8

Kaiaf

Sasita

Jalangbera

Jasso

Kwinella

Nema

L O W E R   R I V E R

Diganteh

41

Sénoba

Tambajang
Forest Park

Dor

Mutaro Kunda
Forest Park

Madina

Njolfen

N 4

Ndiamakouta

Sintet

Kandion
Mangana

Kamamudu

Route 3: Zu den Steinkreisen bei
Kerr Batch und Wassu

0   5   10 km

schweren Steinen gestoßen. Diese Steinkreise – manchmal auch in konzentrischen Doppelreihen – setzen sich aus ca. 10 bis 24 jeweils gleich großen Säulen aus rotem Lateritgestein zusammen, die 60 cm bis 2,70 m hoch sind und einen Durchmesser von 30 cm bis 1,10 m haben. Als Sonderform ist z. B. bei Kerr Batch der V-Typ anzutreffen, ein aus einem einzigen Block gearbeiteter, isoliert stehender Steinklotz in Gestalt eines V.

Kerr Batch, Kerr Jabel und Wassu

Für die Tour nach Wassu und Kerr Batch am Gambia-Nordufer empfiehlt sich jeweils eine Übernachtung auf der Hin- und Rückfahrt. Die Kultstätten sind zwar auch über die Norduferstraße

(Fähre Banjul – Barra) zu erreichen, wir möchten jedoch die Anfahrt über die Süduferstraße vorschlagen. Der Anfang der Route entspricht der Route 2, deren Endpunkt, das Tendaba Camp ist; hier bietet sich eine erste Übernachtung an, aber es lohnt sich durchaus auch ein längerer Aufenthalt.

Bei **Soma** (185 km von Banjul) biegt man nach Norden auf den Trans Gambia Highway ab. Diese frequentierte Verkehrsader zwischen Süd-Senegal (Ziguinchor/Casamance) und Nord-Senegal (Kaolack) quert den Gambia-Strom mittels der strategisch wichtigen Fähre von Yelli Tenda. Soma ist ein bedeutender Umschlagplatz für Handelsgüter aus Senegal, Guinea-Bissau und Guinea, hat eine Zollstation und einen großen Busbahnhof. Eine

*Mädchen vor
den Lateritsäulen
von Kerr Batch*

*Der berühmte
V-förmige Megalith
von Kerr Batch*

sehr einfache Übernachtungsmöglichkeit gibt es in der **Travellers' Lodge** (nahe der Friendship Disco, hinter der Tankstelle). Es empfiehlt sich jedoch, zum Regierungsgästehaus von **Mansa Konko** weiterzufahren. Da die Entfernung nicht groß ist, schlagen wir aber die eingangs erwähnte Übernachtung im Tendaba Camp vor.

Da auf jeden Fall die Fähre zwischen **Yelli Tenda** und **Bamba Tenda** bei Farafenni benutzt werden muß, an der zu jeder Tageszeit starker Andrang herrscht, sollte man sich möglichst frühmorgens an der Anlegestelle einfinden. Der Fährbetrieb wird etwa zwischen 8 und 8.30 Uhr aufgenommen – je nach Wasserstand. Personenwagen reihen sich nicht in die Schlange der wartenden Lastwagen ein, sondern fahren bis zur Pkw-Reihe an der Fähre durch. Da der Verbindung strategische

Wenig bekannte Steinkreise liegen manchmal am Rande eines Dorfes

Bedeutung zukommt, ist es verboten, das Fährschiff zu fotografieren. Fährpreise für einen Pkw ca. 40 Dalasi, für einen Landrover 60 D und pro Person 1 D.

Nach Überquerung des Flusses kommt man nach 8 km nach **Farafenni,** wo es Tankstellen, eine Polizeistation, eine Station (»garage«) für Buschtaxis und GPTC-Busse, diverse Geschäfte sowie Eddie's Hotel gibt. Letzteres ist eine Kombination von Hotel, Restaurant und teilweise etwas lautem Nachtclub, das auch touristischen Ansprüchen genügen kann; das Hotel hat 25 Zimmer (Tel. 73 12 59). Da Farafenni nahe der Grenze zu Nord-Senegal liegt, trifft man hier auf viele Französisch sprechende Afrikaner. Bekannt ist der Ort für seinen Markt, insbesondere den Sonntagsmarkt, einen der größten in der weiteren Umgebung der westafrikanischen Nachbarländer. Man sieht Händler aus Guinea, Senegal, Mali und Mauretanien. In Farafenni biegen wir nach rechts in die

Norduferstraße auf **Sukoto** zu ein. Bald nach Sukoto (Fula) kann man auf einer Sandpiste einen Abstecher zum **Fort Kataba** (Näheres S. 234) machen. Rund 40 km von Farafenni entfernt liegt **Kaur,** wo es eine Erdnußfabrik gibt. Nach weiteren 23 km kommt man zum Dorf **Panchang.** Hier zweigt die Piste zu den Steinkreisen von **Kerr Batch** ab (8 km). Diese historische Kultstätte ist inzwischen durch eine Einzäunung geschützt. Auch hat die Regierung auf dem Gelände Gästehäuser errichten lassen; allerdings ist es noch ungewiß, ab wann Übernachten möglich sein wird. Ein Besuch von Kerr Batch lohnt sich nicht nur wegen des berühmten V-förmigen Lateritklotzes, sondern genauso eindrucksvoll sind der Monolithen-Doppelkreis oder das offensichtlich für einen sehr langen Menschen erbaute Grab, das von Steinsäulen umgeben ist.

Zurück zur Norduferstraße, kann man eine andere Piste nehmen, die zunächst in östliche Richtung durch einige Ortschaften und dann durch das

Dorf **Nyanga Bantang** führt. Diese Strecke findet man jedoch ohne ortskundigen Führer schwer. Es ist lohnenswert, auf dem weiteren Weg die Busch- und Graslandschaft nach Lateritsäulen abzusuchen, z.B. bei **Kerr Jabel.** Einige der Megalithenfelder befinden sich in unmittelbarer Nähe von Dörfern.

In **Wassu,** rund 100 km von Farafenni entfernt, liegt die wichtigste Kultstätte mit einer großen Anzahl von Steinkreisen auf der linken Seite der Hauptstraße gegenüber von der Ortschaft. Man kann sich an mit Wellblech gedeckten weißen Rundhäusern (Informations- und Gästehäuser der Regierung) orientieren; in diese Richtung biegt man auf einen Feldweg ein. Wie in Kerr Batch, so sind auch die heiligen Grabstätten von Wassu eingezäunt, und auch hier ist eine Übernachtung noch fraglich.

Archäologen haben in einem der Kreise ein Skelett gefunden mit einem Kupferarmband am Handgelenk und zwei Speerspitzen aus Eisen, die über dem Körper plaziert sind, sowie außerdem zwei große Tontöpfe. Besonders dieser weitflächigen Kultstätte von Wassu, über die meist ein leichter Wind bläst, haftet etwas von dem Geheimnisvollen an, das diese Steinkreise seit Jahrhunderten umgibt. Die beste Zeit zum Fotografieren ist in den Abendstunden und kurz nach Sonnenaufgang.

Zur Übernachtung bietet sich das 22 km von Wassu entfernte, nördlich von Georgetown gelegene **Lamin Koto Camp** an (S. 259). Falls noch genügend Zeit für ein Übersetzen mit der Fähre nach MacCarthy Island bleibt, kann man in Georgetown im **Baobolong Camp** übernachten (S. 259).

Die Rückfahrt auf der Süduferstraße nach Banjul (ein bzw. zwei Fähren bei Georgetown) kann man an einem Tag schaffen.

Route 4: Flußfahrt von Banjul nach Georgetown und Basse Santa Su
(ca. 400 km flußaufwärts; z.Zt. nur mit Schiffen privater Veranstalter möglich, da das Linienschiff 1984 gesunken ist und noch kein Ersatz geschaffen werden konnte, s. Reiseatlas S. 286–291)

Die Fahrt mit dem Linienschiff von Banjul bis Basse Santa Su und zurück gehörte zu den eindrucksvollsten Unternehmungen in Gambia und war nicht nur bei Touristen beliebt, sondern auch als Ferienausflug bei den im Lande lebenden Ausländern. Die Bewohner des Landesinneren benutzten diese regelmäßige Verkehrsverbindung, um etwa alle zwei Monate in der Hauptstadt einzukaufen. Besonders empfehlenswert war diese Tour in der Zeit des Vollmondes und natürlich in der Trockenzeit während der Ernte, wenn sich überall an den Anlegestellen die Erdnußberge auftürmen und ein geschäftiges, buntes Treiben herrscht. Vom Oberdeck des Schiffes hatte man eine herrliche Aussicht auf die kleineren und größeren Siedlungen, die wechselnden Uferlandschaften und die reichhaltige Tierwelt im und am Wasser. Der ruhig dahinfließende Strom scheint unverändert seit Jahrhunderten, weder durch künstliche Uferbefestigungen noch durch Brükken gestört.

Basse Santa Su ist die größte Stadt der Upper River Division und ein wichtiger Handelsplatz mit zwei Märkten, einem an der Flußanlegestelle und einem im Ortszentrum (S. 225). Das für die Route Banjul–Basse eingesetzte und zugleich größte und modernste Passagierschiff des Landes war die »Lady Chilel Jawara«, die in Glasgow/Schott-

Ein Camp des MRC-Hospitals am Gambia bei Georgetown

Nur mit Ausdauer und Glück kann man im Gambia noch Nilpferde ungestört beobachten

land gebaut wurde, seit 1978 auf dem Gambia fuhr und ihren Namen von einer der beiden Ehefrauen des ehemaligen Präsidenten herleitete. Das Schiff sank am 7. Dezember 1984 bei Bellengho in der Nähe des Trans Gambia Highway. Wie schon die vorherigen Passagierschiffe, »Prince of Wales«, »Lady Denham« und »Sir Dawda Jawa-

ra«, war die »Lady Chilel Jawara« auf eine der tückischen Sandbänke des Gambia-Stroms aufgelaufen. Bedauerlicherweise konnte sich bislang noch kein Finanzier für ein neues Passagierschiff finden.

Von Lamin Lodge aus werden wöchentliche Passagen mit einem Motor-Segelschiff nach Georgetown mit zahl-

Ein Bild aus vergangenen Zeiten: Mit der 1984 gesunkenen »Lady Chilel« konnte man einst herrliche Flußreisen unternehmen

Route 5: Sechs-Tage-Tour durch Gambia
Banjul – Tendaba Camp – Soma – Pakaliba – Bansang – Sotuma – Gambisara – Basse Santa Su – Fatoto – Kristi Kunda – Sutokoba – Georgetown – Baobolong Camp – Lamin Koto Camp – Karantaba – Wassu – Kaur – Fort Kataba – Farafenni– Kerewan – Berending – Barra – Banjul
(s. Reiseatlas, S. 286–291)

Allgemeines

Insgesamt sind es etwa 850 km (Kilometer-Angabe ohne Abstecher!); in der Regenzeit ist die Fahrt nur teilweise durchführbar. Hinfahrt auf der Süduferstraße von Banjul nach Basse Santa Su und weiter bis Fatoto (436 km von Banjul); Rückfahrt auf der Norduferstraße über Barra. Da die Norduferstraße zwischen Basse und Georgetown zum Teil noch sehr schlecht ist, empfiehlt es sich, auf der Süduferstraße bis Georgetown zurückzufahren und erst dort auf das Nordufer überzusetzen.

Für diese Tour in das noch sehr ursprüngliche und touristisch wenig erschlossene Landesinnere bis nach Fatoto nahe der östlichen Landesgrenze ist ein Wagen mit Vierradantrieb empfehlenswert. Wichtig ist es, an Benzinreserven und Auto-Ersatzteile zu denken. Die folgenden Routenvorschläge können nur als Anhaltspunkt dienen. Abweichungen werden durch unerwartete örtliche Gegebenheiten manchmal erzwungen. Die Fahrt kann zum echten Abenteuer werden und – je nach Jahreszeit – mit Strapazen verbunden sein. Individuellen Varianten ist freier Raum gelassen.

Die Probleme einer Reise ins Landesinnere von Gambia liegen im we-

reichen Bedarfshaltestellen angeboten. Buchung: Samba River Venture Ltd., Tel. 99 69 03, P. O. Box 664, Banjul. Beim selben Unternehmer können auch private Exkursionen gebucht werden.

Am Dorfbrunnen

Leben im Dorf: Beim Hirsestampfen

sentlichen darin, daß die Übernachtungsmöglichkeiten rechtzeitig geplant und teilweise vorher reserviert werden müssen.

Wir schlagen folgende Übernachtungsmöglichkeiten vor:

1. Nacht: Tendaba Camp, Tel. c/o Kwinella 541041; Alternative: Regierungsgästehaus in Mansa Konko oder das Sofanyama Camp bei Pakaliba, Tel. c/o 996903 (besser vorher reservieren)

2. und 3. Nacht: Basse Santa Su im Jem Hotel, Tel. 668356 (in der Nähe der Tankstelle, 24 Betten, Doppel- und Vierbettzimmer mit Dusche und Ventilator, engl. Management), oder das Government Rest House (ca. 2 km außerhalb von Basse) bzw. das Linguere Motel (am Ortsrand, saubere Doppelzimmer)

4. Nacht: Georgetown, das Lamin Koto Camp, Tel. c/o 996903, am Nordufer oder das Baobolong Camp in Georgetown, Tel. 676133

5. Nacht in Farafenni: Eddie's Hotel, Tel. 731259

Die Bevölkerung ist in der Regel in den entlegenen Dörfern am freundlichsten und recht hilfsbereit. In wirklich dringenden Notfällen kann man den jeweiligen Village Head *(alkalo)* um ein Schlafquartier in einer Hütte seines Dorfes bitten und sollte dafür Gastgeschenke bereithalten. Vorsicht bei rituellen Festen, denn die Afrikaner dulden dabei meist keine fremden Zuschauer und können – besonders wenn wir fotografieren wollen – aggressiv reagieren. Es ist auf jeden Fall einfacher, diese Tour in Begleitung eines gewissenhaften, ortskundigen Führers zu machen.

Route

1. Tag: Banjul – Tendaba Camp
(155 km)

Die Fahrt führt von Banjul auf der Süduferstraße ca. 150 km stromaufwärts bis nach **Kwinella,** wo man nach links zum **Tendaba Camp** abbiegt (5 km) und dort die erste Nacht verbringt. Wenn man rechtzeitig eintrifft, hat man am Nachmittag noch Gelegenheit zu einer der eindrucksvollen Bootsfahrten auf kleinen Seitenarmen vom Gambia River (Route 6, S. 207, 258).

2. Tag: Tendaba – Basse Santa Su
(ca. 250 km)

Die 250 km vom Tendaba Camp bis Basse lassen sich auf der vollständig ausgebauten und asphaltierten Straße gut bewältigen. Dennoch wäre es gut, möglichst früh zu starten, um unterwegs ab und zu Zwischenaufenthalte einlegen zu können.

Hinter dem Ort **Kaiaf** (17 km östlich von Kwinella) führt nach links ein Abstecher in das Dorf **Toniataba.** Hier ist eine auffällig große, strohgedeckte Rundhütte bemerkenswert, unter der ein berühmter Mandingo-Marabut beerdigt sein soll. Ein Nachfahre von ihm lebt noch in dem Haus und plaudert gern über seine Ahnengeschichte. Wieder zurück auf der Landstraße, geht es vor Soma durch sumpfiges Gelände und über einen breiten dunklen Bolong.

Soma (185 km von Banjul, S. 216) ist der Verkehrsknotenpunkt zwischen der Gambia-Süduferstraße und dem Trans Gambia Highway von der senegalesischen Hauptstadt Dakar nach Ziguinchor im Süd-Senegal. Außer einer Tankstelle gibt es einen Markt und Geschäfte arabischer Händler sowie bescheidene Übernachtungsmöglichkeiten in einer Travellers' Lodge. Das benachbarte **Mansa Konko** – Mansa Konko heißt Hügel des Häuptlings – am Trans Gambia Highway ist Verwaltungssitz der Lower River Division und bietet im Regierungsgästehaus passable Übernachtungsmöglichkeiten.

Hinter Soma ändert sich der Baustil der Häuser: Die Rundhütten der Fulbe-Hirten nehmen zu. Von Zeit zu Zeit sieht man inmitten der Siedlungen weißgetünchte Moscheen liegen. Terrassenförmig ansteigende Savannenlandschaft bestimmt das Landschaftsbild. Etwa 13 km hinter Soma sollten Vogelfreunde links nach **Jappeni** abbiegen. In Affenbrotbäumen und Kapokwollbäumen nisten Störche, Pelikane und Reiher. Der *alkalo* (Dorfälteste) Darboe kann zum Übernachten sogar ein allerdings sehr einfaches Rasthaus anbieten.

Bei **Pakaliba** führt eine schmale Brücke über den Sofanyama Bolong, an dem das Sofanyama Camp (S. 259) errichtet wurde. Körbe mit Salz, das aus diesem Nebenfluß der Gambia gewonnen wird, sind zum Trocknen in der Sonne aufgestellt. In **Kudang** zweigt nach links eine Piste ab, die zum für Touristen nicht geöffneten **River Gambia National Park** auf den Baboon Islands führt. Wir erwähnen ihn, weil hier das weltbekannte Auswilderungsprojekt für Schimpansen stattgefunden hat. Stella Marsden, die Tochter des ehemaligen Naturschutzdirektors Eddie Brewer, hat zusammen mit Mitarbeitern aus vieler Herren Länder konfiszierte junge Schimpansen aus dem illegalen Tierhandel in jahrelanger Arbeit auf ein Leben in freier Wildbahn vorbereitet (S. 194). Das Projekt wurde ein voller Erfolg. Heute leben auf den großen Flußinseln mehrere Schimpansengruppen in völliger Un-

Die ausgewilderten Schimpansen auf Baboon Islands können heute für Besucher gefährlich werden

Schimpansen beim Frühstück

abhängigkeit vom Menschen und pflanzen sich erfolgreich fort.

Die Sperrung des River Gambia National Park mag man bedauern, sie ist aber unbedingt notwendig. Da die Schimpansen wenig Furcht vor Menschen zeigen, können sie gefährlich werden. Ein Betreten der Inseln ist nicht möglich. Und es hat schon Unfälle gegeben, als sich Besucher, darunter sogar ehemalige Betreuer der Tiere, im Boot zu sehr genähert haben. Die Schimpansen sind von den Bäumen ins Boot gesprungen und haben Insassen schwer verletzt. Hinzu kommt, daß der Nationalpark streng und lückenlos bewacht werden muß, weil schon mehrmals Tierhändler versucht haben, Schimpansen zu rauben.

Die Landschaft wird nun eintönig und bietet bis Bansang wenig Abwechslung. Ehe man den Ort erreicht, kommt man an der ausgeschilderten Abzweigung nach Georgetown (S. 229) vorbei. In **Bansang** (150 km von So-

ma) finden wir eine Tankstelle und Einkaufsmöglichkeiten sowie eine einfache Travellers' Lodge. Erwähnenswert ist das Bansang Hospital, ein Ableger vom Viktoria Hospital in Banjul. Auf den restlichen 61 km bis Basse Santa Su schlängelt sich die Straße durch die Hügellandschaft der Upper River Division. Unmittelbar vor Basse liegen die Serahuli-Dörfer **Sotuma** und **Allunghari,** die für ihre Töpfereien bekannt sind. Im Serahuli-Dorf **Gambisara** – zu erreichen auf der Piste, die südlich von Sutuma abzweigt – gibt es Webereien, die z. T. schon mit modernen, breiten Webstühlen ausgestattet sind. Die Töpfer und Weber bieten ihre Waren insbesondere auf dem Donnerstag-Markt in Basse feil.

Basse Santa Su heißt soviel wie »Compound oben, auf dem Hügel« (*santo* = oben, *su* = compound). Die Stadt lebt hauptsächlich vom Erdnußumschlag und ist der Hauptort der Upper River Division mit einem geschäftigen Markt. Auf dem überdachten Markt

Ein Dorfladen unterwegs

Eine große Moschee für das kleine Dorf Bakadaji

Wenn der Goldregen blüht, ist die Regenzeit nicht mehr fern

In den Straßen von Basse Santa Su

finden Sie neben dem bunten Angebot der verschiedenartigen Waren vor allem Obst, Gemüse und Gambia-Fische, daneben Stände mit gambischem Essen. Teebuden gibt es gegenüber dem Taxistand. Ein beliebtes Lokal, vor allem für in Basse lebende Ausländer, ist die legendäre **Uncle Peacock's Fuladu Bar.** Außerdem gibt es die St. Cuthbert's Church, die erste Schule (1929) dieses Bezirks, zwei Banken, zwei Kinos und einige sehenswerte kolonialzeitliche Gebäude. Die zum Teil malerisch am Gambia-Ufer gelegenen ehemaligen Villen lassen auch als Ruinen etwas von ihrer einstigen Pracht ahnen (s. Foto S. 71). Wenn man Krokodilwächter-Vögel sieht, so kann das ein Hinweis dafür sein, daß wieder einmal im Fluß Krokodile aufgetaucht sind.

Übernachtungsmöglichkeiten gibt es im Jem Hotel, im Linguere Motel oder im Regierungsgästehaus.

3. Tag: Abstecher nach Fatoto und zurück (ca. 90 km)

Auf einer Allwetter-Lateritpiste fährt man durch trockene, dünnbesiedelte Baumsavanne etwa 40 km bis Fatoto nahe der östlichen Landesgrenze. Die Straße führt an zahlreichen schönen Fulbe-Compounds und Viehherden vorbei durch die Dörfer **Kundam Kunda**, **Samba Kunda**, **Nimbo** und **Diabugu,** letztere mit auffallenden Moscheen. Lohnend ist es, sich unterwegs für Dorfbesuche Zeit zu nehmen und mit den freundlichen, Französisch sprechenden Fulbe in Kontakt zu kommen. – Kurz hinter Nimbo zweigt nach links ein unbeschilderter Weg ab, der am steilen Flußufer von **Perai Tenda** endet, wo bei Bedarf ein Kanu eine einfache Fährverbindung bietet. Früher soll sich an diesem verlassenen Ort

Ländliche Idylle

Beim Dorfmetzger

Bootsfähre bei Fatoto

Im Hof eines Compounds

einmal ein bedeutender Umschlagsplatz für den Erdnußhandel befunden haben. Auch **Fatoto,** das sich von einer Anhöhe zum Flußufer hinunter ausbreitet, soll einmal bessere Tage gesehen haben, als hier noch von Europäern und Afrikanern Handelsgeschäfte abgewickelt wurden. Heute wirkt das Dorf ein wenig verödet. Genauso verlassen liegt die anglikanische Missionsschule von **Kristi Kunda,** wenige Kilometer nordöstlich von Fatoto. Damit sind wir an der östlichen Grenze Gambias angekommen.

Die Rückfahrt erfolgt auf dem gleichen Weg. Wenn man will, kann man von Basse aus mit der Fähre einen kleinen Ausflug in die abgelegene Gegend am Nordufer mit dichtem Buschwerk und Baumwollfeldern zu noch sehr ursprünglichen, überwiegend von Mandigo bewohnten Dörfern machen (schlechte, schmale Sandpiste). In **Yorobawal** stößt man auf die Nord

uferstraße. Folgt man dieser ca. 20 km ostwärts, so erreicht man den historisch bedeutsamen Ort **Sutokoba,** der zu Beginn des 15. Jh. eine wichtige blühende Handelsstadt des alten WolofReiches mit nahezu 4 000 Einwohnern war. Archäologische Ausgrabungen sind geplant. Die Übernachtung ist in Basse vorgesehen.

*Der Gambia-Fluß
an der östlichen
Landesgrenze*

**4. Tag: Basse Santa Su – George-
town** (knapp 80 km, Übernachtung
im Baobolong Camp [1 Fähre] bzw.
Lamin Koto Camp [2 Fähren])

Man fährt zunächst von Basse Santa Su
auf der Süduferstraße zurück Richtung
Soma. Dabei öffnen sich immer wieder
reizvolle Ausblicke in die leicht abfal-
lende hügelige Landschaft. Knapp
20 km hinter Bansang zweigt in Yoro-
berry Kunda nach rechts die gut ausge-

schilderte Straße nach **Georgetown**
ab. Das geschäftige Verwaltungszen-
trum der MacCarthy Island Division
liegt auf der Flußinsel **MacCarthy
Island**, die von **Sankule Kunda**
aus eine neue Motorfähre anläuft, die
wegen der hier vorherrschen Flußströ-
mung am Seil geführt wird (Preis pro
Person 50 Bututs und ein Pkw incl. Insassen 10 Dalasi). Es bestehen Pläne,
die Fähre durch einen Brückenbau zu
ersetzen.

*Die Ruinen des
Fort George in
Georgetown*

*Kinder sind der
Reichtum der Familie*

Auf Bootstour mit Lawrence vom Baobolong Camp in Georgetown

Wegen ihrer günstigen Lage war die Insel schon in frühen Zeiten Umschlagplatz für die vielen Waren, die auf Booten aus dem Landesinneren hierher transportiert wurden. Im letzten Jahrhundert war Georgetown, das 1823 gegründet wurde, neben dem damaligen Bathurst die wichtigste Siedlung in Gambia und für die Briten als Stützpunkt am Oberlauf des Flusses von großer Bedeutung. Eine Ruine an der Fähre zum Nordufer erinnert an die Kolonialzeit. Das jetzt dachlose Bauwerk wird allgemein »Fort George« genannt, aber auch als »Sklavensammelpunkt« mit schauriger Vergangenheit angesehen. Vielleicht diente es nur als Lagerhaus für Handelswaren. Georgetown ist Ver-

waltungszentrum für die MacCarthy Island Division. Der durch den zunehmenden Straßenbau ausgelöste Rückgang der Flußschiffahrt brachte dem Hafen von Georgetown gegenüber Kuntaur (flußabwärts, knapp 20 km auf der Norduferstraße) in den letzten Jahren einen Bedeutungsverlust. Überregional bekannt ist die älteste Siedlung am Gambia-Oberlauf vor allem durch die **Armitage High School,** die einen hohen Standard hat. Sie ist aus einer Missionsschule für Häuptlingssöhne hervorgegangen und das einzige Oberschul-Internat in Gambia, in dem etwa 500 Schüler und Schülerinnen, auch aus Englisch sprechenden Nachbarländern, unterrichtet werden.

Von dem typischen Erscheinungsbild dieses größeren gambischen Ortes heben sich das **Postamt** mit seinem spitzbogengeschmückten Eingang sowie der im Kolonialstil erbaute **Sitz des Divisional Commissioners** ab, in dessen Gästehaus man übernachten kann. Seit 1994 gibt es in Georgetown außerdem das **Baobolong Camp,** auf das bei der ersten T-Kreuzung im Ort ein Schild nach rechts hinweist. Das im afrikanischen Stil aus Naturmaterialien errichtete einfache Camp umfaßt bislang 15 Doppelzimmer (mit Dusche und WC), soll aber zum Gambia-Ufer hin erweitert werden. Der Besitzer Pabadou plant auch eine Strandbar am Gambia. Mit Lawrence als hervorragendem Führer können individuelle und sehr interessante Bootstouren unternommen werden, beispielsweise rund um MacCarthy Island, in die Nähe der Baboon Islands, nach Karantaba Tenda (Mungo Park-Obelisk) oder ornithologische Ausflüge (insbesondere von Okt./Nov. bis Febr.). Da das Baobo-

long Camp wegen seines zuverlässigen und freundlichen Service und seines guten gambischen Essens sowohl von Touristen als auch von Gambiern gerne aufgesucht wird, empfiehlt sich eine Reservierung, Tel. 67 61 33 oder über Gamtel Georgetown 67 61 02. Preise: pro Bett 88 Dalasi, Frühstück 33 D, Lunch Buffet 50 D, Dinner Buffet 60 D.

Eine Alternativ-Unterkunft gibt es auf dem Gambia-Nordufer gegenüber dem Baobolong Camp. Es ist das **Lamin Koto Camp,** zu dem man mit der Motorfähre (pro Person 1 D. und ein Pkw 20 D.) übersetzt und sich dann auf schmaler Piste nach ein paar hundert Meter nach rechts bewegt oder sich vom privaten Bootsdienst des Camps (ohne Auto) abholen läßt. Das auch unter dem Namen **Janjang Bureh,** der alten Bezeichnung für MacCarthy Island, bekannte Camp wurde – wie auch die Lamin Lodge – von dem deutschen Ehepaar Peter und Monika aufgebaut und wird heute von Monika

Heilige Ibisse in einer Brutkolonie auf einer Gambia-Insel

und ihrem jetzigen Mann Musa geführt.

Die individuell gestalteten Gästehäuser mit rund 60 Betten sind in traditioneller gambischer Bauweise aus Naturmaterialien errichtet (mit Dusche und WC, kein elektrisches Licht, kein Trinkwasser aus der Leitung). Die Gebäude mit der sehr ausgefallenen Architektur tragen Namen wie »Monkey Quartiers«, »Tower«, »Fuladu«. Sie liegen inmitten alter, schattenspendender Teakbäume nahe am Strom. Das Camp mit seiner romantischen Lage und dem großen Lagerfeuerplatz am Gambia-Ufer ist von seiner Konzeption her auch für Gruppenreisen hervorragend geeignet. (Im Juni 1995 zogen viele Gäste das gegenüberliegende Baobolong Camp wegen des zuverlässigeren Managements vor; die Gegebenheiten können sich jedoch überall schnell ändern.)

Auch hier werden unterschiedliche Bootsexkursionen angeboten. Allerdings liegt die legendäre Hamburger Hafenbarkasse leider z. Zt. reparaturbedürftig an den Ufern des Camps vor Anker.

Preise: pro Bett 110 Dalasi, Frühstück 45 D, Dinner Buffet 75 D; Tel. 676182; Reservierung über Tel. 996903.

Ob man sich nun zur Übernachtung für das Janjang Bureh Camp oder das Baobolong Camp entscheidet, in jedem Fall sollte man sich die Gelegenheit nicht entgehen lassen, eine Gambia-Bootsfahrt zu unternehmen, denn die Flußlandschaft unterscheidet sich hier von der beim Tendaba Camp wesentlich, weil hier keine Mangroven mehr wachsen.

5. Tag: Georgetown – Farafenni
(ca. 125 km, ohne Abstecher)

Man kann den Tag mit einem Abstecher nach Osten, nach **Karantaba,** auf der unterschiedlich guten Norduferstraße beginnen (hin und zurück 56 km). Hier erinnert ein Obelisk an den jungen schottischen Arzt und Afri-

Bäckerei auf dem Lande

kaforscher Mungo Park, der am 22. Mai 1795 vom damaligen Bathurst aus stromaufwärts segelte, um den Niger-Fluß zu erkunden. In Pisania, wie man den Ort Karantaba zu Mungo Parks Lebzeiten nannte, hielt er sich fast ein halbes Jahr auf, um die Mandinka-Sprache zu studieren.

Oder man fährt gleich nach Westen zu den historischen Steinkreisen von **Wassu** (22 km, Beschreibung S. 219). Hinter **Kaur**, einem bedeutenden Erd-nußumschlagplatz, empfiehlt es sich, einen Abstecher zum **Fort Kataba**, das 1840 von einem Wolof-Herrscher und den Briten während der Kriege ge-gen die Mandingo von Baddibu erbaut wurde, zu unternehmen. Heute sind von dieser kleinen Festung nur noch die Überreste zu sehen. Man zweigt in Dippa Kunda Wollof im spitzen Win-kel nach links auf die Sandpiste ab, die im Bogen an Kataba vorbeiführt und dann wieder auf die Norduferstraße mündet. Der nächste größere Ort ist der Grenzort **Farafenni** (S. 218), an der Kreuzung der Norduferstraße mit dem Trans Gambia Highway, der Nord- und Süd-Senegal verbindet. Über-nachtung in Eddie's Hotel (Tel. 73 12 59).

6. Tag: Farafenni – Barra – Banjul
(ca. 110 km, zwei Fähren)

Von Farafenni geht es weiter nach Westen auf rötlicher Piste, deren Zu-stand unterschiedlich gut ist, in Rich-tung Kerewan. Savanne wechselt mit trockengelegten Sumpflandschaften; die Siedlungen liegen oft in reizvollen

Affenbrotbaum-Wäldchen. Eine kleine Fähre führt bei Kerewan, das seinen Namen der tunesischen heiligen Stadt Kairouan entlehnt haben soll, über den landschaftlich schönen Gambia-Nebenfluß **Mini Miniyang.** Hat man noch Zeit und Lust, so kann man spä-

Blühender Korallenbaum am Dorfrand

ter von Berending aus einen Abstecher nach Juffure (S. 200) unternehmen. Der Weg dorthin ist gut ausgeschildert (ca. 20 km). An der Fähre Barra – Banjul sollte man sich rechtzeitig am Nachmittag einfinden bzw. sich vor Antritt der Tour nach der letzten Fähre erkundigen (normalerweise 19 Uhr). Im Notfall gibt es äußerst einfache Übernachtungsmöglichkeiten entweder im Government Rest House zwischen Anlegestelle und Fort oder im sog. Hotel Victoria, das versteckt neben der Texaco-Tankstelle liegt.

Vogelkundliche Exkursionen

Allgemeines

Wie schon im Kapitel »Flora und Fauna« dargestellt, ist Gambia für Biologen nicht zu Unrecht das Land der Vögel. Seit den Anfängen des Tourismus ist Gambia so sehr zu einem Reiseland für Ornithologen und Vogelliebhaber geworden, daß wir es für angebracht halten, vogelkundliche Exkursionen als eigenständige Routenvorschläge aufzuführen. Viele der hier genannten Orte sind schon bei den anderen Touren erwähnt, sie sollen aber noch einmal speziell für die Vogelbeobachtung zusammengefaßt werden.

Vogelbeobachtung ist in Gambia ganzjährig lohnend. Trotzdem muß man sich – wie andernorts auch – darauf einstellen, daß Tages- und Jahreszeit eine ganz erhebliche Rolle für Erfolg oder Mißerfolg spielen. Wer z. B. den fast überquellenden Vogelreichtum in den Mangroven bei Tendaba einmal um die Weihnachtszeit erlebt hat, wird bitter enttäuscht sein, wenn er die Bootsfahrt zu Pfingsten am Ende der Trockenzeit wiederholt. Gerade dann kann man aber viele Vogelarten der Waldsavanne bestens in den Hotelgärten sehen, weil sie hier Wasser finden. Zu Beginn der Regenzeit wird die Vogelbeobachtung dadurch attraktiv, daß viele Arten im Brutkleid sind. Am Ende der Regenzeit im Sept./Mitte Okt. wird man besonders viele Arten sehen, weil die Regenzeitgäste im großen Vogelzug abwandern, während die Trockenzeitgäste eintreffen.

Mehrere Reiseveranstalter, wie z. B. Kosmos-Magazin Reisen oder DNV-Touristik, bieten inzwischen Pauschalreisen mit gut geführten vogelkundlichen Exkursionen an. Wenn man motorisiert ist, kann man alle in diesem Kapitel zusammengefaßten Orte leicht selbst ansteuern. Die Routenvorschläge gliedern sich in zwei Teile: Zuerst werden Plätze angesprochen, die in Tagesausflügen von Banjul oder den Strandhotels aus erreicht werden können; im zweiten Teil findet man eine Übersicht über Beobachtungsplätze flußaufwärts »Up River«.

Vogelkundliche Tagesausflüge

Hotelgärten

Wie schon mehrfach betont, können die Gartenanlagen hervorragende Plätze für die Vogelbeobachtung sein. Eine abwechslungsreiche tropische Bepflanzung in Verbindung mit Fontänen, kleinen Teichen und Vogeltränken erfreut nicht nur unser Auge, sondern zieht insbesondere in der Trockenzeit zahlreiche, oft prächtig gefärbte Arten der Waldsavanne an. Als gutes Beispiel mag hier das Senegambia Beach Hotel genannt sein. Die Eheleute Dathe, Manager und Mitbesitzer des Hotels, sind selbst große Vogelliebhaber und geben gern Auskunft. Ganz hervorragende Hinweise erhält man auch von dem Gambier Peter Joof Jatta, der für das Senegambia Beach Hotel die vogelkundlichen Exkursionen leitet. Die Teilnahme an einer solchen ein- bis mehrtägigen Exkursion ist jedem Vogelkundigen dringend zu empfehlen. Achtung Fotografen: Die besten Aufnahmen von scheuen Arten macht man in Hotelgärten, weil die Tiere hier an Menschen gewöhnt sind.

Banjul und Umgebung

Die **Bund Road** führt durch die Mangrovensümpfe südwestlich von Banjul. Obwohl die Straße von vielen Lkw befahren wird, ist sie zum klassischen vogelkundlichen Spaziergang der Ornithologen in Gambia geworden. Unter den vielen Sumpf- und Watvögeln sieht man hier fast sicher Flamingos, Wollhalsstörche, Kormorane, Nimmersatt-Störche und Pelikane. Seevögel treten an der gesamten Atlantikküste auf. Ein guter Beobachtungsplatz ist **Toll Point** zwischen der Erdnußfabrik und den Hotels Wadner Beach und Palm Grove. Die kleine Lagune zieht Pelikane, Möwen, Reiher, auch Eisvögel und andere Arten an, und die Buschlandschaft landeinwärts bietet weiteren Vögeln Lebensraum. Erwähnung verdient sogar **Rubbish Dump,** der Müllplatz von Banjul. Auf halber Stecke zwischen dem Gefängnis und der Abzweigung der Bund Road führt ein sandiger Pfad nach Südwesten zur Müllkippe. Hier findet man überraschend viele insektenfressende Arten, darunter viele Zugvögel aus Europa.

Bakau und Umgebung
(s. Karte S. 168)

Bekannte Beobachtungsplätze sind der kleine **Botanische Garten** an der Ecke Atlantic Road/Old Cape Road, dann die **Old Cape Road** und das **Krokodilbecken von Kachikally.** Hier leben bevorzugt Arten der Waldsavanne. Sumpf- und Watvögel treten am **Camalou Corner** – auch **Stink Corner** genannt – und im Mündungsgebiet des **Kotu Stream** auf. Camalou Corner ist ein Gebiet mit Reisfeldern, Mangrovenresten und Sumpfflächen am Straßendreieck Bakau, Banjul, Serekunda. Der Kotu Stream mündet beim Kotu Point westlich der Hotelgruppe am Fajara-Strand, wo nach wie vor auch der **Golfplatz** hinter den Strandhotels empfehlenswert ist.

Südwestlich der Hotels Senegambia Beach und des Kairaba liegt direkt an der Küste der kleine **Bijilo-Forest Park** mit einem der letzten größeren Beständen von Borassuspalmen in Gam-

bia. Dieser Forstpark wird seit 1982 von dem Gambian German Forestry Project, GGFP, gemanagt und ist seit 1991 für Besucher geöffnet. Wenngleich dieser Park keinem Vergleich zu Abuko (s. u.) standhält, so ist ein Besuch doch sehr zu befürworten, zumal er besonders günstig zu den eben genannten Hotels liegt. Neben Vögeln, die eindeutig den Schwerpunkt der Tierbeobachtung bilden, sieht man Grüne Meerkatzen, Rote Colobusaffen, Husarenaffen und zahlreiche Reptilienarten. Die am Parkeingang zum Kauf angebotene Checkliste zählt nahezu 200 Vogelarten auf. Gegenwärtig werden 15 Dalasi Eintritt verlangt.

Lamin und Umgebung
(s. Karte S. 168)

Selbstverständlich ist hier in allererster Linie das **Abuko Nature Reserve** zu nennen. Das kleine Stück Galeriewald mit seinen Tümpeln und Teichen zieht zahlreiche Vogelarten an. Es gibt mehrere ausgeschilderte Foto- und Beobachtungsverstecke. Gerade zur Vogelbeobachtung sind auch die erweiterte Route nach Südwesten durch den Landschaftstyp der Guinea-Waldsavanne und als Fortsetzung außerhalb des Nationalparks das Waldland **Banjul N'Ding** zwischen Abuko und Yundum sehr zu empfehlen. Die Checkliste führt etwa 300 Arten auf. Der Eintritt war in der letzten Zeit überteuert, ist z. Zt. aber wieder auf akzeptable 30 Dalasi gesenkt worden.

Die nähere Umgebung des **Flughafens** ist ebenfalls zu einer Attraktion für viele Vogelarten geworden, weil das abgesperrte Flughafengebiet eine Art Naturschutzgebiet für die Tiere geworden ist.

Sumpf- und Wasservögel kann man sehr schön bei einer Bootstour durch die Mangroven von **Lamin-Lodge** aus im Mündungsgebiet des Lamin Bolong erleben.

Höhlenweihe

Kappengeier

Scharlachwürger

Brutkolonie

Senegalracke

Spornkibitz

Silberreiher

Waldparadiesschnäpper

Rotbrust-Glanzköpfchen

Riesenfischer

Zügelliest

Palmgeier

Junger Nachtreiher

Der Südwesten (s. Karte S. 182)

Immer wieder ausgezeichnete Beobachtungsmöglichkeiten für Vögel der Waldsavanne ergeben sich bei Fahrten durch den Südwestteil des Landes, z. B. Richtung **Brufut, Tanji, Sanyang** oder **Kartung.** Die Fischanlandungsstellen an der Atlantikküste, die man bei einer solchen Tour unbedingt aufsuchen sollte, bieten wiederum gute Beobachtungsmöglichkeiten für Seevögel, die durch die Fischereiabfälle angelockt werden.

Brikama und Umgebung
(s. Karte S. 182)

Die Forstreservate beiderseits der Straße Serekunda – Brikama sind meist monotone und uninteressante Holzplantagen. Eine gewisse Ausnahme bildet der **Kabafita Forest Park** mit einem Streifen naturbelassenen Waldlandes ostwärts (links) der Straße wenige Kilometer vor Brikama. Hier ist ein Beobachtungsstopp angebracht, um anschließend die Fahrt zu den **Wasserstellen von Seleti** fortzusetzen. Diese liegen südlich von Brikama an der Straße nach Ziguinchor und schon einige hundert Meter auf senegalesischem Gebiet. Bislang brauchte man weder Paß noch Visum für diesen Grenzübertritt, da sich der Grenzposten erst drei Kilometer weiter im nächsten Dorf befindet. Je nach Jahreszeit führen diese Wasserlöcher mehr oder weniger Wasser; sie können auch vorübergehend ganz austrocknen. Jedoch hat man generell gute Chancen, neben zahlreichen anderen Vogelarten mehrere Greifvogelarten zu sehen. Sogar einige Affenarten, darunter die seltene Monameerkatze, kann man hier entdecken. Die Fahrt von Banjul dauert ohne Zwischenstopp eine gute Stunde mit Taxi oder Mietwagen. Man sollte sich so einrichten, daß man die Wasserstellen von Seleti frühmorgens oder am späten Nachmittag erreicht; über die Mittagszeit lohnt sich der Besuch kaum.

Barra und Umgebung
(s. Karte S. 182)

Auf dem Nordufer des Gambia, von Banjul aus leicht mit der Fähre zu erreichen, bieten sich **Barra Point** für Seevögel und das nördliche **Hinterland von Barra** für andere Arten an.

Webervogelnest

Nachtreiher

Wer mit einem Taxi zu dem **heiligen Krokodilbecken von Berending** – 11 km östlich von Barra an der Norduferstraße – fährt, findet hier und unterwegs im Waldland immer wieder gute Beobachtungsplätze. Wie in Kachikally wird von der ortsansässigen Bevölkerung ein kleines Eintrittsgeld vom Besucher erwartet.

Mehrtägige vogelkundliche Exkursion »Up River«

Der Weg entspricht bis auf einige kurze Abstecher vollkommen der Sechs-Tage-Tour (S. 221). Die Kilometerangaben beziehen sich auf Banjul als Ausgangspunkt. Auf der gesamten Strecke sind immer wieder interessante und überraschende Vogelbeobachtungen möglich. Im Buschland kann man z. B. jederzeit mit den großen Sudanhornraben und überall mit Greifvögeln und Geiern rechnen. Besondere Beachtung verdienen immer sumpfige Senken, an deren Rändern oft dichter Wald steht, dann Reisfelder und schließlich die Bolongs, die in den Gambia entwässern. Für den Ornithologen sind folgende Orte und Plätze von Bedeutung:

Pirang (48 km)

Fahren Sie links auf der unbefestigten Seitenstraße durch den Ort, biegen Sie dann nach rechts Richtung Faraba Banta ab. Der Beobachtungsstopp liegt vor der Brücke über den Pirang Bolong: Schreiseeadler, Reiher, Palmgeier, Weihen, abends mit etwas Glück Kronenkraniche.

Bulok (ca. 66 km)

Sumpfland westlich des Dorfes am nach Norden ziehenden Bulok Bolong.

Kilometer 101
(ca. 4 km hinter Sibanor)

Diese Senke lohnt fast immer einer kurzen Beobachtungshalt: u. a. Sporn

Checkliste der wichtigsten Vögel

Hier ein Auszug der im Tendaba Camp ausliegenden *Checklisten* von den Vögeln, die man bei Bootstouren auf dem Duntu Malang Bolong (Tunku Bolong) und dem Tanku Bolong (Kisi Bolong) beobachten kann (die Bolongs werden in verschiedenen Karten unterschiedlich bezeichnet):

Afrikanische Binsenralle	Mittelreiher
Bachstelze	Palmgeier
Binden-Fischeule	Purpurreiher
Brillentaube	Rallenreiher
Bruchwasserläufer	Regenbrachvogel
Einfarb-Schlangenadler	Rotschnabeltoko
Elfennektarvogel	Rötelpelikan
Elminie	Rötelschwalbe
Erznektarvogel	Scharlachspint
Falke	Schillereisvogel
Fischadler	Schlangenhalsvogel
Fischreiher	Schreiseeadler
Flußuferläufer	Schwalbenschwanzaar
Gabun-Nektarvogel	Schwarzhalsreiher
Goliathreiher	Schwarzmilan
Graufischer	Senegalkiebitz
Grautoko	Senegalracke
Grünschenkel	Senegaltriel
Halsband-Brachschwalbe	Silberreiher
Halsbandsittich	Sporengans
Hammerkopf	Spornkiebitz
Heiliger Ibis	Spornkuckuck
Kampfläufer	Sumpfschnäpper
Kappengeier	Sylvietta
Kormoran	Watvögel
Königsseeschwalbe	Weißbartgrasmücke
Küstenreiher	Weißflügel-Seeschwalbe
Kiebitzregenpfeifer	Wiesenweihe
Lachseeschwalbe	Wollhalsstorch
Malachiteisvogel	Zistensänger
Mangrovenreiher	Zügelliest

kiebitz, Glanzstare, Kappengeier, Höhlenweihe.

Brumen Bridge (135 km)

In der Sumpflandschaft nördlich der Brücke sieht man vor allem verschiedene Reiherarten und Pelikane.

Kemoto (ca. 190 km)

In Sankandi (ca. 140 km von Banjul) biegt man nach links auf eine ausgeschilderte Sandpiste und fährt ca. 50 km durch eine landwirtschaftlich genutzte Waldsavannenlandschaft

zum Buschhotel Kemoto am Gambia-Ufer. Die Lage erinnert etwas an Tendaba Camp (s. u.), der Platz kann aber weder landschaftlich noch hinsichtlich des Vogelreichtums mit Tendaba Camp mithalten; dafür bietet das Kemoto Hotel deutlich mehr Komfort. Für erholsame Stunden ist Kemoto also zu empfehlen, und interessante Vogelbeobachtungen sind sowohl bei der Anfahrt als auch in der Umgebung des Hotels am Gambia-Ufer zu machen. Auf einer Bootstour hat man sogar die Chance, Flamingos zu sehen.

Tendaba Camp (155 km)

Bei Kwinella (150 km) biegt man nach links auf die Lateritpiste und erreicht nach wenigen Kilometern das Touristencamp am Gambia-Ufer. Im Juni/Juli lohnt schon vorher ein kurzer Abstecher in das erste Dorf rechts der Piste, weil in den hohen Baobabs eine Brutkolonie von Pelikanen lebt. Tendaba Camp und seine nähere Umgebung gehören zu den herausragenden Plätzen für Vogelbeobachtung und sind einen mehrtägigen Aufenthalt wert. Eine Bootsfahrt durch die Mangroven gehört im Herbst, Winter und zum Frühjahrsanfang zu den Highlights der Vogelbeobachtung. Spätestens hier wird man seine ersten Pelikane sehen und fast alle in Gambia lebenden Reiherarten, vom großen Goliathreiher bis zum kleinen Mangrovenreiher sind möglicherweise zu sehen. Eisvögel und Liste fallen durch ihre Farbigkeit auf, und in den hohen Mangrovenbäumen kann man mit Schlangenhalsvögeln, Hornschnäbeln, Halsbandsittichen, Schreiseeadlern, Hammerköpfen, Heiligen Ibissen und vielen Limikolen rechnen. Auch die übrige Fauna von der Winkerkrabbe und dem Schlammspringer bis zum großen Krokodil ist äußerst abwechslungsreich und verdient unbedingt Aufmerksamkeit. Im Camp wird man Glanzstare in großen Scharen sehen, besonders wenn Anfang Juni die Früchte des Nimbaumes reif sind. Achten Sie auf verschiedene Arten der Nektarvögel, Webervögel, Schwalben, Würger u. a.; Tauben und Kappengeier sind sowieso nicht zu übersehen. Äußerst lohnend sind nach wie vor Spaziergänge vom Camp aus in beide Richtungen parallel zum Gambia-Ufer, auch wenn in den letzten Jahren die Vegetation stark gelichtet worden ist. Für diese Exkursionen sind im Camp eine Checkliste und einfache Planskizzen mit vogelkundlichen Angaben erhältlich. Vom Tendaba Camp aus werden Jeeptouren in den Kiang West National Park, Gambias größten Nationalpark, angeboten. Dazu muß man wissen, daß im späten Frühjahr vor der Regenzeit diese Tour für Vogelliebhaber wenig ergiebig ist.

Kilometer 195

Senke zwischen Buiba und Jappeni (198 km): Halsbandsittiche, Glanzstare, Tauben, Hornschnäbel usw.

Jappeni (198 km)

Brutkolonien von Marabus und Nimmersatt-Vögeln in den hohen Kapokwollbäumen und Baobabs im Ort und der Umgebung.

Pakaliba (233 km)

Das gesamte Gebiet am Sofanyama Bolong nördlich von Pakaliba lohnen einen Beobachtungshalt.

Fula Bantang (294 km)

Brutkolonie von Marabus in den Kapokwollbäumen rechts und links der Straße.

Georgetown (323 km)

In Sankule Kunda (319 km) biegt man links auf die geteerte Straße nach Georgetown ab und setzt mit der Sankule Kunda Fähre nach MacCarthy Island über (Übernachtungsmöglichkeiten S. 232); Vogelbeobachtungen macht man auch dem Gebiet der Camps, in den Reisfeldern um Georgetown und auf Exkursionen am Nordufer, z. B. nach Wassu zu den heiligen Steinkreisen. Ein besonderes Erlebnis auch in landschaftlicher Hinsicht wird eine vom Baobolong Camp organisierte Bootstour in die Nähe der **Baboon Islands**.

Auf der Weiterfahrt nach Basse Santa Su (396 km) **und Fatoto** (436 km)

Man findet noch eine Vielzahl von Senken und Bolongquerungen, die den vorangegangenen sehr ähneln und die einen kurzen Halt wert sein können. Die unmittelbare Umgebung von Basse bietet außer in den Feldern wenig Möglichkeiten zur Vogelbeobachtung. Dagegen kann eine Weiterfahrt nach Fatoto (436 km) noch sehr lohnend sein. An der Brücke bei Damfa Kunda besteht die Möglichkeit, neben Rotkopfwebern und Karminspinten eine Brutkolonie Flammenweber zu sehen. In der Umgebung von Fatoto selbst sollte man auf dem Gambia-Fluß Ausschau nach dem sehr seltenen Braunmantel-Scherenschnabel halten.

Auf der Norduferstraße von Georgetown nach Barra (s. Sechs-Tage-Tour, 5. und 6. Tag)

Auch hier bieten sumpfige Senken und Bolong-Überquerungen die besten Möglichkeiten, Vögel anzutreffen. Genannt seien der **Pallan Bolong** kurz vor **Wassu** bzw. Kuntaur, die Senke westlich von **Kaur** oder die Sumpfgebiete bei **Salikene** gerade gegenüber von Tendaba. Der landschaftlich reizvolle **Mini Miniyang Bolong,** der westlich von **Kerewan** mit einer Fähre gekreuzt werden muß, bietet die letzte bedeutende Möglichkeit, Sumpf- und Watvögel zu beobachten.

Silberreiher in einer Mangrovenlandschaft

Gambia von A bis Z

Ärzte, Krankenhäuser und Apotheken

Das Gesundheitswesen in Gambia ist nach europäischen Maßstäben noch wenig entwickelt; es besteht Mangel an Ärzten und medizinischer Versorgung. Unbedingt ratsam ist es, die wichtigsten Medikamente selbst mitzubringen. Touristen sollten möglichst nur in dringenden Fällen die medizinische Versorgung in Anspruch nehmen. Die großen Strandhotels verfügen über eine eigene Erste-Hilfe-Station mit ausgebildeter Krankenschwester.

Vom medizinischen Personal in Gambia wird immer wieder beklagt, daß viele Touristen durch unvernünftiges Sonnenbaden z.T. schwer erkranken, so daß für sie teure und schwer nachlieferbare Medikamente eingesetzt werden müssen, die dann zur Behandlung der einheimischen Bevölkerung fehlen. In Notfällen leisten Ärzte und Krankenschwestern nach besten Kräften rasche Hilfe. Die Ärzte, die in den Hotels Krankenbesuche machen, sind in Europa, z.B. in Deutschland, ausgebildet. Eine ganze Behandlung, die mehrere Besuche im Hotel umfassen kann, kostet etwa zwischen 400 und 800 Dalasi. Da der internationale Krankenschein in Gambia nicht anerkannt wird, muß man sich eine detaillierte Rechnung ausstellen lassen, die zu Hause bei der Krankenkasse vorgelegt werden kann. (s. auch Gesundheitliche Vorsorge, S. 252)

Krankenhäuser und Ärzte

Royal Victoria Hospital, Independence Drive, Banjul, Tel. 22 82 23 –7 (dort sind auch einige europäische bzw. deutschsprachige Ärzte)

Westfield Clinic (Privatklinik), Serekunda, Kanifing, Tel. 39 22 13 (Ärzte: Dr. Peters und Dr. Palmer)

Lamtoro Clinic, Independence Drive, Banjul, Tel. 22 84 57 (Dr. Adama Sallah)

Medical Research Council (MRC), Atlantic Road, Fajara, Tel. 49 54 42

Ahmadiyya Medical Centre, Tallinding Kunjang, bei Serekunda, Tel. 39 18 93

Banjul Clinic, Independence Drive 1, Banjul, Tel. 22 88 32

Dr. F. Blain, Sam Jack Terrace 10, Banjul, Tel. 22 81 12

Dr. J.A. Mahoney, Atlantic Road, Serekunda, Tel. 39 53 25

Dr. E.M. Manneh, Jai Sarr Memorial Hospital, Banjulunding, Tel. 47 82 44

Apotheken

Banjul Pharmacy, Independence Drive, Banjul, Tel. 22 74 70 (Mo–Fr 9.30–19 und Sa 8.30–17 Uhr)

Zweigstelle in Serekunda, Kairaba Ave, London Drugstore, Tel. 39 10 53 (Mo–Sa 8.30–20 Uhr)

Hajo Jarra Welfare Drug Store, Grant Street 12, Banjul, Tel. 22 81 98

New Welfare Drug Store, OAU Blvd. 3, Banjul, Tel. 22 76 29

Autovermietung

Noch nicht sehr entwickelt, z. Zt. nur einige lokale Unternehmer, z. B.:

U. und M. Janott im Sukuta Reitclub, Tel. 99 19 53, Fax 46 00 99 (ca. 650 D pro Tag für einen Jeep mit oder ohne Fahrer)

West Side Touring im Afrikan Village Hotel in Bakau, Tel. 49 53 84 und 49 50 34

Crocodile Safaris in Serekunda, Tel. 49 60 68

F. Enterprises in Serekunda (Kairaba Ave), Tel. 39 14 64

Black and White Safaris, Kanifing, Tel. 39 31 74

Madeleine's Inn in Fajara, Tel. 39 14 64

Andere Agenturen haben Vertretungen in den Hotels. Autos sollten nach Möglichkeit immer mit Fahrer gemietet werden, schon wegen der Eventualitäten unterwegs (für seine Verpflegung und Unterkunft sorgt der Fahrer üblicherweise selbst, es sei denn, mit der Auto-Vermietung ist etwas anderes abgemacht). Informationen vor Ort über die Reiseleiter bzw. Hotelrezeptionen. Für Selbstfahrer ist es empfehlenswert, den internationalen Führerschein mitzunehmen.

Treibstoffpreise

Tankstellen befinden sich in allen größeren Orten; Versorgungsengpässe können zeitweise auftreten, besonders im Landesinneren; deswegen Benzinkanister mitnehmen! Preise pro Liter: Normalbenzin (83 Oktan) 8 D, Diesel 7 D.

Badestrände

Gambia verfügt über ca. 50 km feinsandige, helle Strände: von Cape St. Mary über Fajara, Kotu, Bijilo, Brufut bis Kartung an der Südgrenze des Landes. Die Wassertemperaturen erlauben eine ganzjährige Badesaison; aber natürlich sind die höchsten Temperaturen im Sommer. Etwa im November können höhere Wellen des Atlantik das Baden beeinflussen. Touristisch erschlossen ist die Küste ungefähr bis zum Kololi Beach Hotel, doch setzen sich die Hotelneubauten allmählich in südwestliche Richtung fort. In der Nähe der Gambia-Mündung ist das Atlantikwasser teilweise vom feinen Schwemmsand des Flusses getrübt. Geringe Verunreinigungen gibt es in unregelmäßigen Abständen allenfalls durch Algen oder manchmal durch angeschwemmtes Treibgut, das jedoch an den Hotelstränden beseitigt wird. Die Strände fallen flach ab, und der wechselnd starke Wellengang nimmt zur offenen Meeresküste (Fajara-Strand) zu. Vorsicht ist beim Schwimmen geboten, da eine gefährliche Unterströmung herrscht. An den bewachten Hotelstränden kann man sich auf den Warnhinweis mit der roten Fahne verlassen; meist weht die weiße Flagge, und das Schwimmen ist unproblematisch. Außerhalb der Hotelstrände sollte man vorsichtshalber nur dort schwimmen, wo man gerade noch stehen kann. In jedem Fall ist es im Atlantik gefährlich, weit hinauszuschwimmen. Wer europäische Badestrände gewöhnt ist, wird über den Platz, den man selbst unmittelbar vor den Hotels am Strand vorfindet, überrascht sein. Von Fajara aus kann man kilometerlange Strandwanderungen in südwestliche Richtung an völlig einsame Strände unternehmen. Nach Nordosten (in Richtung Banjul) erstreckt sich eine rote Steilküste bis über Bakau hinaus, die leider nur teilweise begehbar ist.

Es muß allerdings nachdrücklich darauf hingewiesen werden, daß sich in Gambia – wie überall in touristisch neuerschlossenen Gebieten – eine Strandkriminalität entwickelt, die schon zu Überfällen auf einsame Badegäste geführt hat. Die Regierung hat daher zum Schutz der Touristen in einem weiten Bereich um die Hotelstrände zahlreiche Polizeiposten und Patrouillen eingerichtet. Es ist ratsam, den bewachten Bereich (südlich bis zum Kololi Beach Hotel) nicht zu verlassen und längere Wanderungen nur in Gruppen zu unternehmen. Außerdem hilft es, Provokationen zu vermeiden, wenn man am

Hotelstrand des Senegambia Beach Hotels

Strand keine Wertsachen mit sich herumträgt. Von einem Aufenthalt am Strand nach Einbruch der Dunkelheit ist unbedingt abzuraten!

Eigentlich harmlos, aber sehr lästig ist das allgegenwärtige Auftauchen der Beach Boys bei den Strandspaziergängen. Da diese »hilfreichen Geister« immer wieder Erfolge bei Touristen haben, wenn sie ihre diversen Dienste und Waren anbieten, sind sie oft penetrant und schwer abzuschütteln. Am wirksamsten ist eine sofortige strikte und konsequente Ablehnung, denn eine zögernde Antwort wird als Interesse am Geschäft interpretiert.

Banken

Standard Chartered Bank Gambia Ltd., Buckle Street 8, Banjul, Tel. 22 74 49, Mo–Do 8–13 und Fr 8–11 Uhr; Zweigstelle, Kairaba Ave, Serekunda, Mo–Do 9–12 und 16–18 Uhr, Fr und Sa 8–11 Uhr; Bakau Mo–Fr 16–18.30 und Sa 8–11 Uhr

The Gambia Commercial & Development Bank, OAU Blvd., Banjul, Tel. 22 73 68, Mo–Fr 8–13 Uhr; Zweigstelle Bakau (gegenüber vom Supermarkt), Mo–Fr 9–12 und 16–18.30 Uhr, Sa 8–11 Uhr; Farafenni Mo–Fr 8–14 Uhr; Basse Mo–Do 8–13 und Fr 8–11 Uhr; im Flughafengebäude Yundum Airport, falls der Schalter in der Arrival-Halle geschlossen ist, kann man den Bankschalter in der Departure-Halle aufsuchen

International Bank for Commerce and Industry (BICI), Wellington Street 11, Banjul, Tel. 22 81 45, Mo–Do 8–13 und Fr 8–11 Uhr; Zweigstelle in Bakau (im Supermarkt), Mo–Fr 9–12 und 16–18 Uhr, Sa 16–18 Uhr; Serekunda, Mo–Fr 9–12 und 16–18 Uhr, Fr und Sa 8–11 Uhr

Central Bank of The Gambia, Buckle Street 3, Banjul, Mo–Do 8–13 und Fr 8–11 Uhr

Das Post Office unterhält auch eine Abteilung »Saving Banks«

Da sich die Öffnungszeiten relativ schnell ändern können, ziehen Sie sicherheitshalber rechtzeitig Erkundigungen vor Ort ein

Die Standard Bank nimmt z.Zt. Euroschecks ohne Aufpreis entgegen, aber nur einen Scheck pro Tag; beim Geldabheben mit gängigen Kreditkarten wurden 1995 pro Umtausch 100 D Gebühr erhoben.

An den Hotelrezeptionen besteht die Möglichkeit, Geld zu tauschen, auch mit Traveller- und Euroschecks; der Kurs ist allerdings gegenüber den Banken ungünstiger. Neben den offiziellen Banken besteht zeitweise ein Geld-Schwarzmarkt, auf dem Sie einen etwa fünf Prozent günstigeren Kurs erhalten, aber: Vorsicht vor Dieben im Gedränge! Etablierte Straßenhändler für Geldtausch befinden sich z.B. in Banjul beim MacCarthy Square und beim Hauptpostamt, in Bakau beim CFAO-Supermarkt, an den Fähren, vor allem in Barra, und in der Nähe großer Hotels.

Buchhandlungen und Büchereien

Methodist Book Shop, Nelson Mandela Street/Ecke Buckle Street, Banjul, am besten sortiert ist Literatur über Gambia und biologische Bestimmungsliteratur in Englisch.

Ansonsten überwiegend englische Literatur in den Hotelkiosken und Supermärkten.

Rechts am Ortseingang von Banjul befindet sich die relativ gut eingerichtete National Library mit vorwiegend englischsprachiger Literatur.

Busse

Busse sind das Hauptverkehrsmittel der Gambier. Die Fahrpreise sind für europäische Verhältnisse niedrig. Es gibt keine gedruckten Fahrpläne, so daß man für Überlandstrecken stets Erkundigungen einholen muß. Am sichersten ist es, am Tag vor der Abreise an der entsprechenden Bushaltestelle die Abfahrtzeit zu checken. Reservierungen sind nicht möglich. Für große mitgeführte Gepäckstücke muß eine Extragebühr von ca. 5 D entrichtet werden. Die Haltestellen sind mit »Bus Stop« gekennzeichnet.

Neben den Bussen der Gambia Public Transport Corporation (GPTC) verkehren (seit 1988) die besser ausgestatteten und weniger überfüllten Amdalaye Busse. Der Busbahnhof der GPTC in Banjul befindet sich in der Cotton Street im Süden der Stadt, in der Nähe des King George V Memorial Park.

Zwischen Banjul und dem Hotelgebiet von Bakau (CFAO-Supermarkt) fahren Busse in dichter Folge. Während der Hauptverkehrszeiten sind sie meist überfüllt. Auch nach Serekunda (Expreßbus: 7,50 D) und Brikama (16 D) fahren die Busse häufig. Außerdem kann man mehrmals täglich nach Gunjur bzw. bis Kartung fahren.

Auf der Süduferstraße verkehren mehrmals täglich Busse auf der Strecke Banjul – Serekunda – Brikama – Soma – Kudang – Brikama Ba – Bansang – Bakadaji – Basse Santa Su mit Anschluß nach Fatoto (an der östlichen Landesgrenze). Um 8 Uhr verläßt ein Expreßbus Banjul, der um 11.30 Uhr in Soma ist und Basse gegen 15 Uhr erreicht. Zur selben Zeit (8 Uhr) fährt auch ein Bus in umgekehrter Richtung.

Eine Verbindung von Basse in den Süd-Senegal besteht mit dem Pick-up nach Velingara und von dort per Buschtaxi nach Tambacounda (nicht den Immigration-Stempel im Paß vergessen! – erhältlich bei der Polizeistation in Basse). Möchte man nach Ziguinchor im Süd-Senegal, so fährt man entweder mit dem Bus nach Brikama und steigt dort in ein Sammeltaxi direkt nach Ziguinchor um, oder man nimmt von der Serekunda-»Garage« ein Buschtaxi bzw. einen Minibus zur senegalesischen Grenze.

Auch auf der bislang noch nicht asphaltierten Norduferstraße fahren verschiedene Busse, z.Zt. bis Lamin Koto bei Georgetown.

Zwei Expreßbusse verbinden täglich Banjul (bzw. Barra auf dem Nordufer) mit der senegalesischen Hauptstadt Dakar. Um 9 Uhr und um 14 Uhr verläßt je ein Bus Barra bzw. Dakar. Die Fahrtzeit beträgt offiziell 4 Std.; sie kann sich aber durch einen längeren Aufenthalt an der Grenze und Polizeikontrollen unterwegs beträchtlich in die Länge ziehen. Die Bustickets können zeitweilig nur in Banjul erworben werden.

Noch einmal der dringende Ratschlag: Vor Reiseantritt Erkundigungen über den aktuellen Fahrplan und den Straßenzustand einholen! Gambia Public Transport Corporation (GPTC), P.O. Box 801, Banjul, Tel. 29 27 63 (s. auch Taxi, S. 268)

Devisen

Siehe Währung

Diebstahl

Leider haben sich in der letzten Zeit Berichte über Gelegenheitsdiebstähle in den Straßen Banjuls gehäuft; siehe auch Kriminalität

Einreise- und Aufenthaltsbestimmungen

Für die Einreise nach Gambia benötigen Staatsbürger der Bundesrepublik Deutschland – als Touristen bei einem Aufenthalt bis zu 4 Wochen bzw. als Geschäftsreisende bis zu 7 Tagen – kein Visum, sondern nur einen gültigen Reisepaß oder Kinderausweis, der mindestens noch drei Monate über den Rückreisetermin hinaus gültig sein muß, wenn sie im Besitz von Weiter- oder Rückreisedokumenten sind. Am Flughafen oder an der Grenze erhalten die Einreisenden eine Aufenthaltsgenehmigung bis zu 28 Tagen, die beim Immigration Office in Banjul bis zu drei Monaten verlängert werden kann. Schweizer und Österreicher benötigen ein Einreisevisum. Die Visa-Erteilung für einen längeren Aufenthalt erfolgt durch die Konsulate von Gambia (S. 272). (Gebühren z.Zt. in Berlin 30 DM, in München 40 DM, in Düsseldorf 20 DM.) Visumpflichtige Besucher können jedoch auch gegen Vorlage des gültigen Reisepasses und der erforderlichen Rückreisedokumente nach Ankunft am Flughafen einen sog. Visitor Pass erhalten, der 24 Stunden gültig ist. Im Immigration Department, Ministry of Interior, in Banjul wird dann das Visum für einen Aufenthalt bis zu drei Monaten erteilt (Gebühr 50 D).

Bei der Ausreise wird am Fughafen eine Fluggastgebühr im Wert von 15 Pfund Sterling erhoben.

Fahrradverleih

Verleih von Fahrrädern, Beach Buggies und Mofas bei nahezu allen Touristenhotels (private Verleihfirmen) möglich. Beim Mieten eines Mofas unbedingt auf die Versicherungsbedingungen und den technischen Zustand des Fahrzeugs achten, denn teilweise sind große Mängel vorhanden.

Fähren

Da über den Gambia-Fluß bislang keine Brücken führen, sind zahlreiche Fährdienste eingerichtet; die wichtigsten sind:

Banjul–Barra
Etwa Zweistunden-Rhythmus, Transferzeit ca. 30 Min. Von Banjul legt die erste Fähre um 8 und die letzte um 18 Uhr ab; von Barra die erste um 9 und die letzte um 19 Uhr. Fährgebühren: pro Person 3 D, Pkw 50 D, Geländewagen 100 D, Minibus 125 D.

Yelli Tenda–Bamba Tenda
Zwischen den Orten Mansa Konko und Farafenni (Trans Gambia Highway). Fährge-

bühren: pro Pers. ca. 1 D, Pkw 40 D, Landrover 60 D.

Sankule Kunda–MacCarthy Island
Fährgebühren: pro Pers. 50 Bututs, Pkw incl. Insassen 10 D.

Feiertage *(offizielle)*

1.	1.	Neujahr
18.	2.	Unabhängigkeitstag
1.	5.	Tag der Arbeit
15.	8.	Mariä Himmelfahrt
25.	12.	Weihnachten

Bewegliche Feiertage sind neben dem christlichen Karfreitag und Ostersonntag die islamischen Feste:

Kitim (Lai latul Hadri), der 26. Tag des Fastenmonats Ramadan

Id-el-Fitri, das Ende des Ramadan

Tamharit, das islamische Neujahrsfest

Tobaski (Id-el-Kebir), das Fest von Abrahams Schafopfer, 40 Tage nach Ramadan

Maulad Nabi, der Geburtstag des Propheten Mohammed

Fällt ein Feiertag auf einen Sonntag, so wird er auf den folgenden Montag verschoben, der dann arbeitsfrei ist.

FKK

FKK ist in Gambia verboten (Ausnahme einige Hotels).

Flughafen

Yundum International Airport, 30 km südwestlich von Banjul; Taxi, z.B. zum Senegambia Beach Hotel, einfache Fahrt 150 D, hin und zurück mit 2 Std. Aufenthalt 230 D.

Fotografieren

Die Fotoausrüstung sollte vor Hitze, Staub und Feuchtigkeit – und in der Regenzeit zusätzlich z.B. mit Trockenmitteln – geschützt sowie in Plastiktüten verpackt werden. Gängige Filmmarken kann man inzwischen auch in Gambia, vor allem in Supermärkten und an Hotelkiosken, kaufen. Allerdings sind die Preise allgemein höher als bei uns. Auf das Verfallsdatum achten!

Die günstigen Tageszeiten zum Fotografieren sind die Morgen- und Abendstunden, wenn die tieferstehende Sonne die Objekte, z.B. dunkle Gesichter, aufhellt und weich moduliert. Bei hohem Sonnenstand sind die Hell-Dunkel-Kontraste extrem, da das Licht sehr hart ist – Blitz verwenden! Prinzipiell sollte man beim Fotografieren von Personen vorher deren Erlaubnis einholen.

Geschäftszeiten

Obwohl Gambia ein islamisches Land ist, ist der Sonntag der wöchentliche Ruhetag. Allerdings sind auch am Freitag und Samstag einige Geschäfte und die Büros geschlossen.

CFAO-Supermarkt in Banjul: Mo–Do 9–12.30 und 14.30–17.30 Uhr, Fr 9–13 und 15–17.30 Uhr, Sa 9–13.30 Uhr; CFAO-Supermarkt in Bakau: Mo–Fr 9.30–12 und 15.30–19.30 Uhr.

Die Souvenirmärkte sind durchgehend geöffnet und schließen bei Sonnenuntergang. Die zahlreichen kleinen Geschäfte im Land öffnen etwa gegen 8.30 oder 9 Uhr mit einer Mittagspause zwischen 13 und 15 Uhr, und Ladenschluß ist gegen 17 Uhr. Viele Geschäftseigentümer richten ihre Öffnungszeiten nach der Kundennachfrage.

Büros und Dienststellen öffnen in der Regel Mo–Do 8–15 Uhr, Fr und Sa 8–12.30 Uhr (s. auch Banken, S. 250).

Gesundheitliche Vorsorge

In Gambia sind verschiedene Tropen- und Infektionskrankheiten noch relativ häufig. Für den europäischen Besucher besteht aber kein außergewöhnliches gesundheitliches Risiko, wenn er bestimmte Vorsorge- und Vorsichtsmaßnahmen beachtet. Diese richten sich auch danach, ob nur ein reiner Erholungsurlaub im Strandhotel geplant ist oder evtl. Exkursionen ins Landesinnere. Da sich die gesundheitlichen Bedingungen in Gambia von heute auf morgen ändern können, sollten spätestens sechs Wochen vor Antritt der Reise Erkundigungen über den jeweils letzten Stand der notwendigen Vorsorge beim Gesundheitsamt oder Tropeninstitut eingeholt werden. Für Gambia ist auf jeden Fall eine Malaria-Prophylaxe ratsam, da Malariaerkrankungen immer noch einen schweren Verlauf nehmen können und unter ungünstigen Umständen auch zum Tode führen. Eine konkrete Prophylaxeempfehlung sollte beim Hausarzt oder in tropenmedizinischen Beratungsstellen eingeholt werden, da sich aufgrund von Resistenzbildungen die Empfeh-

lungen häufig ändern. Tropenmedizinische Beratungsstellen finden sich u. a. in folgenden Städten:
Berlin: Institut für Tropenmedizin, Tel. 030/27 46-0, Fax 2 74 67 36
Hamburg: Bernhard-Nocht-Institut für Tropenmedizin, Tel. 0 40/31 18 24 01, Fax 31 18 24 00
München: Abteilung für Infektions- und Tropenmedizin der Universität, Tel. 0 89/21 80 38 30, Fax 33 60 38
Frankfurt: Deutsche Tropenmedizinische Gesellschaft e. V., Tel. 0 69/3 05 55 24, Fax 30 51 64 14
Heidelberg: Institut für Tropenmedizin und öffentliches Gesundheitswesen, Tel. 0 62 21/56 53 44, Fax 56 59 48
Würzburg: Missionsärztliches Institut, Tel. 09 31/7 91 29 00, Fax 7 91 28 01

In jedem Fall ist der beste Schutz vor Malaria der Schutz vor den Mückenstichen selbst, und zwar durch entsprechende die Haut bedeckende Kleidung, Mückenschutzmittel zum Auftragen und Mückenstecker im Zimmer.

Eine Gelbfieber-Impfung (Gültigkeitsdauer 10 Jahre, 100%iger Schutz) ist für Gambia z. Zt. nicht vorgeschrieben, jedoch nach wie vor ratsam. Alle Reisenden, die sich innerhalb der letzten sechs Tage vor Ankunft in einem Gelbfiebergebiet aufgehalten haben, müssen diese Impfung jedoch vorweisen. Empfohlen wird zusätzlich eine Cholera-Impfung, denn erfahrungsgemäß treten immer wieder Cholera-Epidemien in den verschiedenen afrikanischen und asiatischen Ländern auf. Seit 1976 gilt Gambia als pockenfrei. Eine Schutzimpfung gegen Hepatitis gehört zu den empfehlenswerten Vorsorgemaßnahmen, da hiermit gleichzeitig die Abwehrbereitschaft gegen eine ganze Reihe von weiteren Infektionskrankheiten, wie Masern oder Röteln, gestärkt wird. Der Schutz durch die Immunglobuline hält leider nur begrenzte Zeit. Ein Impfschutz gegen Diphtherie und Typhus ist auf jeden Fall ratsam. Gegen Wundstarrkrampf (Tetanus) sollte ohnehin jeder geimpft sein, und die letzte Polio-Immunisierung darf nicht älter als 10 Jahre sein.

Wie in vielen Ländern sind auch in Gambia Geschlechtskrankheiten und AIDS auf dem Vormarsch.

Wer Tropensonne nicht gewöhnt ist, muß in Gambia besonders aufpassen. Auch bei bedecktem Himmel kann es innerhalb kurzer Zeit zum Sonnenbrand kommen. Bei der Ernährung sollte man außerhalb der großen Hotels auf den Genuß von Speiseeis (gefürchteter Salmonellenträger), Salat (Amöbenruhr- und Wurmkrankheiten-Übertragung), Muscheln und Austern (sie sind Schmutzfiltrierer und Überträger u. a. von Virushepatitis) verzichten. Obst nach Möglichkeit schälen! In der Hitze braucht der Körper mehr Flüssigkeit, mindestens 2–3 Liter täglich, und auch die tägliche Kochsalzmenge in den Speisen sollte gesteigert werden. Glukose-Elektrolyt-Mischungen für den Fall von Durchfallerkrankungen mitnehmen (Reiseapotheke!). Eiskalte Getränke meiden (Magen-Darm-Verstimmungen). Die Wasserversorgung in den Strandhotels erfolgt durch die Fajara-Quelle, der z. Zt. Trinkwasserqualität zugesprochen wird. Auch hier können sich die Bedingungen von heute auf morgen ändern. Im Landesinneren sollte das Trinkwasser abgekocht und gefiltert oder durch Wasseraufbereitungstabletten keimfrei gemacht werden. Am besten weicht man auf Mineralwasser aus, das es in großen Flaschen zu kaufen gibt. Vorsicht ist – jedenfalls außerhalb der renommierten Strandhotels – bei den zu jedem Softdrink automatisch mitgelieferten Eiswürfeln angebracht.

Auf allen Exkursionen durch den Busch sind unbedingt feste Schuhe und lange Hosen zu empfehlen (Hakenwürmer, Giftschlangen, giftige Insekten erzeugen Tropengeschwüre u. a. m.). Oberstes Gebot in allen afrikanischen Ländern: Niemals im Süßwasser baden! Fast alle tropischen Gewässer sind mit Saugwürmern verseucht, die die gefürchtete Bilharziose hervorrufen. Auf Barfußgehen außerhalb des Strandes sollte man wegen des möglichen Vorkommens von Hakenwürmern verzichten. Einschränkungen für bestimmte Altersgruppen bei Reisen nach Gambia sind unter normalen Umständen nicht notwendig.

Hotels

Die Hotels ziehen sich entlang der Atlantikküste von der Mündung des Gambia in westlicher bzw. südwestlicher Richtung bis zum Kololi Strand. Außerdem gibt es einige einfache kleine Stadthotels (z. B. Apollo, Adonis, Kantora, Carlton) und ein First-Class-Hotel (Atlantic) in Banjul. Stromaufwärts liegen das Kemoto Hotel, das Buschhotel Tendaba Camp, das Sofanyama Camp bei Pakaliba, das Lamin Koto Camp (Janjang Bureh Camp) am Nordufer gegenüber von MacCarthy Island und das Baobolong Camp in Georgetown. Bis auf wenige Ausnahmen bestehen die Hotels aus ein- bis zweistöckigen Bungalow-Anlagen, die inmitten blühender Gärten liegen. Ein Swimmingpool ist fast immer vorhanden. Die Einrichtungen sind im großen und ganzen ansprechend und gemütlich und teilweise mit Klimaanlage. Zeitweise kann es noch zu vorübergehendem Strom- oder Wasserausfall kommen. Die Regierung ist verstärkt um die Verbesserung der Infrastruktur des Landes bemüht. Das meist in Hotelfachschulen ausgebildete Personal bemüht sich, mit viel Freundlichkeit und persönlichem Einsatz den Wünschen der Gäste gerecht zu werden. In der Regenzeit sind die Hotelpreise erfahrungsgemäß niedriger. Nicht alle Hotels sind ganzjährig geöffnet. In der Hauptsaison von Ende Oktober bis Mai ist eine Zimmerreservierung unbedingt zu empfehlen.

Hotels in Banjul und Umgebung

Adonis, Wellington Street 23/Ecke Hill Street im Stadtzentrum, Banjul, Tel. 22 72 62, einfach in Service und Ausstattung, Restaurant, 21 Zimmer mit Dusche und Klimaanlage

Atlantic, Marina Parade, Banjul, Tel. 22 86 01-6, bestes Hotel in Banjul, nach Umbau und Erweiterung luxuriös ausgestattet, direkt am Sandstrand des breiten Gam-

bia-Ufers, von Geschäftsleuten und offiziellen Gästen bevorzugt, Konferenzmöglichkeiten für 400 Personen, Akzeptanz der gängigen Kreditkarten, viele Sportmöglichkeiten, à la carte-Restaurant The Dunda, 204 klimatisierte Zimmer

Apollo, Buckle Street 33 (in der Nähe der Barra-Fähranlegestelle), Banjul, Tel. 22 81 84, einfach in Service und Ausstattung, Restaurant, 71 Zimmer mit Dusche und Klimaanlage

Carlton, Independence Drive (Stadtzentrum), Banjul, Tel. 22 72 58, einfach, aber mit höherem Standard als beispielsweise das Apollo- oder Adonis-Hotel, beliebt bei afrikanischen Geschäftsleuten, Restaurant und Bar, 40 Zimmer

Duma Guesthouse, Ecke Oxford Street/ Sam Jack Terrace, Banjul, Tel. 22 83 81, einfaches Gästehaus mit freundlichem Service

Kantora, Independence Drive im Stadtzentrum, Banjul, Tel. 22 87 15, saubere Doppel- und Einzelzimmer (1991 renoviert), wegen des Preis-Leistungs-Verhältnisses als einfaches Hotel empfehlenswert, 20 Zimmer

Palm Grove, Mile 2, an der Cape Road zwischen Banjul und Denton Bridge, Tel. 22 86 30, direkt am Sandstrand des Gambia-Deltas, Konferenzmöglichkeit, 1968 als erstes Hotel erbaut, nach der Renovierung jetzt 110 Zimmer und 14 Apartments

Kololi Beach Bungalows im Senegambia Beach Hotel

Wadner Beach, Mile 2,5, an der Cape Road zwischen Banjul und Denton Bridge, Tel. 22 81 99, schöner Strand, gepflegter Garten, Konferenzmöglichkeit für 200 Personen, 1971 erbaut, 1988 renoviert, 250 Zimmer in zweistöckigen Wohnblocks

Hotels der nordwestlichen Kombo-St. Mary Area (von Ost nach West)

Sunwing, Cape Point, Tel. 49 54 28, schön gelegenes 4-Sterne-Hotel auf dem Landvorsprung von Cape St. Mary inmitten üppiger Gartenanlagen, 1971 erbaut, 1979 renoviert, unter spanischem Management und in skandinavischem Besitz, hoteleigene Radiostation, palmengesäumter Sandstrand, viele Sportmöglichkeiten, 200 Zimmer in einstöckigen Reihenbungalows

Ngala Lodge, Cape Point (in derNähe des Sunwing Hotels), privates kleines Luxushotel unter der Leitung eines holländischen Ehepaares, tropischer Garten mit Zugang zum privaten Strand, Massage- und Physiotherapie-Einrichtungen, Frühstücksbar und Restaurant in Strandnähe, 6 individuell eingerichtete Suiten in einer ehemaligen Botschafter-Residenz

Amie's Beach Hotel, Cape Point (in der Nähe des Sunwing Hotels), Tel. 49 50 35 und 49 51 06, schöne Gartenanlage mit großem Swimmingpool, 1988 eröffnet, Casino, diverse Wassersport- und andere Sportmöglichkeiten, gut sortierter hoteleigener Supermarkt, 3 Restaurants und Bars, 120 Doppelzimmer, 48 Apartments

African Village, Atlantic Road (in der Nähe des CFAO-Supermarktes), Bakau, Tel. 49 53 84, ca. 50 m vom Strand auf etwa 6 m hoher Steilküste mit schöner Aussicht (über einen Pfad kommt man die Steilküste hinunter), Konferenzmöglichkeit, Swimmingpool mit Insel-Bar, 85 grasgedeckte Bungalows im afrikanischen Stil

Tropic Garden, Atlantic Road (in der Nähe vom African Village), Bakau, Tel. 49 53 69, schöne Gartenanlage, Steilküste, Zugang zum schmalen Sandstrand, Konferenzmöglichkeiten, 1986 renoviert, Rondavels in afrikanischem Stil mit 57 Doppelzimmern und 13 Suiten

Fajara, Atlantic Road bei der Einmündung der Pipeline Road, in der Nähe des Golfplatzes, Fajara, Tel. 49 53 51, am feinsandigen,

Eingang zum Kairaba Beach Hotel

255

weitläufigen Atlantikstrand, Freiluftschach mit afrikanischen Figuren, Konferenzzentrum, à la carte-Restaurant Palm Garden, 93 Zimmer im dreistöckigen Haupthaus, 172 Reihenbungalows

Bungalow Beach, Kotu, Tel. 46 52 88, Fax 46 61 80, am feinsandigen breiten Kotustrand, voll eingerichtet zur Selbstversorgung, Supermarkt, Restaurant, 110 Apartments in zweistöckigen Reihenbungalows

Bakotu, Kotu, Tel. 46 55 55, inmitten blühender Gartenanlagen zwischen dem kleinen Flußlauf Kotu und dem Golfplatz, ca. 200 m zum Strand, familiäre Atmosphäre, 1976 von einem schwedisch-dänischen Konsortium erbaut, 63 zweistöckige Chalets mit skandinavischer Einrichtung

Kombo Beach-Novotel, Kotu Beach, Tel. 46 54 65, gilt als lebhaftestes Hotel in Gambia, tropischer Garten, zwei Tennisplätze mit Flutlicht, Gartenschach, Surfunterricht u.a, Konferenzmöglichkeiten für 300 Personen, à la carte-Restaurant Rive Gauche, Nightclub Bellengo, 600 Betten in einem Haupthaus und mehreren dreistöckigen Gebäuden

Kotu Strand Village, Tel. 46 56 09, ruhiges kleines Hotel neben dem Novotel, schöner Garten, zwischen dem Kotu-Flüßchen und dem Strand, gute Möglichkeit zur Vogelbeobachtung, gutes Restaurant, 45 Zimmer mit Kühlschrank in parallel verlaufenden Wohnblocks, 16 Apartments für Selbstversorgung

Palma Rima, am Kotu Strand, Tel. 46 33 80, Fax 46 33 82, Apartments in ansprechenden achteckigen, einstöckigen Bungalows, 1989 eröffnet, großer Moonlight Nachtclub, viele Sportmöglichkeiten, riesiger Swimmingpool, Theater mit 400 Sitzplätzen, Konferenzmöglichkeit, 152 Zimmer mit insgesamt 300 Betten

Clubhotel Senegambia Beach, Kololi Point, Tel. 46 27 17, Fax 46 18 39, das größte Hotel von Gambia in einer üppigen parkartigen 80 000 m² großen Gartenanlage, gleich einem Botanischem Garten, die sich bis zum breiten Sandstrand hinunterzieht (hervorragende Möglichkeit zur Vogelbeobachtung), eindrucksvolle Empfangshalle mit Ladengalerie und Bar, viele Sportmöglichkeiten mit Animation, z.B. Bogenschießen, Minigolf, Volleyball, Windsurfing, Flutlichttennisplätze, Squashhalle, 4 Restaurants, à la carte-Restaurant Flamingo, Pizzeria, Früh-

Im Rheakunda Compound

stücksbüfett; auf dem Areal dieses Top-Hotels befindet sich auch die einfache **Bungalow-Anlage Kololi Beach** (nicht zu verwechseln mit dem Kololi Beach Club), deren Gästen alle Einrichtungen des Senegambia zur Verfügung stehen, ganzjährig geöffnet, entweder im zweistöckigen Haupthaus oder in zweistöckigen Reihenbungalows, teilweise mit Klimaanlage, gibt es 331 Zimmer und 12 Studios sowie einige Apartments mit kleiner Küche, insgesamt 650 Betten (incl. der Kololi Beach Bungalows)

Kairaba Beach Hotel, Kololi Point, Tel. 46 29 40, Fax 46 29 47, neben dem Senegambia, im August 1990 eröffnetes Hotel der Luxuskategorie mit Congress und Conference Center mit modernster Technik, Dolmetscher-Simultan-Anlage usw., alle Zimmer der gehobenen Kategorie mit Meerblick und Klimaanlage, viele Sportmöglichkeiten, z.B. 5 Tennisplätze mit Flutlichtanlage, Fitness Center, Akzeptanz der gängigen Kreditkarten, 20 Studios mit kleiner Küche, 74 Zim-

mer in zweistöckigen Reihenbungalows in portugiesischem Stil, 19 Deluxe-Zimmer, 3 Präsidenten-Suiten

Aparthotel Tafbel, Kololi Point (neben dem Kairaba Hotel), zum Koto Strand sind es 100 m, kostenlose Benutzung der Sonnenliegen vom Kairaba Hotel, Swimmingpool mit Open Air Bar, 54 Zimmer in ansprechenden dreistöckigen Gebäuden mit Balkon und Klimaanlage

Kololi Beach Club, ebenfalls am Kololi Point westlich des Senegambia Hotels, Tel. 46 48 97, Fax 46 48 98, zunächst als Time Sharing Club konzipiert, jetzt auch frei vermietete Bungalows für Selbstverpflegung, luxuriöse Einrichtung, vollständige Küchenausstattung bis zur Mikrowelle

Neben diesen großen guten bis sehr guten Hotels gibt es inzwischen auch eine ganze Reihe empfehlenswerter Unterkünfte für den schmalen Geldbeutel. Einige davon sind so

konzipiert, daß die Gäste in landesüblichen Compounds und streßfreier Atmosphäre die Möglichkeit haben, etwas von dem afrikanischen Leben und seiner Kultur kennenzulernen.

Atlantic Guest House, Atlantic Road, Bakau, Tel. 49 62 37, freundliches und sauberes Budget Hotel mit schönem Garten und Einkaufsmöglichkeiten in der Nähe

Romana Hotel, Atlantic Road (in der Nähe des CFAO-Supermarktes), Bakau, Tel. 49 51 27, erbaut vom Schweizer Henry Fröhlich, private Atmosphäre

Friendship Lodge, Mile 7 (in der Nähe des Fußballstadions), Bakau, Tel. 49 58 30, Tennisplatz, kein Swimmingpool, Konferenzmöglichkeit, wird gerne von Sportvereinen gebucht, 78 Doppelzimmer mit Klimaanlage und Ventilator

Abi's Bar und Restaurant (in der Nähe des Palma Rima Hotels), Tel. 46 48 04, deutsch-gambisches Besitzerehepaar, familiäre Atmosphäre, 6 Zimmer mit Dusche und WC

Cape Point Bungalos, neben dem Sunwing Hotel, Tel. 49 50 05

Francisco's, beim gleichnamigen Restaurant in der Kotu Beach Area in Fajara, gegenüber der amerikanischen Residenz, Tel. 49 53 32, üppiger tropischer Garten, kleines Hotel mit familiärer Atmosphäre, freundliche Zimmer mit Klimaanlage und Kühlschrank

Badala Park Hotel, in der Nähe vom Kotu Strand, tropischer Garten, zum Strand kurzer Spaziergang durch Felder, einfaches Ferienhotel unter gambischer Leitung, gepflegte Zimmer in doppelstöckigen Häusern mit Balkon oder Terrasse, z.T. mit Klimaanlage

Kololi Beach Bungalows, Kololi Point, im Senegambia Beach Hotel-Komplex, Tel. 46 27 17, Fax 46 18 39 (s. Club Hotel Senegambia Beach, S. 256)

Boucarabou Club Hotel, am Rande vom Dorf Kerr Sering gelegen (zwischen Bijilo und Kololi), Tel. 81 20 489, P.O.Box 2491, Serekunda, großer Zier- und Nutzgarten, 20 Min. Fußweg zum Strand und zu den Taxis, 1987 eröffnet von überwiegend deutschen Investoren in enger Zusammenarbeit mit den Dorfbewohner. – Das einem afrikanischen Compound nachempfundene Club Hotel bietet u.a. Workshops, wie Trommel-, Tanz-, Kora- und Rhythmus-Seminare, auch Frauenreisen und soziokulturelle Begegnungsreisen; 13 Doppelzimmer mit Dusche in einstöckigen, landestypischen Gebäuden; zu buchen über Cool Running Tours, Berlin, Tel. 030/781 20 47–9

Kololi Inn und Tavern, im Kololi Dorf, Tel. 46 34 10, mit Bar und Restaurant, grasgedeckte Bungalows

Sanneh Kunda Lodge, in Kololi, Tel. 46 05 65, Fax 46 00 23 (öffentliches Fax, deshalb die Bitte auf dem Fax vermerken, Frau oder Herrn Sanneh telefonisch über den Faxeingang zu benachrichtigen), P.O.Box 2579 Serekunda. – Das wie ein afrikanisches Compound konzipierte Gästehaus mitten im Ort wird vom deutsch-gambischen Ehepaar Rosemarie und Siaka Sanneh geführt, ruhige familiäre Atmoshäre, blühender Garten mit Lagerfeuerplatz, individuelle Betreuung, div. Ausflugsangebote, 10–15 Min. Spaziergang zum Strand, bietet sowohl Erholung als auch Einblick in gam-

bisches Leben mit Musik und Tanz; saubere Doppelzimmer mit Gemeinschaftsdusche keine Elektrizität (Höchstzahl 8 Gäste); zu buchen über Reisebüro Ernst Grieder, Konstanzer Str. 7, CH-8280 Kreuzlingen. Tel. 004171/672 13 15, Fax 672 11 69

Rheakunda-Tanz- und Trommelschule, afrikanisches Kulturzentrum im Dorf Sanyang (im SW Gambias, eine Stunde Autofahrt vom Flughafen), Tel. 46 05 65, wird von demselben deutsch-gambischen Ehepaar geführt wie die Sanneh-Kunda Lodge, weitläufiges Compound mit Tanz- und Lagerfeuerplatz, mit typischen, aus Naturmaterialien erbauten Jola-Häusern, Bademöglichkeit am 3 km entfernten einsamen Sandstrand (Transport mit compoundeigenem Eselskarren), div. Ausflugsmöglichkeiten, z.B. Bootstouren; 3wöchige Kurse in Tanzen, Djembe- und Baßtrommel, Bellaphon und/oder Kora, qualifizierte Lehrer aus Guinea; keine Elektrizität, eigener Brunnen, 4 Doppelzimmer-Einheiten, 3 kleine Rundhütten als Einzelzimmer; – Buchung siehe oben

Green Line Hotel, Serekunda (etwa 200 m vom Markt entfernt), Tel. 39 42 25, saubere Zimmer mit Klimaanlage

Unterkunftsmöglichkeiten im Landesinneren

Diese sind bei den Ausflügen angegeben. Hier noch einmal eine Übersicht:

Gunjur Beach Motel, im SW Gambias bei Gunjur, in Strandnähe, Fax 48 60 26 c/o Gamtel Gunjur, P.O.Box 2429, Serekunda, vom Schweizer Louis Hügli 1995 eröffnet, 16 Betten in 5 Bungalows, Campingmöglichkeit, Doppelzimmer 250–280 D, Einzelzimmer 150–180 D

Kemoto Hotel, am Gambia-Fluß, 61 Flußkilometer von Banjul entfernt, Tel. 99 00 31, Fax 49 66 34, P.O.Box 2785, Serekunda; große Gartenanlage mit Swimmingpool, Bootstouren, Buschexkursionen, Dorffeste; 133 Betten in afrikanischen Bungalows, Doppelzimmer 300 D, Einzelzimmer 200 D (o. Fr.); Anfahrt von Sankandi (Süduferstraße) ca. 50 km (1 Std.) Piste

Tendaba Camp, von Banjul 102 Flußkilometer entfernt, Tel. 54 10 41 (c/o Kwinella), direkt am Gambia-Ufer, Swimmingpool, Open-Air-Konferenzmöglichkeit, originelles Buschcamp, hervorragende Bootsexkursionen in die Mangroven-Creeks, Landrover-

Gästehaus in Tendaba

Exkursionen in den Kiang West National Park, in einfachen weißgetünchten und grasgedeckten afrikanischen Rondavels auf 8 000 m² großem, parkartigen Gelände mit teilweise gemeinschaftlichen sanitären Einrichtungen, 130 Betten

Sofanyama Camp, am gleichnamigen Flüßchen beim Ort Pakaliba, Tel. c/o 99 69 03, P. O. Box 664, Banjul, unter demselben Management wie die Lamin Lodge, Bar und Restaurant, Bootsexkursionen, einfache Übernachtungsmöglichkeit in landestypischen Häusern, nicht immer ganzjährig geöffnet; Anfahrt von Banjul: vor der Sofanyama-Brücke links in eine Piste einbiegen, dann übers Feld zum Camp

Eddie's Hotel, Farafenni, Tel. 73 12 59, legendäres und gut geführtes Hotel mit 25 einfachen Zimmern, Bar und Restaurant, z. T. laute Disco

Baobolong Camp, Georgetown, Tel. 67 61 33 oder c/o Gamtel Georgetown Tel. 67 61 02, beliebtes, 1994 eröffnetes Camp im afrikanischen Stil, etwas zurückgesetzt vom Gambia-Ufer, zuverlässiger, freundlicher Service, diverse Bootsexkursionen, 15 einfache Doppelzimmer mit Dusche und WC, Übernachtung pro Bett 88 D (o. Fr.)

Lamin Koto Camp (Janjang Bureh), am Nordufer gegenüber MacCarthy Island, Tel. 67 61 82, Reservierung c/o Tel. 99 69 03,

große Naturpark-Anlage direkt am Gambia-Strom, diverse Bootsexkursionen, in einfachen afrikanischen Gebäuden mit origineller Architektur, Zimmer mit Dusche und WC, keine Elektrizität, 60 Betten, Übernachtung pro Bett 110 D

Information

The Gambia National Tourist Office, Banjul, Ministry of Tourism, The Quadrangle, Tel. 22 31 86, Fax 22 70 34 und 22 77 53

Jugendherberge

YMCA-Youth Hostel in Serekunda-Kanifing, nahe der Hotelfachschule, Tel. 39 26 47, saubere Zimmer mit Frühstück

Kartenmaterial

Die z. Zt. übersichtlichste und handlichste Karte von Gambia ist die im Auftrag der Regierung herausgegebene »The Gambia. Tourist Information and Guide Map« (published by Dembadou Enterprises International, P. O. Box 2639, Serekunda), die beim National Tourist Office sowie am jeweiligen Hotelkiosk erhältlich ist (in Deutschland auch in speziellen Reisebuchhandlungen und bei Expeditionsausrüstern). Die Beschriftung der Karte ist englisch; Entfernungen sind in Meilen und

Kilometern angegeben. Ferner sind beim Department of Surveys, Cotton Street im Süden Banjuls, Landeskarten erhältlich; der dazugehörige Map-Shop kann eine Fundgrube für verschiedene Karten sein.

Kleidung und Ausrüstung

Als Gast des Landes sollte man unbedingt auf die islamischen Sitten Rücksicht nehmen und sich außerhalb des Hotel- und Strandgeländes nicht in Badekleidung oder kurzen Hosen aufhalten. Für die gambischen Männer bieten die nackten Knie und Oberschenkel der Damen etwa die gleiche Herausforderung wie bei uns entblößte Busen. In den Strandhotels ist am Abend korrekte Kleidung erwünscht.

Für die Trockenzeit (etwa Mitte Oktober–Mai) genügt leichte Sommerkleidung, nach Möglichkeit aus Baumwolle; zum Überziehen warme Jacken (besonders in den Monaten November–Januar können die Abende kühl sein); notwendig sind eine gute Sonnenbrille und eine Kopfbedeckung (preiswerte Sonnenhüte werden auf den gambischen Märkten angeboten).

Für die Regenzeit (etwa Juni–Oktober) empfiehlt sich ebenfalls leichte Baumwollkleidung, Regen- und Sonnenschutz und für den Aufenthalt in Räumen mit Klimaanlage wiederum die warme Jacke. Denken Sie insbesondere in den Regenmonaten an Garderobe, die Sie an den Armen und Beinen vor Mückenstichen schützt!

Für Reisen und Exkursionen sind zu allen Jahreszeiten lange Hosen aus weichem Baumwollmaterial (keine engen Jeans!) und Baumwollpullis oder -hemden angebracht, außerdem Turnschuhe oder feste Schuhe (für Exkursionen durch den Busch), Sonnenhut und -brille, Taschenlampe und Fernglas nicht vergessen!

Tips für die Reise-Apotheke: Malariaprophylaxe, Mückenschutz, Salbe zur Behandlung von Insektenstichen, Mittel gegen Darmerkrankungen, Glykose-Elektrolyt-Mischungen (wichtig bei Durchfallerkrankungen!), Salztabletten für die heiße trockene Zeit, Medikamente gegen Halsschmerzen (Klimaanlage!), Tabletten zur Wasserentkeimung (nur für Inland-Touren) und die übliche kleine Erste-Hilfe-Ausrüstung; außerdem sollte man neben wirksamen Sonnenschutzmitteln (einige Zeit *vor* dem Sonnenbaden auftragen!) auch an Lippenschutz denken und an Feuchtigkeitslotion für die heißen trockenen Monate.

Tip für Rundreisen: Die Gepäckstücke werden während des Transports auf den Wagendächern oft sehr strapaziert, weil sie Sonne, Staub und Regen ausgesetzt sind. Es besteht bei kombiniertem Bade-Rundreise-Programm immer die Möglichkeit, einen Teil des Gepäcks im verschlossenen Koffer im Strandhotel zu deponieren.

Kriminalität

Dort, wo das Leben noch weitgehend in die Tradition eingebunden verläuft, ist wohl kaum mit Kriminalität zu rechnen. Durch Zunahme von Tourismus und Arbeitslosigkeit kann es in den Gebieten, wo häufig ausländische Besucher anzutreffen sind, z. B. in Banjul, Serekunda oder an den Hotelstränden, vereinzelt zu Diebstählen kommen. Tagsüber ist die Gefahr eines Überfalls gering, und die Strände sind bewacht. Des Nachts ist es ratsam, die Strände zu meiden. Unangenehm ist die Belästigung durch die Beach-Boys, die in der Nähe der Hotels den Ausländern ihre Dienste anbieten, von der Werbung für Restaurants über den Verkauf von Souvernirs, auch Drogen, bis zu Sex. Am besten dokumentieren Sie Ihre Ablehnung durch konsequentes Ignorieren; jede Antwort bedeutet eine Kontaktaufnahme (s. auch S. 175). Der Besitz von Drogen wird in Gambia bestraft (Geldbußen, Haftstrafen).

Maße und Gewichte

Seit 1980 gilt in Gambia offiziell das metrische System. Trotz langfristig geplanter Ablösung vom bisher gebräuchlichen britischen System, werden im täglichen Leben von der Bevölkerung immer noch die alten Maßeinheiten benutzt, z. B. werden beim Verkauf von Grundnahrungsmitteln die Maßeinheiten *spoon* und *cup* verwendet (z. B. ca. 250 g Mehl = 2 cups und ca. 250 g Zucker = 1 cup).

Nationalparks und Schutzgebiete

Abuko Nature Reserve
Dieser Park liegt 23 km südlich von Banjul. Der Galerie-Urwald und die Savannenlandschaft können nur zu Fuß durchquert werden (u.a. Antilopen, Krokodile, Schlangen, verschiedene Affen- und über 200 Vogelarten); Öffnungszeiten täglich 8–18 Uhr, Eintritt 30 D (S. 191).

Abuko Nature Reserve:
Eine Würgerfeige
erdrückt eine Palme

Bijilo-Forest Park

Der nur 51,3 ha große Park wurde in Zusammenarbeit vom Gambian German Forestry Projekt und der GTZ 1991 eröffnet. Am südlichen Ende der bisherigen Hotelkomplexe am Kololi Beach Hotel gelegen, ist er auch als Pufferzone gegen die weiter fortschreitende Ausdehnung der Hotels konzipiert. Der größtenteils schattige 4,5 km lange Fußweg führt u.a. durch den ausgedehnten und einzigen befruchtungsfähigen Borassus-Palmen-Bestand im südlichen Gambia (u. a. verschiedene Affenarten, zahlreiche Vogelarten, Reptilien); Öffnungszeiten 9–18 Uhr, Eintrittsgebühr 15 D.

River Gambia National Park

Der für Besucher nicht zugängliche, 1968 eröffnete Park besteht im wesentlichen aus fünf Inseln im Gambia-Strom zwischen Kuntaur und Sapu und ist auch unter dem Namen Baboon Islands bekannt. Weltweit berühmt wurde er durch das Auswilderungsprojekt von in Gefangenschaft geratenen Schimpansen (S. 195). Da die Schimpansen inzwischen völlig in die freie Wildbahn entlassen werden konnten und nun für jeden Menschen, der sich den Ufern – wenn auch nur im Boot – nähert, äußerst lebensgefählich sind, müssen die Inseln weiträumig abgesperrt sein.

*Bijilo-Forest Park: Grüne Meerkatze
bei der Fellpflege*

Kiang West National Park
An den Ufern des Gambia entlang und nach
Süden dehnt sich dieser Park etwa zwischen
Kemoto und Tendaba aus; er umfaßt Man-
groven- und Savannenlandschaften (u.a. verschiedene Affenarten, Warzenschweine, Antilopen, zahlreiche Vogelarten). Es gibt drei
Eingänge: bei Jali (Kemoto), bei Dumbutu
und von Tendaba aus. Möglich sind sowohl
Fuß- als auch Jeep-Exkursionen; Eintrittsgebühr 75 D.

Notrufe

Feuerwehr	Tel. 17
Polizei	Tel. 17
Ambulanz	Tel. 16

Polizei

Police Station, Buckle Street, Banjul, vis-à-vis
der Standard Chartered Bank

Post und Postgebühren

Die Hauptpost von Banjul (General Post Office, GPO) liegt in der Russell Street neben
dem Albert Market. Öffnungszeiten Mo – Fr
8.30 – 12.15 und 14 – 16 Uhr, Sa 8.30 – 12 Uhr.
Es besteht die Möglichkeit, postlagernde Sen-
dungen an das GPO senden zu lassen (geringe Empfangsgebühr), der Postweg für Briefe
ist zuverlässig. In allen größeren Orten gibt es
Postämter, wie in Serekunda, Brikama, Farafenni, Mansa Konko, Georgetown, Basse, Fatoto. Briefmarken sind außerdem meist überall dort erhältlich, wo es Postkarten zu kaufen
gibt, z.B. an Hotelkiosken oder an den Re-

zeptionen, wo sich auch Briefkästen befinden. Nach Deutschland, Österreich und in die Schweiz kostet ein Luftpostbrief oder eine Postkarte z. Zt. 2 D. Da die Luftpost meist über London geht, beträgt die Beförderungszeit 7–10 Tage, längere Zeiten sind möglich.

Prostitution

Prostitution war in der traditionellen gambischen Sozialstruktur unbekannt. Mit Aufkommen des Tourismus etablierte sich ein zunächst illegaler, dann geduldeter Markt, jedoch kein Rotlicht-Viertel oder Straßenstrich. Die Damen bieten ihre Dienste gewöhnlich im Hotelbereich an; sie kommen fast ausschließlich aus Senegal. Gambierinnen könnten in diesem kleinen Land nicht ihre Anonymität wahren. Von Regierungsseite werden z. Zt. verstärkt Maßnahmen gegen Prostitution unternommen.

Radio

In Gambia gibt es zwei Rundfunkanstalten: Radio Gambia, Informations-, Unterrichts- und Unterhaltungsprogramme in Englisch und verschiedenen Landessprachen (648 kHz)

Radio Syd, afrikanische und europäische Musiksendungen, Informationssendungen in gambischen Landessprachen, Englisch, Französisch und Schwedisch (909 kHz)

Die Deutsche Welle können Sie u. a. auf folgenden Frequenzen hören: 7175 und 7185 kHz/41-m-Band; 11795 kHz/25-m-Band; 13610 und 13780 kHz/22-m-Band; 17560 und 17860 kHz/16-m-Band

Reisezeit

Für Touren ins Landesinnere ist für klimaempfindliche Besucher die sogenannte »kühle Jahreszeit« von Mitte November bis Mitte Februar am besten geeignet. In den Regenmonaten (hohe Luftfeuchtigkeit) kommen diejenigen voll auf ihre Kosten, die sich für üppige Vegetation begeistern, außerdem sind zu dieser Zeit die meisten Landvögel im farbenprächtigen Brutkleid. Im Dezember/Januar kann man viele Wasservögel-Brutkolonien beobachten. Badeurlaub ist das ganze Jahr über möglich.

Reiten

Siehe Sport

Restaurants

Restaurants mit internationaler Küche haben die meisten Strandhotels, z.B. Bungalow Beach, Bakotu, Fajara, Senegambia, Tropic Gardens, Atlantic oder Palm Grove Hotel. Preisbeispiel (1995): Im Senegambia Beach Hotel zahlt man: Lunch 100 D (ca. 20 DM), Buffet 140 D (ca. 25 DM). Daneben gibt es Restaurants mit internationaler und einheimischer Küche, vorwiegend in Bakau, Serekunda und Banjul. An den Hotelrezeptionen ist man Ihnen gerne mit einer Wegbeschreibung zu den einzelnen Restaurants und/oder bei der Reservierung behilflich.

African Heritage Restaurant, Wellington Street 16, Banjul, Tel. 22 69 06, preisgünstige gambische Küche, Terrasse im 1. Stock mit Blick auf den Fluß und die Straße

Bräustüble, OAU Blvd. (früher Leman Str.), Banjul, Tel. 22 83 71, unter deutsch-libanesischer Leitung, mit gemütlichem Biergarten in einem schattigen Innenhof, nicht nur bei Touristen beliebt, sondern vor allem mittags auch Treffpunkt für die in Gambia lebenden Europäer

Yvonne Class, Cape Point, Tel. 49 62 22, ausgewählte französische Küche, sehr gute Weinkarte, geschmackvoll eingerichtetes Restaurant mit Klimaanlage, Akzeptanz von Kreditkarten

Calypso Cape, Cape Point, in der Nähe vom Sunwing Hotel, Tel. 49 62 92, beliebte Strandbar, ganztägig geöffnet, gute Auswahl von Speisen vom einfachen Snack bis zu frischen Fischgerichten

Sambou's Restaurant, Bakau, reichhaltige Speisekarte

Sir Williams, gegenüber vom Bakotu Hotel, Kotu, Tel. 46 61 11, gutes Restaurant mit internationaler Küche und gambischen Fischgerichten

Golden Dragon, Kairaba Ave, Tel. 49 33 40, einfaches und preisgünstiges chinesisches Restaurant

Liao, Tel. 49 56 98, ausgezeichnetes Thai-Spezialitäten-Restaurant, sonntags Buffet

Franzisco's, Kairaba Ave/Ecke Atlantik Road, Tel. 49 53 32, gutes Grillrestaurant im schönen subtropischen Garten mit internationaler Küche, ganztägig geöffnet

Wheezos-Bar, Kairaba Ave/Ecke Atlantik Road, Tel. 49 69 18, mexikanische Spezialitäten, geöffnet ab 22 Uhr, geschmackvoll eingerichtet, recht lebhaft

Athena, Kairaba Ave, empfehlenswertes griechisch-libanesisches Restaurant mit Mittelmeer-Spezialitäten, ansprechende Ausstattung

Bamboo, Fajara, Tel. 49 57 64, gutes China-Restaurant mit großer Menü-Auswahl, Reservierung empfohlen

Clay Oven, Tel. 49 66 00, Indisches Restaurant (wird als das beste seiner Art in West-Afrika bezeichnet), mit Klimaanlage, Akzeptanz von Kreditkarten, Reservierung empfohlen

Ambassador, Kairaba Ave, unter deutschem Management, ausgezeichneter Bierkeller

Zum Berliner, Kairaba Ave, beliebtes Straßenrestaurant unter deutscher Führung

Bakadaji, Senegambia-Straße zwischen Kololi und Kotu, nicht weit vom Palma Rima Hotel, Tel. 46 23 07, gehört zu den besten gambischen Restaurants, bekannt für seine guten Buffets am Donnerstag- und Samstagabend (der Besitzer leitet einen Teil des Erlöses aus dem Restaurantbetrieb weiter an das Dorf Bakadaji, nach dem das Restaurant benannt ist)

Abi's Bar und Restaurant, beim Palma Rima Hotel, in Strandnähe, Tel. 46 48 08, kleines Restaurant mit familiärer Atmosphäre, bekannt für seine frischen Fischgerichte

Siam Garden, Tel. 49 61 41, hervorragendes Thai-Restaurant mit Grill-Fisch-Spezialitäten und Buffet am Montag- und Freitagabend, Reservierung empfohlen

Weinstube, an der Zufahrtsstraße zum Senegambia Beach Hotel, Tel. 46 34 69, bekanntes Restaurant mit internationaler Küche, unter holländischer Leitung

Flamingo, à la carte-Restaurant im Senegambia Beach Komplex, Tel. 46 27 17, hervorragende internationale Küche

Al Basha, in der Nähe vom Senegambia Beach Hotel, Tel. 46 33 00, libanesisches Restaurant mit Spezialitäten des Ostens

De Vino Bar und Bistro, beim Senegambia und Kairaba Hotel, Tel. 46 06 00, lange Öffnungszeiten, besonders an den Wochenenden

Scala, auf dem Kololi Beach Club-Gelände, Tel. 46 08 13, internationale Menüs

Die Restaurants im Landesinneren sind in der Regel einfach ausgestattet und servieren gambische Speisen, die meist schmackhaft und preiswert sind; die Touristen-Camps bzw. -Hotels haben meistens eine ausgezeichnete Küche

Beliebte Diskotheken sind z. Zt. u. a. der Bellengo Nightclub im Kombo Beach Novotel sowie der Club 98 im African Village Hotel

Souvenirs

Auf den kleinen und großen Souvenirmärkten in Banjul und Bakau, an den zahlreichen Verkaufsständen in Strandnähe und in den Boutiquen der Hotels werden überwiegend für den Touristen hergestellte Waren angeboten. Zu den traditionellen Kaufformalitäten gehört das Handeln, ca. 30–50% vom zuerst veranschlagten Preis können heruntergehandelt werden. In den Boutiquen gibt es Festpreise, und auch der Regierungsshop Gamco in Bakau hat feste Preise. Eine gute Auswahl von afrikanischen Handarbeiten, Kunsthandwerk und Kunstgegenständen findet man in Banjul in der African Heritage Gallery (Wellington Street). Auf dem Albert Market kann man neben den Holzschnitzarbeiten aus Gambia und Mali auch interessante Arbeiten aus anderen afrikanischen Ländern aufspüren, beispielsweise bei Seikh Mbaye Mbasu (Block 8, Stand 1 D).

Stoffe und Kleidung
Überwiegend aus Baumwolle, meist im farbenprächtigen Batik-Design; typisch ist das »Gambia-Shirt«, ein gebatiktes oder bedrucktes Hemd mit reichlich Maschinenstickerei. An vielen Verkaufsständen fertigen die Händlerinnen auf ihren Nähmaschinen Kleidung nach Wunsch sofort an; die Schneiderpreise sind relativ niedrig. In den meisten Hotels bieten außerdem Schneider ihre Dienste an. Vorwiegend in den Boutiquen sind exklusive Batikkleider aus Baumwolle oder Kunstfaser erhältlich. Sehr dekorativ können Wandbehänge mit Batikmalerei sein. Bekannte Batikereien befinden sich in Bakau, Serekunda, Banjul und Diabugu.

Holzschnitzarbeiten
Größtenteils aus Mahagoni; Plastiken, Gebrauchsgegenstände, Masken (besonders typisch die oft mehr als einen Meter hohen ovalen Fula-Masken mit eingeschnitzten Narben); große Auswahl auf dem Holzschnitzermarkt in Brikama. Echte Ebenholzwaren (Kratzprobe!) stammen meist aus Mali.

*Saftige Mangofrüchte
sind nicht nur
bei Kindern beliebt*

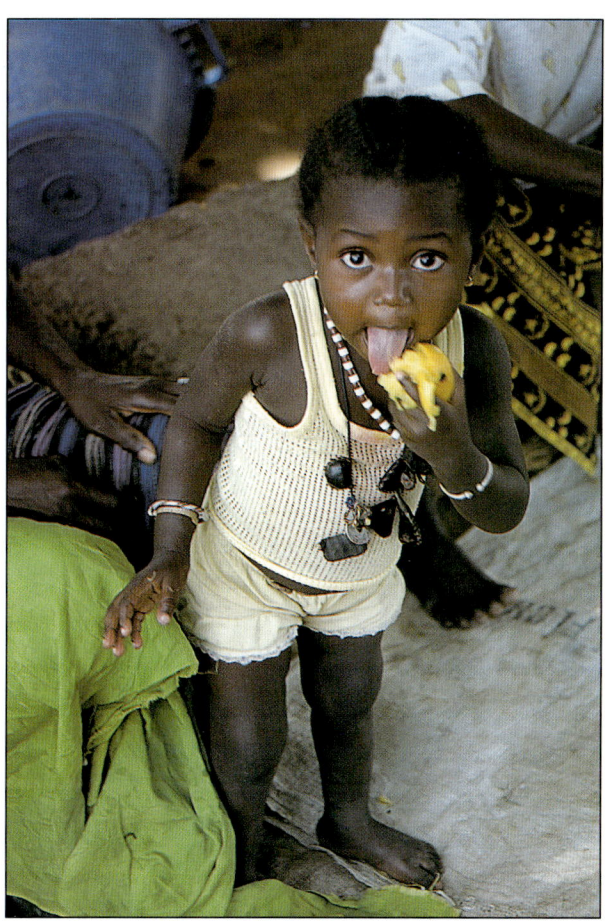

Silber- und Goldschmuck
In ziselierter oder glatter Verarbeitung, oft getauchtes Messing (Kratzprobe!)

Lederwaren
In Handarbeit hergestellt, z.B. Taschen, Gürtel, Schuhe

Wichtig
Der Erwerb von Schlangen- und Krokodilleder, Elfenbein, Schildkrötenpanzern sowie Fellen von gefleckten Raubkatzen ist nach dem Washingtoner Artenschutzabkommen grundsätzlich verboten. Käufer solcher Gegenstände machen sich nicht nur in Gambia, sondern auch im Heimatland strafbar (Be-

schlagnahme durch die Zollbehörden). Felle und Lederwaren aus dem illegalen Handel sind überdies in einem sehr schlechten Zustand, weil sie oft nur sonnengetrocknet sind. Das stellt sich aber oft erst nach der Heimreise heraus. Einige Touristen mußten beim Öffnen ihrer Koffer schon die böse Überraschung erleben, daß in kostbaren Fellen Tausende von zentimeterlangen Maden wimmelten.

Speisen und Getränke

Speisen
In den Hotels ist die Speisekarte im wesentlichen auf den west- bzw. mitteleuropäischen

Palmweinzapfer

Geschmack abgestimmt; daneben werden auch gambische Spezialitäten angeboten.

Eine schmackhafte Spezialität des Landes ist der zarte weiße Lady Fish; wohlschmeckend und relativ preiswert sind Hummer, Barakuda, Langusten und andere Krebse und Meerestiere. Ein bekanntes und auch in anderen westafrikanischen Ländern verbreitetes Gericht ist *benachin*, auch »Wolof-Reis« genannt (*benachin* bedeutet in der Wolof-Sprache »in Öl«). Die Gambier bereiten es mit angebratenen Fleisch- oder Hühnerstückchen zu, dazu kommen viele Tomaten, verschiedene andere Gemüsesorten, wie Kassava, Zwiebeln, Knoblauch, Zucchini, Auberginen, Reis und scharfe Gewürze. *Domodah*, ein anderes gambisches Nationalgericht, besteht aus geschmortem Rindfleisch mit Erdnußsoße und Reis. Gambisches Gulasch heißt *chou wi diwelin*. Unter *Plasas* versteht man ein Gericht aus Fleisch und geräuchertem Fisch mit grünen spinatartigen Pflanzenblättern und Kassava-Brei (= *foufou*). Verbreitet in den gambischen Küchen ist *base nyebe*, ein Gericht aus reichlich Rind- oder Hühnerfleisch mit grünen Bohnen oder anderem Gemüse und Hirsebällchen (= *chere*). Eine weitere Spezialität des Erdnußlandes Gambia ist *chura-gerte*, eine süße Milch-Reis-Suppe mit zerstoßenen Erdnüssen. Und *n'gene jobe*

enthält die eßbare Substanz der Affenbrotbaumfrüchte, die mit feingestoßenen Erdnüssen zu Sirup gekocht und in gegarten Reis gegeben wird.

Die gambischen Speisen sind fast ausnahmslos für den europäischen Gaumen sehr schmackhaft. In den einfachen einheimischen Restaurants, an die man allerdings nicht immer die höchsten Ansprüche an Komfort und Hygiene stellen darf, ist ein Gericht schon für wenige Dalasi erhältlich.

An den Anlegestellen der Fähren, auf den Märkten und an den Straßen findet man kleine Imbißstände, wo u. a. Meat *brochette*, eine Art Schaschlik, gebackene Fischkuchen oder das süße Fettgebäck *lamasheash* angeboten werden. In der Regenzeit ist das Rösten von Maiskolben, in der Trockenzeit das Erdnuß-Rösten im Lande weit verbreitet.

Zahlreiche schmackhafte Obstsorten wachsen in Gambia, wie z. B. Papayas (reift ganzjährig), Mangos (Reifezeit etwa von März bis August), Bananen (kleine, sehr gut schmeckende Sorten), Ananas, Melonen, verschiedene Zitrusfrüchte. Preisbeispiel: 1 kleine Mangofrucht kann 1/2 D, 1 große Mango 1 D kosten und bei den Obstverkäuferinnen am Strand bis zu 10 D.

Getränke
Der in früheren Zeiten weitverbreitete und bei den Einwohnern wohl schon seit 2500 Jahren sehr beliebte Palmwein ist durch den Islam etwas zurückgedrängt worden. Zur Palmweingewinnung werden Palmblätter bis auf einen kurzen Stengel abgeschnitten, und der austretende Saft wird in Kalebassen (Flaschenkürbissen) oder Glasflaschen aufgefangen. Ein traditionelles Getränk ist *attaya*, der grüne chinesische Tee, dessen Zubereitung auf arabische Art in drei Portionen zelebriert wird: der erste Aufguß schaumig und sehr stark, das zweite Glas nicht mehr so konzentriert mit Zucker, das dritte schwach und stark gesüßt. *Wonjo* ist ein beliebter und durstlöschender kaltgetrunkener Malventee.

Seit Einrichtung der Brauerei Jul Brew – 1977 von der Haase-Brauerei Hamburg erbaut und noch heute unter deutschem Management – verfügt Gambia über ein ausgezeichnetes Bier, dessen hervorragende Qualität 1979 in Paris mit der Goldmedaille ausgezeichnet wurde. Von der Firma Jul Brew und der Firma Chellerams werden daneben verschiedene alkoholfreie Getränke (Soft Drinks) und Mineralwasser produziert. In den Hotels und Supermärkten sind u. a. deut-

Freilandschach in einem Hotelgarten

sche, französische und portugiesische Weine und Sektsorten erhältlich. Preisbeispiel im Hotel: 1 Bier = 17 D, 1 Cola = 10 D, 1 Liter Wasser = 20 D; im Supermarkt:1 Bier = 8 D, 1 Liter Wasser = 9 D, 2 Liter Wasser = 13 D

Spenden

Es besteht die Möglichkeit, Sachspenden (z.B. Garderobe, Medikamente) abzugeben bei:
Catholic Relief Service, Marina Parade (beim Atlantic Hotel), Banjul
Action Aid, OAU Blvd./Blanc Street, Banjul

Sport

In den Hotels werden u. a. folgende Sport-möglichkeiten angeboten: Tennis, Tisch-tennis, Badminton, Squash, Minigolf, Frei-landschach, Segeln, Windsurfing, Wasser ski, Parascending (Schnorcheln und Tauchen nicht möglich). Angeln und Sportfischen wird mit afrikanischen Einbäumem, Piro-gen und Motorschiffen angeboten, wobei meist das Motto gilt »No fish, no pay!« (kein Fisch, Geld zurück!). Hinter dem Bako-tu bzw. Fajara Hotel befindet sich ein 18-Loch-Golfplatz. Als Gastmitglied im Fajara-Club kann man die Tennis-, Squash- und Badminton-Plätze sowie den Golfplatz be-nutzen.

Eine gute Adresse zum Reiten auf Pfer-den ist der Sukuta-Club von Ursula und Mo-nika Janott, Tel. 99 19 53, Fax 46 00 99, P. O. Box 272, Serekunda. Der unter deutscher Leitung stehende Club bietet diverse Reit-möglichkeiten sowohl für Anfänger als auch für Profis: Ausritte am Strand (pro Std. 95 D), Reitsafaris am Strand entlang zum Vogelre-servat bei Tanji, nach Sanyang oder zur La-min Lodge, auch Strandspazierfahrten mit Doppeltraber-Sulky. Es besteht außerdem die Möglichkeit, Jeep- und Boot-Safaris zu bu-chen und Jeeps zu mieten.

Sprache

Amtssprache ist Englisch, das von der Mehr-heit der Stadtbevölkerung gesprochen wird. Durch die Verwandtschafts- und Handelsbe-ziehungen zum französischsprachigen Sene-gal haben viele Gambier auch Französisch-kenntnisse; und in grenznahen Gebieten, be-sonders im östlichen Landesteil, ist manch-mal eher Französisch als Englisch im Ge-brauch.

In den Dörfern dominieren die afrikani-schen Sprachen, aber selbst in abgelegenen Siedlungen findet sich meist schnell ein hilfsbereiter Dolmetscher mit englischen oder französischen Sprachkenntnissen. Entsprechend der Bevölkerungszusammensetzung sind Mandinka, Wolof und Fula die am weitesten verbreiteten Sprachen. Die Gambier sind stolz auf ihre Muttersprache; sie werden daher auch erfreut auf die geringsten Bemühungen eines Fremden reagieren, mit ihnen Kontakt in ihrer Sprache aufzunehmen, und sei es nur durch die Begrüßungsformel. Eine kleine Sprachkunde in Mandinka findet sich auf den S. 273 ff., außerdem Literaturhinweise.

Stromspannung

Allgemein 220–240 Volt Wechselstrom, 50 Perioden. Nur in ganz wenigen Hotels wird ein Adapter benötigt. In den Hotels sitzt der Gast nur selten im Dunkeln, da bei Stromausfall der hoteleigene Generator einspringt. Dennoch ist die Mitnahme einer Taschenlampe, besonders für Reisen ins Landesinnere, empfehlenswert.

Taxis

Da es in Gambia noch wenig Individualverkehr gibt, spielen neben den Bussen (S. 250) Taxis eine große Rolle in der Personenbeförderung. Auf kurzen Strecken innerorts verkehren Local Taxis, auf Überlandstrecken sog. Mammy's Wagons oder Sammeltaxis (Minibusse mit ca. 15 Plätzen) ohne Fahrplan, jedoch auf festen Routen. Diese Nahverkehrsmittel sind für Ausländer äußerst preisgünstig; in den Sammeltaxis wird pro Sitzplatz bezahlt.

Preisbeispiel per Local Taxi vom Senegambia Beach Hotel nach Banjul: zunächst 1,50 D vom Senegambia nach Serekunda, hier umsteigen, und dann 3 D von Serekunda nach Banjul (1995). Der Preis wird ohne vorherige Absprache nach Beendigung der Fahrt bezahlt; man orientiere sich an den Fahrpreisen der mitfahrenden Gäste.

Mit einem Local Taxi kann man überall an der Straße mitfahren. Es ist üblich, dem Chauffeur des herannahenden Taxis das gewünschte Fahrziel zuzurufen; er hält an, wenn das Ziel auf seiner Route liegt und noch Platz im Fahrzeug ist. Es besteht auch die Möglichkeit, ein leeres Local Taxi für sich allein zu mieten; der Preis ist entprechend sehr viel höher und muß in jedem Fall vorher abgesprochen werden. Teilweise sind die Autos in keinem guten technischen Zustand, man

sollte daher aus der Anzahl der vorüberfahrenden Taxis seine beste Wahl treffen.

Auch bei *Sammeltaxis* kann man jederzeit an der Straße zusteigen; in den größeren Orten haben sie ihre festen Stationen, sog. »garages«, z. B. in Banjul: Mit dem Fahrziel Bakau im Independence Drive gegenüber der Shell-Tankstelle und mit dem Fahrziel Bakau sowie dem Fahrziel Serekunda rund um den Mac-Carthy Square. In Bakau liegt die Sammeltaxi-Garage mit Fahrziel Serekunda und Banjul gegenüber dem Markt (bitte fragen Sie gegebenenfalls Passanten!).

Tourist Taxis sind durch das Tourismus-Ministerium speziell für die Besucher des Landes eingesetzte Fahrzeuge, die sich einer Kontrolle durch die Polizei unterziehen mußten. Wie die Local Taxis haben sie ein gelbes Nummernschild und unterscheiden sich von diesen nur durch die Aufschrift »Tourist Taxi«; an der Frontscheibe sollte sich die jeweilige Lizenzkarte mit der Nummer des Fahrers und der laufenden Jahreszahl befinden. Der Fahrpreis wird pro Fahrzeug berechnet und muß vor Antritt der Fahrt ausgehandelt werden. Von 20 Uhr an gilt der höhere Nachttarif. Tourist Taxis können auch pauschal für einen ganzen Tag gemietet werden, wobei dann meist der Fahrer zugleich den Job eines Fremdenführers übernimmt. In den meisten Hotels können Sie die festgesetzten Taxi-Tarife erfragen oder einsehen. Auf der rechten Seite gegenüber ein Auszug aus der Gebührentabelle am Senegambia, Kairaba und Kololi Beach Hotel.

Telefon

Internationale Gespräche gehen über die Satelliten-Erdstation bei Abuko. Die Verbindung ist im allgemeinen gut, nur bei starkem Regen ist sie eingeschränkt. Gambia ist dem Direktwahlverkehr angeschlossen, so daß man jederzeit von den Hotels oder von den Gamtel Offices (Gambia Telecommunications Company Ltd.) zu Hause anrufen kann. In Banjul finden Sie das Gamtel-Büro in der Russel Street, neben der Hauptpost, es hat rund um die Uhr geöffnet. In den meisten Zweigstellen überall im Lande sind die Öffnungszeiten in der Regel von 8–22 Uhr. Die Gebühren sind in Zeitzonen gestaffelt: von 7–18 Uhr kostet 1 Minute von Gambia nach Europa 24 D, von 19–22 Uhr 18 D, von 23–7 Uhr 15 D. In den Hotels ist Telefonieren meist etwas teurer. Mit Telefonkarte telefonieren Sie geringfügig billiger. Gamtel ha

Taxi-Tarife

Einfache Fahrt in Dalasi	*kleines Taxi*	*großes Taxi*
Airport	150	160
Atlantic Hotel	130	140
Cape Point	60	70
Bakau	60	70
Banjul	130	140
Bakotu Hotel, Bungalow Beach Hotel	30	40
Fajara Hotel	50	60
Kanifing	60	70
Palma Rima Hotel	25	30
Palm Grove Hotel	130	140
Serekunda Police Station	50	60
Sunwing Hotel	60	60
Kombo Beach Hotel	30	40

Jede Stunde extra Warten wird mit 20 D berechnet

Hin und zurück mit 2 Std. Wartezeit in Dalasi	*kleines Taxi*	*großes Taxi*
Abuko Nature Reserve	180	200
Airport	230	240
Atlantic Hotel, Banjul	200	210
Brufut	200	210
Bijilo	160	170
Brikama	260	270
Kachikally Krokodil Pool	140	150
Lamin Lodge	250	260
Denton Bridge	250	260
Sibanor	500	550

Ein-Tages-Tour in Dalasi	*kleines Taxi*	*großes Taxi*
Bintang	550	700
Basse Santa Su	2000	2500
Dakar	2500	2600
Farafenni (mit Übernachtung)	1500	1600
Georgetown	1500	1650
Juffure	700	800
Kemoto	1000	1100
Tendaba Camp	850	900
Wassu Stone Circles	1550	1650
City Tour (Banjul, Bakau, Serekunda)	275	300

zahlreiche über ganz Gambia verteilte Telefonzellen eingerichtet.

Vorwahlen von Gambia aus: Bundesrepublik Deutschland 0049, Österreich 0043, Schweiz 0041, dann Ortswahl ohne Null und Teilnehmernummer. Anrufe von Europa nach Gambia: Vorwahl für Gambia 00220, dann direkt die Teilnehmernummer. Von der Bundesrepublik kostet ein Ein-Minuten-Gespräch nach Gambia 3,12 DM (rund um die Uhr). Übrigens kann man sich nicht nur im Hotel, sondern auch in den Gamtel Offices anrufen lassen; jeder Apparat hat seine eigene Telefonnummer. Die Telefonauskunft hat die Nummer 151.

Auch Telegramme, Telexe und Telefaxe können zwischen Gambia und Europa problemlos hin- und hergeschickt werden.

Dagegen ist das Telefonieren im Lande oft noch mit Schwierigkeiten verbunden. Besonders die Leitung nach Banjul ist relativ oft gestört bzw. besetzt. Zur Verbesserung des Telefonnetzes hat Gamtel im September 1993 ein neues System mit sechsstelligen Telefonnummern eingeführt; vor die bisherige Nummer wird folgende Ziffer gesetzt:

Banjul	2. .. ..
Serekunda	3. .. ..
Sukuta/Brikama	4. .. ..
Bakau/Fajara	4. .. ..
Soma/Mansa Konko	5. .. ..
Pakalinding	5. .. ..
Basse Santa Su	6. .. ..
Farafenni	7. .. ..

Für folgende Telefonbezirke wird die erste Ziffer ersetzt durch:

Kotu/Kololi	46 .. ..
Yundum/Abuko	47 .. ..
Kaur	74 .. ..

Der Bezirk Kerewan hat die neue Nummernserie: 72 00 00 – 72 99 99

Toiletten

Nach Möglichkeit sollte man nur die Hotel-Toiletten und die eigens für Touristen eingerichteten Toiletten benutzen!

Trinkgelder

Im Restaurant ist ein Trinkgeld je nach Service 10 – 15 % der Rechnungssumme angebracht. Der Room Boy oder das Zimmermädchen sollten pro Zimmer und Woche mindestens 25 – 30 Dalasi erhalten. Gepäckträger: 2 – 3 D pro Gepäckstück; Fahrer und/oder Reiseleiter bei einem Ganztagsausflug 10 D, bei einem Halbtagsausflug 6 D. In jedem Fall ist es sinnvoll, das Trinkgeld *direkt* an die Person zu geben, bei der man sich für die erbrachte Leistung bedanken möchte (z.B. dem Koch persönlich und nicht über den Manager des Camps).

Trinkwasser

In den Hotels an der Küste ist das Wasser von guter Qualität. Bei Ausflügen ins Landesinnere sollte man das Wasser jedoch abkochen, durch Tabletten keimfrei machen oder sich mit einem Vorrat an Mineralwasser versehen (S. 253).

Visa für andere westafrikanische Länder

Für Afrika-Reisende, die außer nach Gambia noch in andere westafrikanische Länder reisen wollen, ist es empfehlenswert, sich dafür die Visa in Gambia zu besorgen, da dies relativ einfach möglich ist (2 Fotos bereithalten und möglichst in »ordentlicher« Gardrobe erscheinen).

Botschaften und Konsulate mit Visa-Abteilungen:

Guinea, Wellington Street, in der Nähe von Gambia Airways, Banjul

Guinea-Bissau, Wellington Street, Banjul, im selben Gebäude wie African Heritage, Tel. 22 81 34

Liberia, Garba Jahumpa Road, Fajara, Tel. 49 67 75

Mali (Konsulat), Cotton Street, in der Nähe des Busbahnhofs, Banjul, Tel. 22 69 47

Mauretanien, in einer Nebenstraße von der Kairaba Ave beim Weaso's Nachtklub, Fajara, Tel. 49 65 18

Nigeria, Buckle Street 61, Banjul

Senegal, Ecke Buckle Street/Nelson Mandela Street, Banjul, Tel. 22 74 69

Sierra Leone, Hagan Street, Banjul

Eine gambische Botschaft gibt es in den westafrikanischen Staaten Guinea-Bissau, Nigeria, Senegal, Sierra Leone.

Diplomatische und konsularische Vertretungen für Gambia in deutschsprachigen Ländern Seite 272.

Währung

1971 ist in Gambia die Dezimalwährung eingeführt worden: 1 Dalasi (D) = 100 Bututs (b); Stückelung der Noten: 50, 25, 10, 5, 1 D; Stückelung der Münzen: 1 D bzw. 50, 25, 10, 5, 1 b. 1 DM = ca. 6,50 D

Die Einfuhr von Fremdwährung ist in unbeschränkter Höhe möglich, Ausfuhr in Höhe der Einfuhr. Am günstigsten zum Eintauschen sind Bargeld und Euroschecks (derselbe Kurs wie bei Bargeld, keine Extragebühr, jedoch wird z.B. bei der Standard Bank nur ein Scheck pro Tag akzeptiert). US-$-Reiseschecks oder Pfund-Sterling-Reiseschecks sind nur unbedeutend ungünstiger als Barumtausch und Euroschecks. Neben Euroschecks werden in einigen Banken auch

Kreditkarten akzeptiert. Bei Umtausch mit Schecks oder Kreditkarten den Paß vorlegen und meistens auch die Zimmernummer angeben; bitte den ausgerechneten Betrag kontrollieren. Die Wechselkurse können von Tag zu Tag und von Bank zu Bank sowie an den Hotelrezeptionen unterschiedlich sein; allgemein ist der Umtauschkurs in den Hotels etwas ungünstiger als bei den Banken. Die Währung ist seit längerer Zeit annähernd stabil und orientiert sich am britischen Pfund.

Bei Zahlung mit Kreditkarten wird der Betrag gewöhnlich in Pfund Sterling ausgestellt und dann später bei der Bankabrechnung z.B. in DM umgerechnet, was einen Geldverlust bedeuten kann. Der Rücktausch von Landeswährung in Fremdwährung ist wegen des schlechten Rücktauschkurses nicht empfehlenswert.

Wrestling

Traditioneller Nationalsport in Gambia ist Wrestling. Touristen sind bei diesen regelmäßig ausgetragenen Ringwettkämpfen willkommen. Die Arena mit den populärsten Ringkämpfen im Kombo-St. Mary Area liegt in Bakoteh, etwa 1 km westlich vom Serekunda-Markt, an der Straße nach Sukuta. Die Wettkämpfe finden samstags und sonntags statt, Beginn etwa 17 Uhr. Zum Fotografieren empfiehlt sich die Mitnahme eines Blitzes. Für die Ringer 1-Dalasi-Scheine bereithalten (s. auch S. 127).

Zeitdifferenz

Gambia liegt in der Zone der Greenwich Meridian Time = Mitteleuropäische Zeit (MEZ) minus 1 Stunde, Europäische Sommerzeit minus 2 Stunden.

Zeitungen und Zeitschriften

Größte Tageszeitung in Gambia ist der »Observer« (5mal wöchentlich); die anderen lokalen Blätter erscheinen mehrmals wöchentlich bis vierzehntägig. Deutsche Zeitungen und Zeitschriften sind in Gambia meist gar nicht oder nur sehr veraltet erhältlich.

Zollbestimmungen

Gambia wendet das Internationale Genfer Abkommen zur Vereinfachung der Zollformalitäten an. Das Reisegepäck, soweit für den persönlichen Gebrauch bestimmt, ist zollfrei, darunter fallen auch pro Person: 1 Filmkamera mit Filmen oder 1 Videokamera mit Kassetten, 1 Fotoapparat mit Filmen, 1 Fernglas, 1 Reiseschreibmaschine, 1 Tonbandgerät, mit Einschränkung Sportgeräte, Campingausrüstung. Ferner dürfen pro Person zollfrei mitgeführt werden: 200 g Zigaretten oder 250 g andere Tabakwaren, 1 Liter Spirituosen oder 2 Liter Wein oder Bier. Zur Einfuhr von Waffen und Munition ist die vorherige Genehmigung des Inspector General of Police, Wellington Street, Banjul, notwendig.

Für die Mitnahme von lebenden Tieren muß vor Antritt der Reise eine Importerlaubnis vom Principal Veterinary Officer (Banjul) ausgestellt worden sein; ferner hat bei Einreise ein Gesundheitszeugnis vom Amtstierarzt des Herkunftslandes und für Hunde ein Tollwutimpfzeugnis vorzuliegen.

Für den Import von lebenden Pflanzen wird eine Genehmigung vom Pest Control Officer, Department of Agriculture, Banjul, und das Gesundheitszeugnis eines Pflanzenschutzamtes im Herkunftsland verlangt.

Geschäftsreisenden wird empfohlen, die Gewerbe-Legitimationskarte mitzuführen. Nur Muster ohne Handelswert und solche, die für einen Verkauf unbrauchbar gemacht worden sind, dürfen zollfrei eingeführt werden.

Abendstimmung am Gambia

Wichtige Anschriften für deutschsprachige Besucher

Diplomatische und konsularische Vertretungen

The Gambia Embassy, 126, Avenue Franklin Roosevelt, B–1050 Brüssel, Tel. 02/640 10 49, Fax 646 32 77 (zuständig für die Bundesrepublik Deutschland und andere EG-Länder)

The Gambia High Commission, 57 Kensington Court, London W8 5DG, Tel. 071/937 6316, Fax 376 0531 (zuständig für Österreich und die Schweiz)

Vertretungen Gambias in der Bundesrepublik Deutschland

Kurfürstendamm 103, 10711 Berlin, Tel. 030/892 3121, Fax c/o 891 1401 (Honorarkonsulat)

Königsallee 60 f, 40212 Düsseldorf, Tel. 0211/890 36 74, Fax c/o 890 39 99 (Honorarkonsulat; keine Visum-Erteilung und Paßverlängerung, erfolgt im Büro Köln)

Dürener Straße 206, 50931 Köln, Tel. 0221/406 05 70, Fax 400 96 83 (Honorarkonsulat)

Oberlindau 15, 60323 Frankfurt/M, Tel. 069/72 22 41, Fax 72 78 91 (Honorarkonsulat; z. Zt. keine Visum-Erteilung)

Postfach 221249, 80539 München, Tel. 089/98 90 22, Fax 98 10 261 (Honorarkonsulat)

Vertretungen Gambias in Österreich und der Schweiz

A–1130 Wien, La Roche-Gasse 30, Tel. 0222/ 877 62 45, Fax c/o 877 74 17 23 (Generalkonsulat)

Rütistraße 13, CH–8952 Schlieren b. Zürich, Tel. 01/731 10 10, Fax 01/731 10 51 (Honorarkonsulat)

Vertretungen in Gambia

Die Botschaften der Bundesrepublik Deutschland, Österreichs und der Schweiz in Senegal sind zugleich für Gambia zuständig

Botschaft der Bundesrepublik Deutschland: 20, Avenue Pasteur/Rue J. Mermoz, Dakar, Senegal, Tel. 23 48 84; Postanschrift: B. P. 2100, Dakar, Senegal

Büro in Gambia: Independence Drive 1, Banjul, Tel. 22 77 83, Postanschrift: P.O.Box 883, Banjul, The Gambia (Frau Ingrid Corr)

Österreichische Botschaft: 24, Boulevard Pinet Laprade, Dakar, Senegal, Tel. 22 38 86

Österreichischer Konsul, Cape Point, Bakau, The Gambia, Tel. 49 55 99 (Herr Tony Madi)

Schweizer Botschaft: Rue Rene N'Diaye/angle Rue Seydou Nourou Tall, Dakar, Senegal, Tel. 23 58 48; Postanschrift: B.P. 1772, Dakar, Senegal

Information

Ministry of Information and Tourism, The Quadrangle, Banjul, The Gambia, Tel. 220/22 95 63; Assistent Director Mamadou M.B.O. Cham (spricht deutsch), Tel. 220/22 31 86, Fax 22 70 34

The Gambia Tourist Office, 57, Kensington Court, London W8 5DG, Tel. 071/9 37 96 18

The Banjul Travel Agency, Buckle Street, Banjul, The Gambia, Tel. 22 84 73

Bundesstelle für Außenhandelsinformation (BfAI), Agrippastraße 87–93, 50676 Köln, Tel. 0221/2 05 73 16, Fax 205 72 12 (Wirtschaftsinformationen)

Bundesverwaltungsamt, Amt für Auswanderung, Habsburgerring 9–13, 50674 Köln, Tel. 0221/77 80 15 39 (Merkblätter für Auslandtätige und Auswanderer)

Kleine Sprachkunde in Mandinka

Vorbemerkung

Die afrikanischen Sprachen sind keine Schriftsprachen; überdies gibt es zahlreiche Dialekte innerhalb einer Sprache. Daher findet man bei dem Versuch einer schriftlichen Fixierung generell eine große Variationsbreite in der Schreibweise.

In Gambia werden einige Sprachführer angeboten; im Methodist Bookshop in Banjul beispielsweise:
English-Mandinka Dictionary von M.I. Ashrif, B.K. Sidibe
Wollof Dictionary von D.P. Gamble
Holidays with the Natives von Musa Camara
In Deutschland erhältlich: Mandinka für Gambia von v. Knick (mit Kassetten)
(Bibliographie, S. 280)

Die folgenden Wörter und Redewendungen stammen aus dem Mandinka, der Sprache des größten gambischen Volkes, die praktisch im ganzen Land verstanden wird. Die Aussprache entspricht im wesentlichen der Schreibweise; y wird wie j, s meist stimmlos ausgesprochen.

Begrüßungs- und Höflichkeitsformen

Das Grüßen wird insbesondere bei den Mandingo-Männern fast wie ein Ritual zelebriert, so daß es eine reichhaltige Palette von Höflichkeitsformen gibt. Da weit über 90% der Bevölkerung Muslime sind, ist auch »Salaam Aleikum« bzw. »Aleikum Salaam« eine weitverbreitete Grußform. Die meistgebrauchten Wolof-Grüße sind »Nangedef«, »Mangifirek« und »Jamarek«.

Wie geht es dir? (Hast du Frieden?)	Kera be? oder: Heira be? oder: Khaira be?
Danke gut! (Nur Frieden)	Kera dorong! oder: Hera dorong!
Geht es dir gut?	Kor tana nte?
Danke, alles in Ordnung.	Tanan te.
Wie geht es dir?	I be nyadi?
Wie geht es deinen Angehörigen?	Sumol'le?
Es geht ihnen gut.	I be je.
Wo ist deine Frau?	Ila muso le?
Wie geht es deiner Mutter?	I ba le? oder: I na le?
Danke!	A baraka! oder: I nimbara!
Vielen Dank!	A baraka bake!
Ich wünsche dir einen guten Morgen!	I sama! oder: Hera lata!
Ich wünsche dir einen guten Tag!	I tinyang! oder: Hera finyan'ta!
Ich wünsche dir einen guten Abend!	I wurara! oder: Hera sukuta!
Gute Nacht, bis morgen!	Suto diya fo soma!
Auf Wiedersehen!	Alla ma nya jama la!
Setz Dich nieder, wenn du müde bist!	N'i batata wati- o-wati i si si!
Mögest du sicher ankommen!	Al me'e nyima futa la je!
Ich bitte um Verzeihung!	Yamfa n ye! oder: Haketu n ye!
Entschuldigung!	M balo tata!
ja	ha oder: ha de oder: yo
Ja, ich komme!	Ha, m b na!
Ja (als Antwort bei Anruf)!	Nam!
nein	hani
Ich bin hier	M be jang.
Was möchtest du?	I lafita mune la?
Wie heißt du?	I to n di?
Wo lebst du?	I be minto le?

Familie und Gemeinschaft

Vorfahren	wululalu; bonsungolu; alfakotolu
Großvater	mamakeo
Großmutter	mamamuso
Vater	fa; wulu fa; fama
Mutter	ba; bama; na
Sohn	ding-keo
Tochter	ding-muso
Enkelkind	mamaringo
Ehemann	keo; kema
Ehefrau	muso; musuma
Onkel väterlicherseits	fanding
Tante väterlicherseits	binki
Onkel mütterlicherseits	baring; barina
Tante mütterlicherseits	nanding
Schwiegervater	bintang ke
Schwiegermutter	bintang muso
Schwiegersohn	bintang keo
Schwiegertochter	bintang muso
älterer Bruder	koto ke
jüngerer Bruder	do ke
Mann	keo
Frau	muso
alter Mann	keba
alte Frau	musu keba
Baby	denano
Kind	dingo
Häuptling	seyfo, Plural: seyfolu
Dorfältester	alkalo, Plural: alkalolu
Herrscher, König	mansa
Königin als Herrscherin	musu mansa
Gemahlin des Königs	mansa muso
Compound	korida; ya; su
Compound-Eigentümer	korida tiyo
Dorf	satewo
Sprecher	diyamula
Griot (Sänger)	jalo; fino
Lied	donkilo
Tanz	dongo
Tanzplatz, auch Platz unter alten Bäumen für Männergespräche	don'dula; bantaba
Trommel	tantango
Maskentänzer	kankurango
Wrestling (Ringkampf)	nyoboringo
Amulett; Ju-Ju	safo
Tuch, mit dem das Kind auf dem Rücken getragen wird	bampurango
Fremder, auch Afrikaner aus fremden Dorf	dubab
europäisch, fremd	tubabo
britisch	angalewo
afrikanisch	mo fingo; fata fingo
Afrika	mo fing dula
deutsch	allemano

Wochentage und Zeitangaben

Sonntag	dimaso; alahado	Jahr	sanjo; sango
Montag	tenengo	Woche	lokungo
Dienstag	talato	Stunde	talango; wato
Mittwoch	arabo	heute, jetzt	bi
Donnerstag	aramiso	morgen	sining; soma
Freitag	aljuma	gestern	kunung
Samstag	sibito	Weihnachten	krismiso
Tag	tilo; lungo	Nacht	suto
Morgen	somanda; sailo	Nachmittag	tilibulo

Zahlen

1	kiling	11	tang ning kiling	1000	wuli
2	fula	12	tang ning fula		
3	saba	13	tang ning saba	30	tang saba
4	nani	14	tang ning nani	40	tang nani
5	lulu	15	tang ning lulu	50	tang lulu
6	woro	16	tang ning woro	60	tang woro
7	worowula	17	tang ning worowula	70	tang worowula
8	sei	18	tang ning sei	80	tang sei
9	kononto	19	tang ning kononto	90	tang kononto
10	tang	20	moang	100	kene

Adjektive

nett	nyinya	wunderbar	kawaku
gut	beto; dima; nyima	schlecht	jawyata; jawo
sehr groß	warama-ba	klein	domanding; doya
lang	jagaya	kurz	mesesam; mesango
dick	duturingo; bam'bang; kuliyata	dünn	labara
schnell	katabake	langsam	nafa
heiß	kandita	kalt	neno; sumaya; sasa
Es ist heiß.	A kandita le.	Mir ist kalt.	Neno le be nna.
teuer	da koleya	billig	da diya
Es ist teuer.	A da koleyata.	Es ist sehr billig.	A da diyata bake.
Sie ist dünn.	A labarata.		

Präpositionen

ich	nte; m; n
du / Sie	i
er, sie, es	a
wir	ntolu
ihr	ali; altolu
sie	i; itolu
dein, ihr	ila
mein	nte
das ist mein	nte le mu
warum?	tinna? oder: mung?
was?	mune? oder: mu?
wo?	dameng? oder: ming?

Verben

haben	soto; ta; bulu
Hast du Geld?	kodo be'e bulu le bang?
geben	di; so; ni
Gib es mir!	A di nna!
nehmen	ta; muta
Nimm dies Buch!	Nying buko ta!
wollen	lafi; sula
kommen	na; muru nang
Er kommt.	A ka na le.
gehen	ta
Sie ist gegangen.	A tata le.
Geh nach Bakau!	Ta Bakau!
sehen	jube; jibi; boko
Schau her!	Jang jube!
schlafen	la; sino
Hast du gut geschlafen?	Kori sinota beteke?
erzählen	fo; la
Erzähl mir!	A fo n ye!
danken	numbara; nimbara; a baraka
lieben	kanu, lafi
Ich liebe dich.	Nge'e kanu.
essen	domo
trinken	ming

Für Notfälle

Bitte hilf mir!	Dukare m makoyi!
Ruf einen Arzt!	Kila ki dokitaro ye!
Zahnarzt	nying dokitaro
Schmerzen	diming
Medizin	boro
Krankenhaus	loptano
Gib mir etwas Wasser!	Jio do di nna!
Ich habe Hunger!	Konko le be nna!
Benzin	esanso
Chauffeur	moto borindila; oder: sofort

Früchte, Pflanzen und Tiere

Reis	mano	Affenbrotbaum	sito
Ei	kilo	Wollbaum	bantango
Hühnerfleisch	sisendingo; susendingo	Palme	'ten juwo
Fisch	nyewo; yewo	Ölpalme	tengo
Gemüse	nakito fengolu	Tier	nilamafengo
Zwiebel	jabo	Haustier	beyango
Kassava	nyambo	Dschungeltier	wula-kono-fengo
Tomate	mentengo	Löwe	jato
Erdnuß	tiyo; tungo	Antilope	minango
Banane	banano	Pavian	kongo
Mango	mankoro; tubab duto	Schimpanse	ndemo
Orange	lemuno	Krokodil	bambo; neko
Baum	yiro	Kobra	bida

Natur

Mond	karo	Sonne	tilo
Wetter, Wind	fonyo	Regen	sanjio
Regenzeit	sama	Trockenzeit	tilikando
Himmel	sango		

Unterkunft und Verpflegung

Hotel	hotelo	Kaffee	kofi
Haus	bungo	Tee	ti
Bett	larango; samba	Brot	mburo
Tisch	tabulo	süße Kekse, Kuchen	bombongo
Stuhl	sirango	gekochtes Essen	kino
Moskitonetz	sankewo	Fleisch	subo
Teller	purato; paleto	Fleisch, halb gekocht	ketundo
Tasse	poto; mindango	Dörrfisch	mafo; nye jaro
Messer	muro	Suppe	durango
Gabel	subu; sorango	Soße	soso
Löffel	kojaro; dosa	Salz	ko
Teelöffel	ti-kojaro	Pfeffer	kano
Flasche	kabo	Zucker	sukuro
Glas	gobleto	Kleid	dondiko
Kalebasse	mirango	Hemd	simiso
große Kürbisschale	waram'ba	Rock	fano
Getränk	mingo	Schuhe	samato
(frisches) Wasser	jio; ji seo	Seife	safuno

Geographische Bezeichnungen

Landstraße	silo	Hauptstraße	silo-ba
Straße	mbedo; sirinko	Land, Territorium, Erde	banko
Fluß	ba	Strom	bolondingo
Wasserlauf, Nebenfluß	bolong	Sumpf	faro
Busch	wulo; suto	Sand	kenyo
Strand	ba dala	Meer	fankaso

Die Endsilbe

ba	bedeutet groß	z.B.Kataba
bu	bedeutet Land	z.B.Baddibu
kunda	bedeutet Platz, Ort	z.B.Serekunda
tenda	bedeutet Anlegeplatz, Hafen	z.B.Fattatenda

Anmerkung
In der Aussprache von Englisch gibt es bei den Gambiern einige Besonderheiten, z.B. wird »g«
stimmlos wie »k« ausgesprochen, »l« und »r« können gleich klingen, ebenso »s« und »sch«.

Bibliographie

Gesamtdarstellungen, Handbücher, Landeskunde, Bildbände

Devaux, F.: The Gambia, La Gambie. Boulogne 1978

Gambia. Statistik des Auslandes. Länderbericht Gambia. Wiesbaden 1992

In Gambia. Internationales Handbuch. Munzinger-Archiv. Ravensburg 1989

Gambia. Merkblätter für Auslandtätige und Auswanderer (143). Bundesverwaltungsamt Köln 1994

Haffner, Oyeyemi: A New Geography of Senegambia. Banjul 1981

The Gambia (viersprachiger Bildband). Paris o. J. (ca. 1980)

Gamble, D.P.: Bibliography of The Gambia. Banjul 1967

Jarrett, H.R.: A Geography of Sierra Leone and Gambia. London 1964

Reeve, H.F.: The Gambia. London 1912

Schramm, J.: In Gambia. Die Länder Afrikas, Bd. 32. Bonn 1965

Schramm, J.: Westafrika. Mai's Auslandstaschenbuch Nr. 24, 4. Aufl. Buchenhain vor München 1976

Tomkinson, M.: Gambia (Bildband in deutscher Sprache). Hammamet-London 1987

Pflanzen- und Tierwelt

Brewer, St.: Die Affenschule. Neue Wege in der Wildtierforschung. Wien-Hamburg 1978

Brusewitz, G.: Nature in Gambia. Helsingborg 1971

Dorst, J. und P. Dandelot: Säugetiere Afrikas. Hamburg-Berlin 1973

Edberg, E.: A Naturalist's Guide to The Gambia. St. Anne 1982

Giglioli, M.E.C. und J. Thornton: The mangrove swamps of Keneba. Lower Gambia River Basin, Teil I. Journal of Applied Ecology 2/1965, S. 81–103 (Teil II, s. Thornton)

Gore, M.: Birds of The Gambia. British Ornithologists' Union 1981. London

Grandjot, W.: Reiseführer durch das Pflanzenreich der Tropen. Leichlingen bei Köln 1976

Hopkins, B.: Forest and Savanna (West Africa). London 1974

Jahn, W.: Auf dem Weg zurück zur Natur (über Schimpansenauswilderung). In Baumann, P., H. Saure und H. Sielmann, Hrsg.: Das Abenteuer, Tiere zu retten, S. 123–129. Berlin 1980

Jahn, W.: Es müssen nicht immer Löwen sein (über den Naturpark von Abuko). In: Sielmanns Tierwelt 4/1980, S. 14–21. Hamburg

Jahn, W.: Ein Stück Natur geht baden (über das Staudammprojekt am Gambia). In: Sielmanns Tierwelt 12/1980, S. 36–43. Hamburg

Jahn, W.: Flußfahrt auf dem Gambia. In: Kosmos 1/1984, S. 58–65. Stuttgart

Kasper, Ph.: Some Common Flora of The Gambia. Banjul 1981

v. Maydell, H.-J.: Trees and Shrubs of the Sahal. Weikersheim 1990

Sauers Naturführer: Afrikanische Vögel nach Farbfotos erkannt. Karlsfeld

Serle, W., G.J. Morel und W. Hartwig: A Field Guide to the Birds of West Africa. London 1988

Szolnoki, T.W.: Food and Fruit Trees of The Gambia. Hamburg 1985

Thornton, J. und M.E.C. Giglioli: The mangrove swamps of Keneba. Lower Gambia River Basin, Teil II. Journal of Applied Ecology 2/1965, S. 257–269 /Teil I, s. Giglioli)

Weischet, W.: Die ökologische Benachteiligung der Tropen, 2. Aufl. Stuttgart 1979

West African Nature Handbooks, Longman, London. In der Reihe sind erschienen:
West African Butterflies and Moths
Small Mammals of West Africa
West African Lilies and Orchids
West African Freshwater Fish
West African Trees
Large Mammals of West Africa
Snakes of West Africa
Birds of the West African Town and Garden
West African Insects

Williams, J.G.: A Field Guide to the Butterflies of Africa. London 1969

Geschichte

Archer, F.B.: The Gambia. Colony and Protectorate. London 1967

Bernecker, K.: Gambias politische Entwicklung. Von den traditionellen Strukturen der Seyfolu und der Kolonialzeit zum Mehrparteiensystem. In: Internationales Afrikaforum, 12/3/1976, S. 273–278. München

Curtin, Ph.: An Economic History of the Senegambia. Wisconsin 1975

Evans, D.: Stonehenges of West Africa. 1975

Fox, W.: A Brief History of the Wesleyan Missions on the West Coast of Africa. London 1851

Gailey, H.A.: A History of the Gambia. London 1965

Gray, J.W: A History of the Gambia. London 1960

Jobson, R.: The Golden Trade, or A Discovery of the River Gambia, and the Golden Trade of the Aethiopians. London 1968

Moore, F.: Travels into the Inland Parts of Africa. London 1738

Park, M.: Reisen ins innerste Afrika 1795–1806. Hrsg. von H. Pleticha. Tübingen-Basel 1976

Quinn, Ch.: Mandingo Kingdoms of the Senegambia. Evanston. Ill. 1972

Southorn, B.: The Gambia. The Story of the Groundnut Colony. London 1952

Wright, D.R.: The Early History of Niumi. Ohio 1977

Völkerkunde und Soziologie

Ackermann, R.: Mit Kunta Kinte kam der große Umschwung. Ein kleines afrikanisches Land und der Tourismus. In: Frankfurter Allgemeine Zeitung vom 12.12. 1985

Ford, D.: A Report of the Need for Ethnographic and Sociological Research in The Gambia. Banjul 1945

Gamble, D.P.: The Wolof of Senegambia, with notes on the Lebu and Serer. London 1957

Hirschberg, W.: Völkerkunde Afrikas. Mannheim 1965

Kossodo, B.: Die Frau in Afrika. Zwischen Tradition und Befreiung (Auch Ullstein-Taschenbuch Nr. 34039). München 1978

Sanneh, L.O.: Field work among the Jakhanke of Senegambia. In: Présence Africaine 93/1975, S. 92–112. Paris

Sonko-Godwin, P.: Trade in the Senegambia Region – Precolonial Period. Banjul 1988

Sonko-Godwin, P.: Ethnic Groups of the Senegambia – A brief History. Banjul 1994

Sonko-Godwin, P.: Social and Political Structures in the Precolonial Period. Banjul 1994

Weil, P.: The Masked Figure and Social Control: The Mandinka Case. In: Africa 41/4/1971, S. 279–293. London

Weil, P.: The staff of life: Food and female fertility in a West African society. In: Africa 46/2/1976, S. 182–195. London

Politische und soziale Gegenwart

Benini, Aldo A.: Community Development in a Multi-Ethnic Society. The Upper River Division of the Gambia, West Africa. Bielefelder Studien zur Entwicklungssoziologie 8. Saarbrücken 1980

Caldwell, J.C. und B. Thompson: Gambia. In: Population growth and socioeconomic Change in West Africa, S. 493–526. Columbia University Press. New York 1975

Jawara, D.: Démocratie pluraliste et dévelopement ne sont pas contradictoires. In: Le Courier 50/1978. Brüssel

Mönnig, G. (Hrg.): Schwarzafrika der Frauen. München 1989

Nyang, S.S.: Ten Years of Gambia's Independence. A Political Analysis. In: Presence Africaine 104/1977, S. 28–45. Paris

Rice, B.: The Birth of an Improbable Nation. Boston 1967

Wirtschaft, Landwirtschaft, Industrie und Entwicklungshilfe

Burisch, M.: Der Wirtschaftsraum Senegambien. Institut für Afrikakunde. Hamburg 1976

Dunsmore, J.R.: The potential conflict or progress in Gambia agriculture. In: Agricultural change in Africa. Durham 1976

Esh, T. und I. Rosenblum: Tourism in Developing Countries – trick or treat? A report from the Gambia. Uppsala 1975

Gambia: Five year plan for economic and social development 1981/82–85/86. Banjul 1981

Gambia: Country program for Gambia. UNDP assistance requested by the government of Gambia for the period 1977–81. Genf 1977

Gambia: Große Probleme kleiner Länder: z.B. Gambia. Entwicklungspolitische Korrespondenz 8/2. Hamburg 1977

Harrell-Bond, B.E. und D.L.: How Tourism leads to dependency. In: West Africa Nr. 3209/1979, S. 77–80. London

Kingsland, J.: Divisional Development Planning in Gambia. The early Stage. In: Planning and Administration 4/1/1977, S. 82–90. Den Haag

Lowe, G.D.N.: Economic and social strategies for change. A case study of The Gambia. In: Agricultural change in Africa. Durham 1976

Nyang, S.S.: Tourism and Gambia's viability problem. In: L'Afrique et l'Asie modernes 101/1974, S. 59–61. Paris

Obermann, H.: Und alle träumen von Pele. Meine Erlebnisse am Gambia-River. Stuttgart 1989

Oestreich, H.: Gambia – zur sozioökonomischen Problematik des Ferntourismus in einem westafrikanischen Entwicklungsland. In: Geographische Zeitschrift 65/4/1977, S. 302–308. Wiesbaden

Rehm, S. und G. Espig: Die Kulturpflanzen der Tropen und Subtropen. Stuttgart 1976

Wright, D.R.: Darbo Jula. The Role of a Mandinka Jula Clan in The Long Distance Trade of the Gambia River and its Hinterland. In: African Economic History 3/1977, S. 3345. Madison

Literatur, Bildende Kunst, Musik, Unterricht

Ashrif, M.I. und B.K. Sidibe: English-Mandinka Dictionary. Yundum 1965

Camara, Musa: Holidays with the Natives

Finnegan, R.: Oral Literature in Africa. Oxford 1970

Gamble, D.P.: Elementary Mandinka Sentence Book. London 1955

Gamble, D.P.: Wollof Dictionary. 1958

Grey-Johnson, N.: Children of the Spyglass. Banjul 1995

Haley, A.: (Roots) Wurzeln. (auch als Fischer-TB 2448). Frankfurt 1977

Hudson, M.: Die Trommeln von Dulaba. Hamburg 1992

Jahn, J. (Übers.): Westafrika. Aus der Reihe: Moderne Erzähler der Welt. Tübingen-Basel 1971

Jahn, W., R., K., u. A.: Afrika anders erlebt (mit 8 Kurzgeschichten über Gambia). Hannover 1986

v. Knick, K.: Mandinka für Gambia. (auch als Kassetten erhältlich). Bielefeld 1994

Long, R.: Under the Baobab Tree. Orpington 1993

Mahoney, F.K.: Stories of the Gambia. Banjul 1975

Marfurt, L.: Musik in Afrika. München 1957

Njie, Adele Faye: A Taste of The Gambia. Local and International Recipes. Banjul 1994

Peters, L. (Übers. von E. Petzold.): Über den Sport des Tötens (The Second Round). Berlin 1979

Pevar, S.G.: The Construction of a Kora. In: African Arts 1/4/1978, S. 66–72. Los Angeles

Rowlands, E.C.: A Grammer of Gambian Mandinka. London 1959

Sasnett, M. und I. Sepmeyer: Educational Systems of Africa. Berkeley-Los Angeles 1966

Schädler, K. F.: Afrikanische Kunst. München 1975

Sidibe, B.K.: African Oral Literature. Cultural Archives. Banjul 1973

Thelle, A.: Kunst in Afrika. Stuttgart 1961

Musik - Platten bzw. CDs und Kassetten

Ancient Heart. Mandinka- and Fulani-Music of The Gambia (Mandingo-Kora mit Fulbe-Instrumenten). Island 1990

Batato. Dembo Konte' und Malamini Jobarteh (traditionelle Kora-Musik). WW Communications 1987

Gambie. Jali Nama Suso. Mandingo-Kora. Ocora (Paris) OCR 70

Jamano. Yankuba Saho (Kora), Karamo Sabally, Ousmane Beyai. IR 29 523. 1995

Jali Roll. The Jali Roll Orchestra mit Kausa Kouyateh (Casamance) und Dembo Konte' (Gambia). Rouge 1990

Kora Manding. Jali Nama Suso. Ethnodisc (Tuscon). ER 12 102

Songs from Gambia. Jali Lamin Kuyateh und das Tiramakhan Ensemble (Mandingo-Kora). SOW 90 128

The Dreamtime. Foday Musa Suso.World Circuit. New York 1990

The Griots. Jali Nama Suso. Folkways FE 4178

Fotonachweis

Register

Alle Fotos stammen von den Autoren

Übersichtskarte mit Blattschnitt

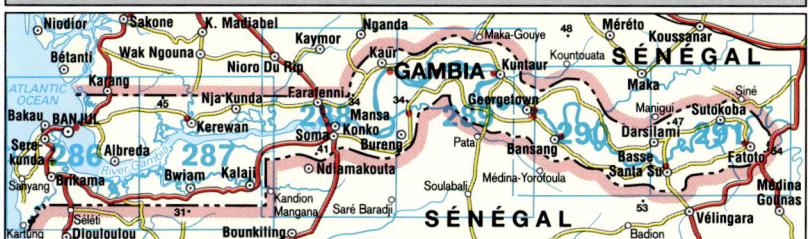

Zeichenerklärung zum Reiseatlas
und zu den Routenkarten

Hauptstraße	Verkehrsflughafen
Nebenstraße	Objekt
sonstige Straßen	Ruine
Fähre	▲ 44 Höhenangaben in Meter
Staatsgrenze	Ankerplatz
Verwaltungsbezirksgrenze (Divisions)	Leuchtturm
5 Entfernung in Kilometer	Wasserfall
Banjul *Fort Kataba* Sehenswerter Ort /Objekt/ Etappenziel der Route	Grenzübergänge (wichtigste)
National Park, Forest Park, Nature Reserve	Badestrand
	Mangroven
Route 5 (Sechs-Tage-Tour durch Gambia, Text S. 221ff, Darstellung auf den Atlasseiten 286 bis 291)	

Maßstab 1: 500.000

```
0            5            10 miles
0      5      10 km
```

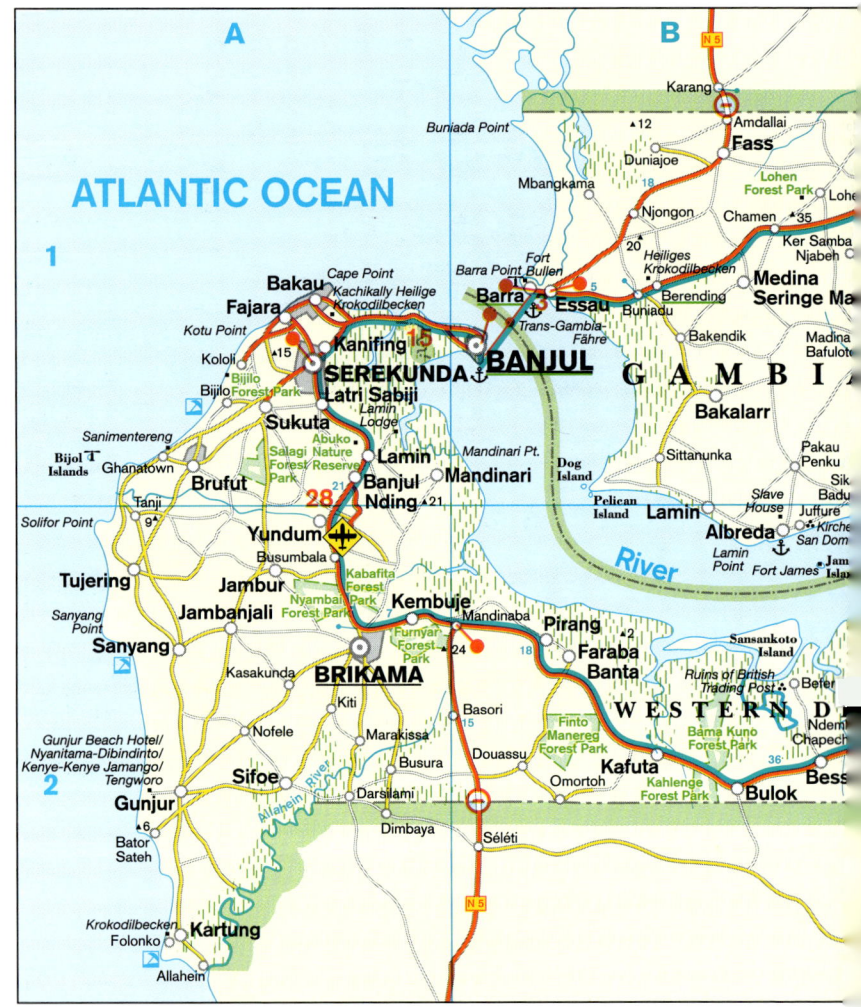

A

B N 5

ATLANTIC OCEAN

Karang

▲12 Amdallai
Fass

Buniada Point

Duniajoe
Lohen
Forest Park Lohe
Mbangkama
Njongon Chamen ▲35
20 Heiliges Ker Samba
Krokodilbecken Njabeh
Fort
Barra Point Bullen
Cape Point
Bakau Kachikally Heilige Barra 5 Berending Medina
Krokodilbecken Essau Seringe Ma
Fajara Buniadu
Trans-Gambia- Bakendik Madina
Kotu Point Kanifing Fähre Bafulote
Kololi ▲15 SEREKUNDA BANJUL G A M B I
Bijilo Latri Sabiji Bakalarr
Bijilo Forest Park Lamin
Sukuta Lodge Pakau
Sanimentereng Abuko Mandinari Pt. Sittanunka Penku
Bijol Salagi Nature Lamin Dog Sik
Islands Ghanatown Forest Island Slave Badu
Brufut Park Banjul Mandinari Pelican House Juffure
Tanji 21 Nding ▲21 Island Lamin Kirche
Solifor Point 9 Yundum Busumbala River Albreda San Dom
Kabafita Lamin Jam
Tujering Jambur Forest Point Fort James Isla
Sanyang Park Kembuje
Point Jambanjali Nyambai Mandinaba Pirang Sansankoto
Sanyang Forest Park Faraba ▲2 Island
Furnyar Banta Ruins of British
Kasakunda Forest 24 18 Trading Post Befer
Park Basori WESTERN D
BRIKAMA Kiti 15 Ndem
Nofele Marakissa Finto Bama Kuno Chapech
Gunjur Beach Hotel/ Manered Forest Park 36
Nyanitama-Dibindinto- Busura Forest Park Bess
Kenye-Kenye Jamango/ Sifoe Douassu Kafuta Kahlenge
Tengworo Darsilami Omortoh Forest Park Bulok
Gunjur Dimbaya Séléti
▲6
Bator
Sateh N 5

Krokodilbecken Kartung
Folonko

Allahein

Ortsregister zum Reiseatlas

Zum Auffinden der Orte dient das blaugedruckte Suchgitter mit den dazugehörigen halbfet-
ten Suchbezeichnungen am Kartenrand. Nach dem Ortsnamen steht als erste Zahl die Seite,
danach die Bezeichnung des entsprechenden Suchfeldes.

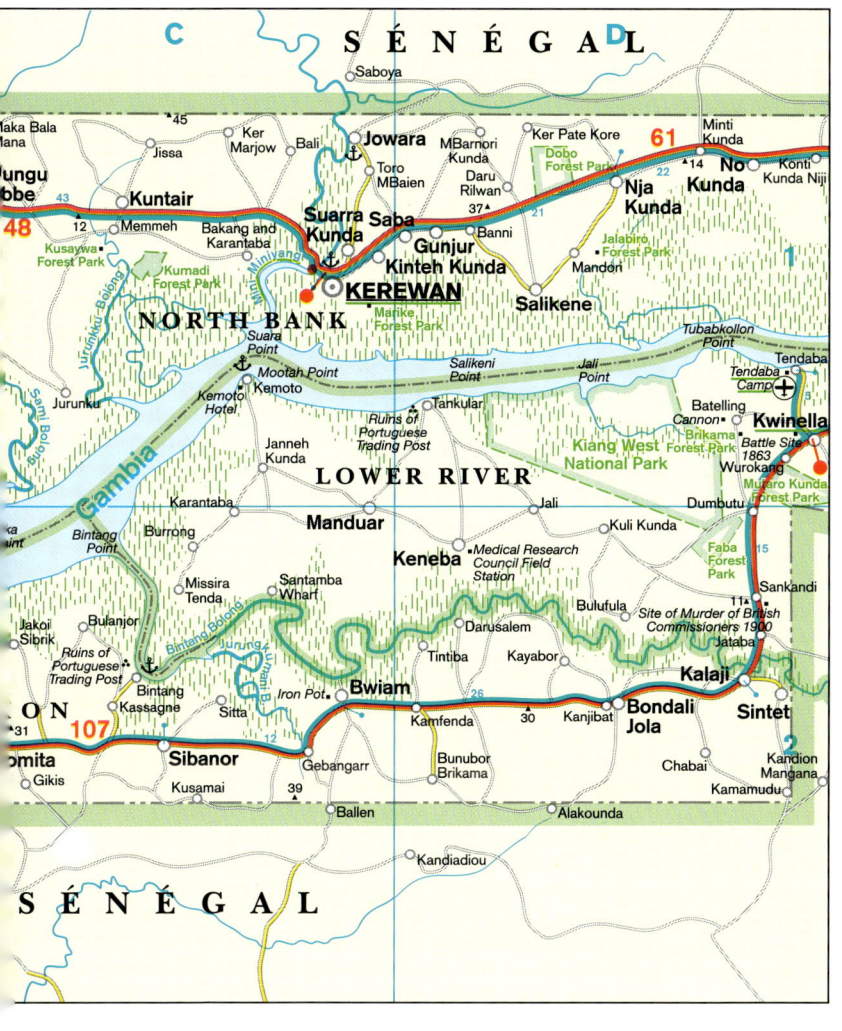

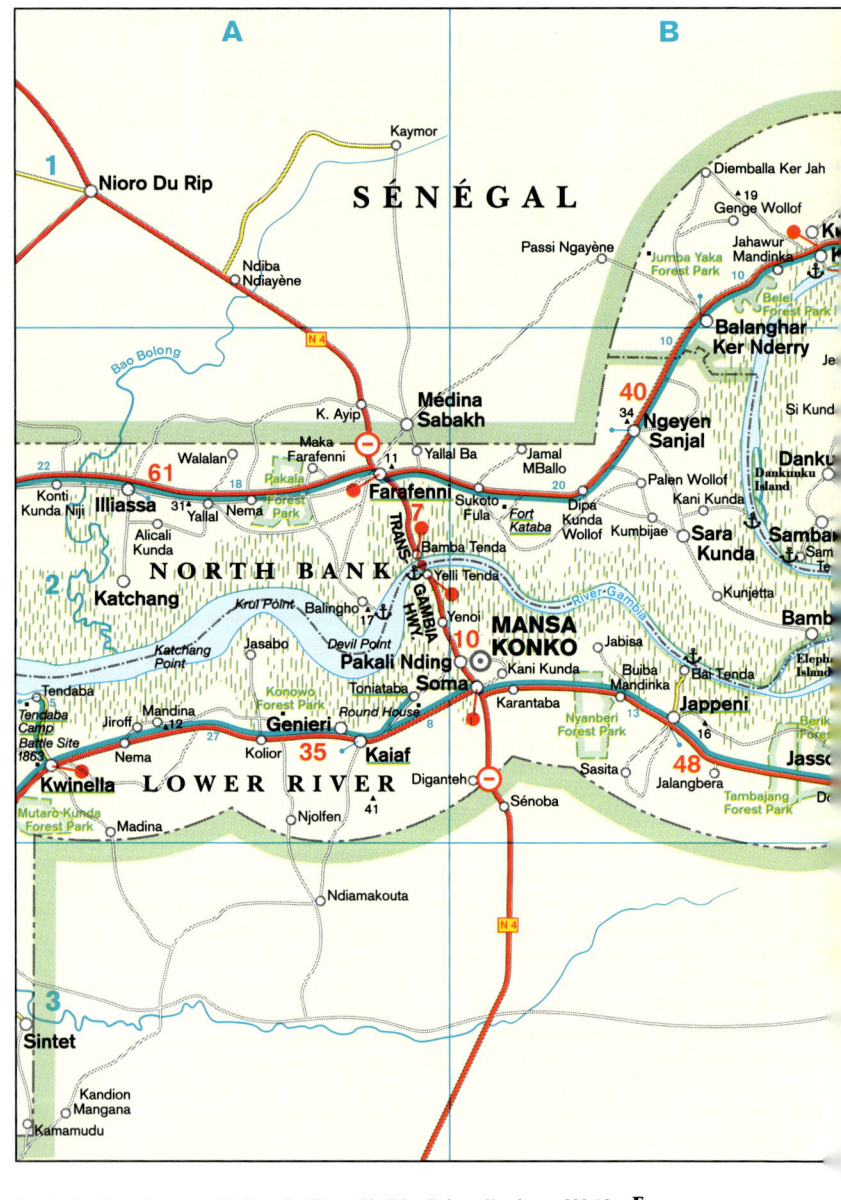

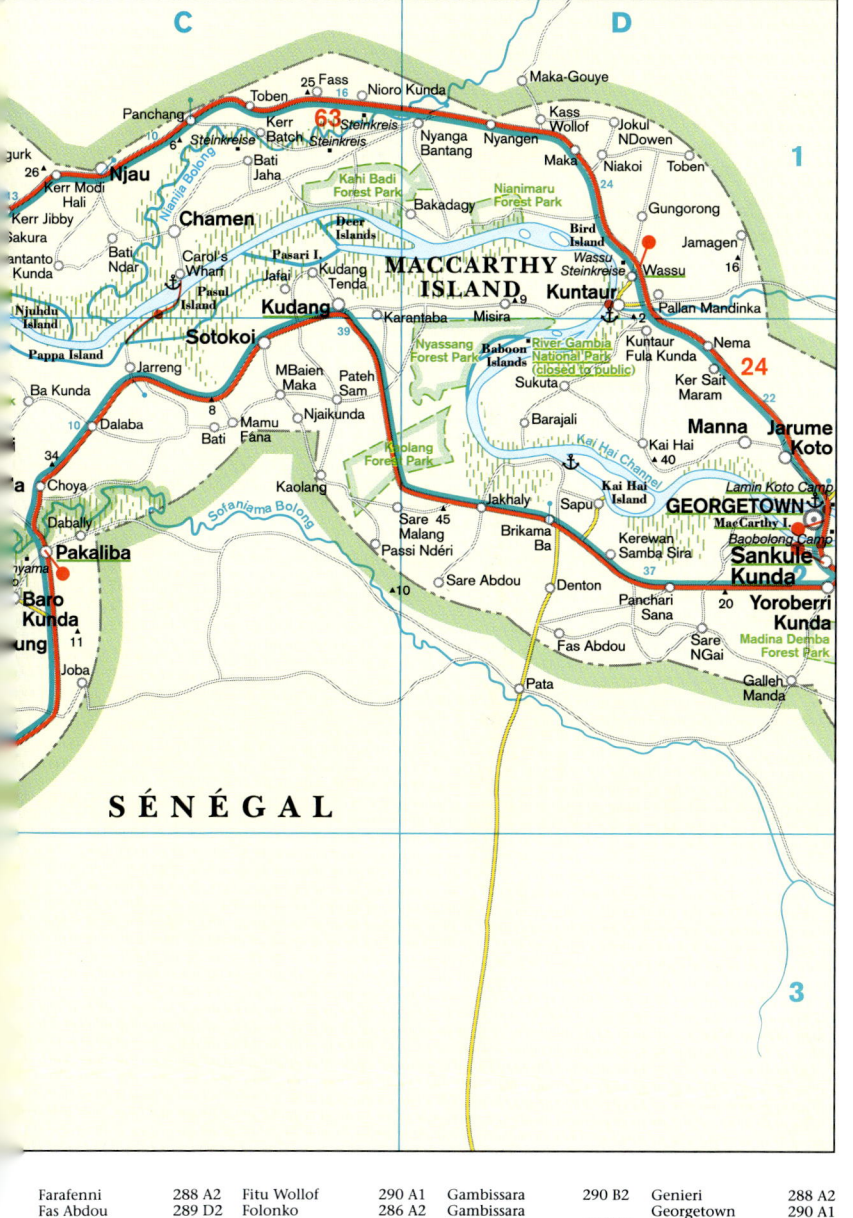

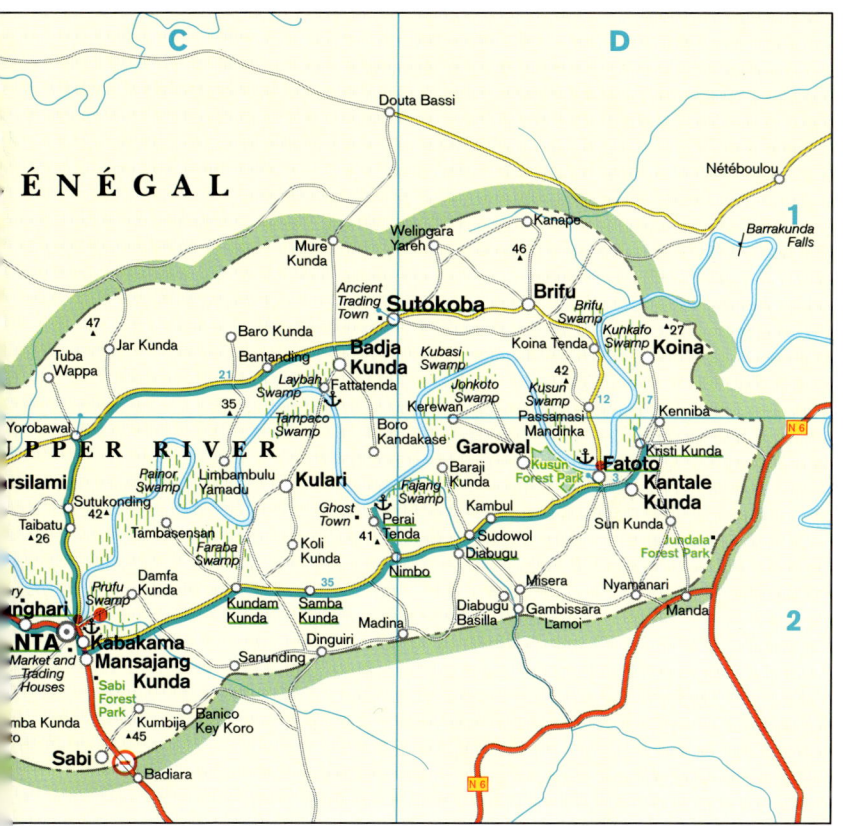

NOTIZEN

NOTIZEN

NOTIZEN

NOTIZEN

NOTIZEN

NOTIZEN